感谢乐施会提供出版支持

本书内容不必然代表乐施会立场

　　本丛书旨在营造农村合作制研究的学术氛围，期待各位专家学者的支持。欢迎您提供已经完成的书稿，也欢迎提出相关著述计划，各界读者对丛书的评论和意见我们也乐于听取。邮件请发至 tongzhihui@ ruc. edu. cn。让我们协力推动农村合作制研究的繁荣。

仝志辉

2016 年 12 月 18 日

农村合作制研究
·
法律规制

农民合作社
本质论争

THE DISPUTES ABOUT THE NATURE
OF FARMER COOPERATIVES

仝志辉　主编

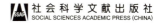
社会科学文献出版社
SOCIAL SCIENCES ACADEMIC PRESS (CHINA)

总　序

以农民为主体的合作制作为农业和农村经济发展的基本形式，并以合作制为依托，实现农村社会发展，这是农村发展在市场经济之下一再呈现的"母题"。自中国近代以来，这一命题一直被仁人志士用各种方式进行着探索实践。新中国成立后，农村合作制的探索一波三折。

在中国特色社会主义市场经济之下，农村合作制因城乡一体化、农地三权分置、村集体经济产权制度改革、农地规模经营、资本下乡、农村治理转型等多种情境交织，其发展路向、组织形式、立法支持、促进政策、社会效应等问题，为多学科所关注。对其中的重大问题要有清醒的认识和建设性的意见，这是实践对学界提出的迫切要求，但能采众家之长，成一家之言，又殊为不易。

目前，农村合作制研究面临以下迫切需求。第一，因应科学修订《中华人民共和国农民专业合作社法》的需要，应对立法中的关键问题、重大争论及时进行深入研究。第二，对我国的合作制探索进行新一轮的历史研究，对其中的重要思想和实践形式进行科学研究。第三，对世界范围内的合作社运动、合作社组织、合作社法律、合作社文化等进行系统研究。第四，对我国农村合作制发展的关键问题，组织学者以专著形式开展原创性研究。

以上这些工作必须聚精会神，团结一批学者进行深入研究，不间断地推出研究成果，方能形成真正的学术对话氛围，达成深化学理、启迪实践的目标。本人不揣自身在这方面研究的浅陋，考虑到中国自己的合作社研究对于农村发展和构筑中国经济社会新秩序的极端重要性，出面来编选这套丛书。丛书以不同系列方式平行推出，每一系列集齐2~3本后推出。

首批推出的是"法律规制"系列。"法律规制"系列主要服务于当前复杂的立法任务,试图深化有关研究,也探讨在中国情境下社会科学参与立法的有效形式。现在不同学科对于合作社立法的研究还不能展开充分的交流,不同学科对于其他学科的相关研究缺乏关注,更没有展开必要和充分的对话。同时,学者和立法者的交流也不顺畅。我们尝试通过文献整理、评述,厘清其中的重要问题,推动学界合作社法研究水平的提升,帮助立法者更加深入地研判有关问题,从而做出审慎决定。

"法律规制"系列的编辑和出版得到了多方支持。在中国人民大学国家发展与战略研究院的支持下,笔者作为该院社会转型与法治研究中心副主任,先后组织了两次专家内部讨论会。这一系列的首批三本书就是在这两次会议前后编选而成的。编选的初稿对于会议的成功举行起到了很好的作用,也坚定了笔者通过相对独立的研究参与立法讨论的初衷。这里对支持会议召开的国家发展与战略研究院表示感谢,对参加内部研讨会的各位专家表示感谢。他们的论文和部分发言记录已经被收入各册书中。立法讨论是公共事务,社会科学研究理应介入。介入应基于学理,凸显争论焦点,建立学术与实践的深层联系,恢复学术的公共性。本系列的编选就是基于这种认识而进行的。

丛书还将推出"案例研究""研究专著"等系列。"案例研究"系列将关注具有创新意义的农村合作制试验,这种试验可以是国家农村改革试验区的试验,也可以是地方政府、NGO 或农民自己从事的合作制试验,其致力于通过更加真实的记录以及融入各方视角的分析为当下的合作社发展留下可供讨论的文本。针对同一经验的不同讨论,我们的研究将得以深化。我们将约请有关研究者为"案例研究"系列供稿,也欢迎学者自荐投稿。

"研究专著"系列试图对中外各类关涉农村合作制和一般合作制的历史、理论问题进行深入研究。尤其注重对中青年学者的博士论文、博士后出站报告和课题成果的反映。这方面,丛书将建立规范的审稿机制,举凡投稿的学者都将得到两份专家审稿意见,遵照专家意见进行修改的书稿将列入丛书出版。

改革开放以来的合作社本质论争：
以立法需求与回应为观察视角
（代序）

"农村合作制研究"丛书"法律规制"系列的编撰目的是服务于农村合作制有关法律和政策的完善，为法律和制度改进提供各种有益的社会科学研究成果和理论资源。《中华人民共和国农民专业合作社法》（本文以下简称《农民专业合作社法》）于 2006 年 10 月 31 日由中华人民共和国第十届全国人民代表大会常务委员会第 24 次会议通过，于 2007 年 7 月 1 日正式实施。《农民专业合作社法》是 1949 年新中国成立后我国通过的第一部合作社法律，是合作社发展道路中的重要里程碑。① 这部法律订立时，对于需要一部怎样的农民合作社法律，人们争论颇多，最后通过的法律凝结了当年政界和学界对农民合作社发展问题的共识。而法律对于合作社本质问题的表述和表现出来的对合作社本质的理解，其实也是法律的核心部分。

本书汇集了《农民专业合作社法》订立前后学界对于合作社本质问题的讨论，尤其是其中的争论，作为本丛书的第一册。它力求反映在合作社本质问题上已有的认识深度。文章是按照主题重要程度、论述质量，以及是否在阐述同类观点中发表较早等标准来选定的。为了使本书系统反映有关论争，在编选文章时注意了入选各篇之间明确或暗含的对话关系。在《农民专业合作社法》即将修订之际，本书力求对农民合作社本质研究进行总结和反思。

---

① 此评价参见杜吟棠《〈农民专业合作社法〉的立法背景、基本特色及其实施》，《青岛农业大学学报》（社会科学版）2008 年第 2 期。对本次立法在中国合作社发展史上的意义，也许需要经过更长时间之后才能得出更为客观科学的评价。

　　将选文和编辑的立意定为"总结和反思"，是我对本册所选文章汇编在一起呈现的整体格局的期待。我有义务阐述自己编入这些文章的想法，以便体现其"总结"之意，同时我也不避讳在此表明我自己对农民合作社本质及其相关问题的看法，以推动"反思"的开始。

　　本文试图说明，在制定一部《农民专业合作社法》和修订它的立法需求之下，中国学者关于合作社本质问题的讨论都涉及了哪些主题，按照何种进路在进行讨论，讨论的重点和取向发生过怎样的微妙和重要的变化，这种变化明确了什么，又遮蔽了什么；当我们站在新的历史节点，即想通过对法律的及时修订来规范和促进农民合作社发展之时，我们应该具有相当的理论清醒。

一　对合作社本质的认识和论争与立法需求密不可分

　　20 世纪 70 年代末到 80 年代初，改革首先在农村起步，对农村的社会科学研究也开始领风气之先。各类农民合作组织先于有关理论而重新开始发育生长，并且不断对相关理论研究提出需求。换言之，农民合作社研究是一个实践性非常强的领域，它并不是完全因社会科学研究者的理论兴趣而来，而是因应社会需要而生。

　　农民合作经济组织发展到一定数量，法律地位不明、政策鼓励方向不明和合作社内部制度不规范等诸多属于制度建设层面的问题就凸显出来，限制了合作社正常进入市场和在农村经济社会发展中发挥独特作用。国家意识到这些问题并开始了合作社立法起草工作。农民合作社研究在回应实践需求之外，也就相应需要回应制定更好的法律和政策的需求。其中立法需求越来越迫切。

　　当时的立法需求主要表现在两个方面。一是，民事法律体系中没有合作经济组织这一类民事主体的规定，合作经济组织无法以独立的法人身份与其他经济主体和民事行为主体进行交易活动，影响交易活动的正常开展。有关工商登记法规中也没有"合作社"，它们只好被登记为合伙企业或者公司，有些则只能注册为协会。但是，合作社和合伙企业、公司、社团实质上并不相同。当时，一些专业技术协会、用水户协会等，只好登记为社团法人性质的专业经济协会，但是不便于开展经营活动。

二是，由于没有法律规定，合作经济组织缺乏统一的运作制度，这就妨碍了其规范化发展。当时，农民合作经济组织在一个地方是否得到发展，就取决于地方党政领导和有关部门是否重视。但是，即使重视，如果没有法律保障，也会面临巨大困难，而且，即使重视，发展起来的合作经济组织也难免不规范。

上述两个方面的问题经过学者对合作社本质和原则的廓清，基本上在《农民专业合作社法》中给出了相应的规定。但是，法律上的规定并没有完全解决合作社发展的不规范的问题，反而让这一问题迅速扩大。对此，本丛书的第二册还将集中反映有关研究。这里先呈现与合作社本质问题有关的部分争论。针对合作社发展的不规范问题，学者从合作社本质需不需要坚持，是否根据发展实际放松或修改《农民专业合作社法》在合作社本质和原则方面的有关表述，以及法律中的合作社本质的体现是否充分和科学等方面，又展开了新的争论。由于这些争论涉及上百万家已经注册的合作社，以及合作社发展中的各种既得利益者，争论也就愈加激烈。这场争论几乎和法律修订的社会需求同步。随着全国人大常委会在2016年启动《农民专业合作社法》的修订，关于合作社本质的争论更加密切地和立法需要结合在一起了。

为此，本书包括三个方面的内容，第一编选编的是在立法前，围绕发展合作社的必要性以及合作社的法律地位，对合作社本质问题的讨论。2007年《农民专业合作社法》实施以后，国家立法机关和学者对于《农民专业合作社法》的介绍和说明，涉及合作社本质问题的，编为第二编。《农民专业合作社法》实施后，有关合作社本质问题的争论编入第三编，这些争论也延伸到对合作社发展方向的争论。

二 合作社本质研究的四种论述进路及其总体特点

现实需要、域外研究和学科视角都帮助中国学者提出了对于合作社本质的规范思考，这些构成了合作社本质论述的基本进路。但是这些进路又因为立法需要交织在了一起。苑鹏在写于2006年的论文中指出："我国农民专业合作经济组织发展到今天，整体水平已经远远落后于农村经济发展、农业产业化的需要。形成这样一种局面，除了缺少制度基础和文化遗产外，不可忽略的重要一点是政府在一个较长的时期对于合作事业的发展没有能够提供一个有效、宽松的法律和政策环境。仅从合作社立法看，当前，我国已经与朝鲜一道，成为亚洲国家中没有合作社立法的两个国家。"① 上述引文表明，合作社成长满足不了农业产业化的需要，进一步发展合作社则面临法律缺失，于是要通过立法推动合作社发展，从而满足农业产业化发展的需要。合作社立法的迫切性更多是从农业产业化发展的角度提出来的。然而，"在具有同样的经济基础、产业水平和农户经营规模下，不同地区农民专业合作经济组织的发展水平却有着较大的差异，其中一个重要的原因是各地政府对于合作事业的不同态度和所采取的不同政策"。立法还能利用法律力量来推动政府部门和地方政府更加积极地促进合作社发展，这也是明确的立法目的之一。中国合作社本质的研究就是在农业发展的现实需求、借鉴国外研究以服务立法，以及不同学科学者加入之下，逐步发展起来的。

1. 参考国际合作社联盟的合作社定义和原则的研究进路

在中国开始深入理解合作社本质之际，国际合作社联盟的合作社定义和对合作社原则的阐释已经在先，国人对于合作社本质的认识和反思很多由此出发。因此，对于合作社本质的理解一开始实际上和中国社会发展的深层逻辑还是有所隔膜的。慢慢地，随着中国合作社实践暴露出一些需要得到解答的问题，合作社理论研究者在尽力回应中对中国合作社的本质才逐步开始有了认识。这一认识工作并没有结束，它的成果状况将极大地影响《农民专业合作社法》的修订以及对法律的理解和贯彻。

在有关合作社本质的讨论中，认为我国农民合作社立法应该参考国际合作社原则的，在学者中具有相当的共识。如李长健、王悦、王璟等认为："合作社的基本原则可参照 1995 年国际合作社联盟的合作社基本原则，结合我国的国情采取灵活吸收的方式。"② 而有关合作制原则在《农民专业合作社法》通过之前，相关的实务界尤其是有关政府部门对其的了解

① 苑鹏：《试论合作社的本质属性及中国农民专业合作经济组织发展的基本条件》，《农村经营管理》2006 年第 8 期。

② 李长健、王悦、王璟：《关于农村合作社的认识及立法保护研究》，《广西社会科学》2006 年第 5 期。

也相当基础。一大批在 2007 年法律通过之前发表的调查报告和实践者撰写的政策文章反映出了这一点。笔者不经意翻阅到的一篇 2005 年发表的《三峡库区农村合作经济组织调查与思考》中，作者在谈及"农村合作经济组织"的主要特征时，已经明确将"以为成员服务为宗旨"、"民主决策管理，坚持一人一票"、"实行盈余返还社员"等列为特征，而文中引用的重庆万州区工商局注册科工作人员的有关言论，证明基层工作人员在《农民专业合作社法》通过之前对合作社的理解已经深受国际合作社原则的影响。①

学者们也做了大量介绍和评述国际上关于合作社本质的研究。本书收录的吴彬的《合作社究竟是什么》详细辨析了国际合作社联盟的合作社定义和原则的含义。论文重视合作社定义和原则含义的细微之处，如组成合作社的人们（"persons"）不是单指自然人，而是多种主体。他分析了合作社原则的演变及其原因，非常具体而不是一般地分析了各条原则的不变、消失、微变和新加入，并据此提出对合作社本质规定性的理解："首先，在控制权或治理权上，既要坚持'自愿和开放的成员资格'，也要努力确保合作社的'自治与独立'，在此基础上实现'民主的成员控制'；其次，在所有权上，坚持'资本报酬有限'；再次，在收益权上，坚持'按惠顾额（或业务交易量/交易额）返还盈余'。"体现出对合作社本质认识的综合观点。但是，应该指出，在对合作社思想的溯源上，由于我们焦灼于自己的农业发展实践提出的问题，因而没能更深入地追究国际合作社运动和典型国家合作社发展历史上对这方面的不同观点和争论。

中国学者对于合作社本质的思考也有离开国际合作社联盟的合作社原则，从更基本问题上的努力。如，徐旭初虽然肯定合作社的本质是社员身份的所有者、惠顾者的同一，但对合作社的本质也提出了大胆的猜测，即"合作社的本质既不是资合，也不是人合，而是一种交易的联合"，从而从交易联合的角度，推导出合作社各项原则之间的关系。既然合作社本质是交易的联合，那么，在合作社原则当中，自然就要"按惠顾额分配盈余"，而按惠顾额分配盈余，可以对应"一人一票原则"及其发展。但是，制度

---

① 陆伟：《三峡库区农村合作经济组织调查与思考》，载李凡主编《中国基层民主发展报告 2004》，知识产权出版社，2005，第 295～315 页。

经济学对交易有非常泛化的理解，如果交易是这种泛化理解的交易的话，的确会取消合作社的人合性质，再加上徐旭初谈及的"合作社成员规模不受限制"，合作社必然发展成经典合作社和资本联合的企业之间的混合体，而且，面目可能非常不清晰。

2. 阐发合作社对于中国发展大局和新体制构建作用的研究进路

早在 1998 年中国的研究者就提出，合作社必将随着市场经济体制的确立获得大发展，当时，他们对农民合作社的特征、作用理解得非常到位。请允许我大段引用张晓山在《合作社基本原则及其有关的几个问题》一文中关于农业产业化发展与规范的合作社产生之间关系的论述："在农村中，随着农业从传统农业向现代农业转换及农业生产社会化程度的提高，农业与产前及产后部门的联系越来越紧密，农民迫切要求分享二、三产业使初级产品增值所带来的利润，农业产业化经营随之应运而生。在农业产业化的进程中，农户（农业劳动者）与工商企业的对接方式是多种多样的，但要巩固农业在国民经济中的基础地位，增加农业劳动者的收入，中国的农业产业化经营的基点则应是培育和发展农业劳动者自己的合作组织，只有这样，初级产品生产者的经济利益才能得到真正的保障。""可以预见，随着社会主义市场经济在农村的发展，农业劳动者的购买、加工及销售等方面的规范的合作组织将会在农村兴起。对于中国合作事业的发展来说，这将是一种非常令人鼓舞的动向。"[①]

在现实中，农业产业化并没有走张晓山所说的"培育和发展农业劳动者自己的合作组织"的道路，而发展起来的农民合作社也并没有主要表现为"农业劳动者的购买、加工及销售等方面的规范的合作组织"。但是，文中透露出来的如下推断，如，"社会主义市场经济体制"会推动在农业市场经济领域中产生合作社，农民作为市场主体的主体性会推动其参与农业产业化并自主组织合作社，都仍然是今天我们肯定合作社前途的重要理论依据。

支撑学者做出上述理论推断的是学者对合作社原则合理性的充分认同。这可以构成学者在 2007 年《农民专业合作社法》通过前研究合作社

---

① 张晓山：《合作社的基本原则及有关的几个问题》，《农村经营管理》1998 年第 2 期。

原则的另一个进路。虽然这一进路并不直接和具体的立法需求对接。但是，由于在社会主义法治建设中，我们长期秉持法治要为经济建设服务的原则，因此，阐明合作社在经济建设中的作用，无疑也对合作社立法进行了论证。

3. 总结历史经验、恢复合作制本性的研究进路

新中国成立后，我们在国家范围内，组织了规模宏大的合作制试验，总结了一些经验，但是，这些经验中有正面经验，也有反面教训，而且非常复杂。中国要制定一部合用的《农民专业合作社法》，必须汲取先辈的智慧，避免历史上曾经走过的弯路。学者们也进行了严肃思考。本书收录的唐宗焜的《合作制重建与合作社思想再启蒙》是这方面的一个代表，他自觉把对合作社本质和原则的揭示作为合作社思想再启蒙的任务提出。唐宗焜文是作者应笔者邀请专门为满足本书需要扩写原来的文章片段而成，但文中思想早在《农民专业合作社法》出台之前就已成型。

唐文认为，当年在"合作化"名义下推行集体化的结果就是，在实践上消灭合作制的同时，在理论上、思想上以至法律上也混淆了集体制和合作制的界限，从而导致以集体制概念误解或曲解合作制，以集体制顶替合作制。改革开放三十余年来，在指导思想上尚未对此进行必要的澄清，各级党政部门担负经济领导工作的许多官员头脑中对合作社的诸多误解或曲解仍未消除，再加上经济体制转轨过程中形成的部门利益和集团利益的诱惑，以致自觉不自觉地表现出对合作社的政策歧视，使合作社发展障碍重重。因此，必须从合作社的 ABC 讲起，在合作社基本问题上正本清源，澄清集体制和合作制的混淆，在广大民众和官员中普及合作社知识，培育合作社意识，让大家正确理解合作社的理论和实践，了解合作社在世界上的历史和现状，以及合作社对改善民生、促进经济增长和社会进步的贡献，懂得合作社如何运作。合作社思想再启蒙是合作制重建不可或缺的条件。

唐文为什么认为在中国要进行合作社思想再启蒙？是因为中国合作社的立法只有在启蒙的基础上才能够正确进行。20 世纪 50 年代进行的农村合作化及其集体化的后果都是因为没有正确地理解合作社，并且借由干部头脑中的错误认识和部门、集团利益而形成合作社发展的障碍，因此，对合作社正本清源是必须完成的思想任务。

对我而言，唐文提出的问题比他对问题的解决来得更加重要。20 世纪 50 年代的中国农村合作化，虽然最终导向了集体制，但是，在其发起之初，却有着非常生动的争论和不同的选择路向，其中有些路向和今天学者们公认的合作制在本质上是非常接近的。因此，不能简单地用 50 年代开始的农村合作化运动简单指代从 50 年代初在全国层面进行的农村合作化直至 70 年代末的整个农村集体化时期。将实行合作化以来直至 70 年代末的整个阶段都视为背离了合作制，不仅忽略了合作化之初体现合作制基本原则的理论和实践探索，也会遮蔽集体制和合作制之间到底是什么关系这一具有中国特色的合作制研究问题。

4. 法学和经济学学科视角的进路

米新丽的文章可以说是法学界诸多界定合作社本质问题的努力之一，法学界很多学者都曾加入这一讨论。[①] 合作社相比其他市场主体具有什么独特形式，其是不是法人，需要法学界加以讨论。这篇文章认为合作社不是公司，也不是集体经济组织，并鲜明地提出合作社应是法人，并且尝试根据法人的不同分类标准阐述合作社法人的性质。将合作社单独作为一类法人，从合作社长远发展来说，是非常有利的，至于这一法人的法律性质的完整含义，可以根据实践发展从容讨论。此外，从农业经济学视角对合作社本质的研究有很多，本书没有专门遴选。

归结以上四种研究进路的文章，可以看出，合作社本质研究具有以下特点。

第一，不再从所有制来思考合作社的性质问题，也不再单纯地问合作社是姓私还是姓公，而是立基于社会主义市场经济。这样理解合作社本质，就有可能汲取国际上有关合作社的定义和原则，也使得合作社得以祛魅。

第二，把合作社原则视为合作社本质的集中体现。关于合作社本质问题的讨论并没有太多基于公正、民主价值观和经济基本制度层次的讨论。合作社原则成为我国合作社研究者判断合作社发展状况的非常重要的

---

① 王保树主编《中国商法年刊 2006：合伙与合作社法律制度研究》，北京大学出版社，2007。

标尺。

第三，对合作社本质的基本点表现出了相当的共识，即认可所有者和惠顾者同一是合作社的本质，对合作社原则中按照交易额分配盈余、民主控制等具有共识。对所有者和惠顾者同一的认识，在部分研究者那里看得很重，但在有的研究者那里并不看重，而按交易额分配盈余和民主控制，则得到广泛的认同。

第四，研究注意到了合作社原则的演化，但是由于当时农业政策推动农业产业化是政策重点，因而对合作社原则因应农业专业化生产和规模效应扩展方面的变化给予了突出重视，对合作社原则演化在国际和国别上的具体原因没有表现出探究兴趣，这就决定了我国学者在合作社本质讨论上的实用主义和功能取向。这在张晓山、应瑞瑶、徐旭初、苑鹏的论文中都有不同程度的体现。

第五，由于在中国有让农民合作社带动农业产业化发展的考虑，因此对北美新一代合作社增加资本投票权和报酬的做法，很多学者给予了肯定，并且将其视为合作社发展的最新潮流而予以借鉴。

第六，对合作社在农业领域的发展，表现了高度的认同，并将农业领域合作社视为弱者即农民的联合。这说明对农民合作社的接受，也和人们对合作社作为弱者联合性质的理解分不开。

第七，学者并没有因为实践中的合作经济组织呈现出多种形式而否认合作社应具有统一的本质，而是更多地对合作经济组织的多样性给予了理解，学者们认为这种多样性来源于合作经济组织的多种起点以及参与合作经济组织的农民的不同需求。

三　立法机关和学者解读合作社性质的基本立足点

第二编收入了立法机关领导以及参与和关注立法的学者对《农民专业合作社法》的解读，其中重点内容就是《农民专业合作社法》如何体现合作社本质。这些解读是珍贵的历史资料，也是今天的研究者需要认真体会和研读的。下面分析这些解说在合作社本质方面的论述角度。

1. 充分认可和肯定合作社的作用

郑文凯的文章阐明农民专业合作社发展的实践基础和理论基础，从农户承包制、农业产业化和农产品竞争等方面论述合作社发展的必然性，论述合作社在基本经济制度、市场主体、扶持农业载体、农村和谐社会等四个方面具有的重大意义。这些认识和前面我们分析的学界对合作社本质的理解有很多共同的方面，体现了学界思考和政策立法部门在理解合作社作用方面的趋同。已有的对新时期农民专业合作组织的研究进行的综述认为，新时期关于农民专业合作组织的研究深刻地汲取了新中国成立后到1958年期间我国合作化、人民公社运动的历史教训，也深入地研究借鉴了国际合作社运动的基本原则及其实践演变，使得我国新时期农民专业合作经济组织的理论研究既有继承，更富于时代精神和创新。正是由于这些研究始终围绕在坚持家庭承包经营的基础上如何提高农民进入市场的组织化程度，如何促进农业产业化，因此和立法需求产生了共鸣。

2. 将合作社作为特殊市场主体看待

全国人大农业与农村委员会刘明祖主任委员的文章集中阐明了立法机构对合作社性质的看法。这篇文章对《农民专业合作社法》的评价是："农民专业合作社法从我国农民专业合作社的发展实践出发，借鉴国外相关立法经验，立足于适度规范，在规范中促进发展，在发展中逐步规范，创立了一套有别于其他市场主体法的农民专业合作社法律制度，填补了我国市场主体立法的一项空白。"可以看出，立法机关将合作社作为一类市场主体看待。对于法律调整的范围，强调仅仅对特定类型的农民合作经济组织有规范作用，对不属于立法规范的合作经济组织，则不强求规范。

3. 农民合作社要吸收股份合作制的优点

任大鹏的文章精要地阐明《农民专业合作社法》各主要部分的立法原意和实践针对性，是现有的合作社立法研究不能绕开的重要文献。郑有贵的文章从正确理解合作社性质的角度，分析了合作社与村两委、专业技术协会、农业行业协会、公司和合伙企业等的区别。这两篇文章，对于《农民专业合作社法》的基本制度精神做了很好的解说。

李景春的文章有助于打破那种认为股份合作制是中国农民独特创造的看法，实际上在西方的合作社发展史上，为了突破合作社只从内部融资的局限，吸收合作社外部资金成为一种选择，相应地将股份制的集资方式引入了合作社内部，但是它没有改变合作社成员加入自愿、民主管理、按交易额返还、资本报酬有限的原则，因此，可以利用以促进合作社发展。李文据此对我国《农民专业合作社法》允许非农民成员加入和设置附加表决权的做法给予了肯定，也建议明确股金分红作为盈余分配的方式，以及社会资金可以投资合作社。

刘勇的文章对我国《农民专业合作社法》体现的合作社原则从经济学的效率原则和对经济主体充分激励的视角进行了解析，基本肯定了合作社原则的经济合理性。这篇文章既是学科视角的研究，也是从效率观点对《农民专业合作社法》将合作社作为市场主体定位的肯定。

从《农民专业合作社法》重视资本股份的作用可以看出，中国的合作社立法实际上既要解决合作社在中国发展所必须解决的困难，也要解决世界范围内合作社所需要解决的普遍性问题，就是如何平衡劳动和资本在合作社中的贡献。

四　立法后的争论及其进展

第三编汇集立法之后学界对中国现有的合作社到底是不是合作社、合作社本质在多大程度上应该得到落实的争论。所谓"论争"很大程度上体现在这一阶段。如果说，从规范认识上思考合作社的本质，学者之间的分歧并不明显。但当法律已经规定了合作社的本质，而现实中的合作社却和这种本质有相当大的背离时，学者们对法律中的合作社本质规定是否充分、现实中的合作社是不是法律倡导的合作社，就产生了很大的分歧，并对这种背离提出了多种解释。

人们很容易看到，现实中很多合作社不符合法律的规定。在合作社立法之前许多合作经济组织注册成了合作社，新成立的合作社更多，但是，不管是立法前已经存在的还是法律通过后新成立的，多数并没有遵循法律的规定。现实中的合作社还是不是合作社，就成为人们关注的焦点问题。立法后对合作社本质的讨论并没有因为法律已经订立而终结，而是表现出了更为强劲的讨论动力。

徐旭初的文章系统分析了 2012 年年初之前的合作社研究状况，对那段时间关于合作社本质的论争做了很好的梳理。他的文章涉及合作社本质、现实约束、制度安排等问题。他认为合作社本质讨论对应的核心现象是：

在中国农民专业合作社的现实实践中，对质性底线的漂移大多体现为未必以社员使用为主，未必以直接民主决策为主，未必以惠顾返还利润为主，而且越来越可能出现若干种偏离"理想型"合作社的制度形态，越来越趋于股份合作制色彩，特别是在合作社进入追求附加值阶段。对于这类现象，他引述了国际合作社联盟对合作社价值等问题处理的灵活态度，暗示合作社实践可以在一定程度上偏离经典合作社原则。对于这样的合作社，是否仍意味着对合作社本质的承认，他的文章并未直接表态。

徐旭初的文章展现的对合作社发展是否偏离"理想型"的争论应该得到后续研究者更加深入的探讨。对立法以后的争论，邓衡山的文章从合作社本质界定上进行了回应。邓衡山的文章想解决在合作社本质认识的两个疑难：一是在中国发展合作社要不要坚持合作社本质；二是现实中的合作社到底有没有坚持合作社本质。他的结论是：合作社要实现自己相对于公司及"公司＋农户"的独特优势，就必须保持"所有者与惠顾者同一"这一合作社的本质规定。而现实中的绝大部分合作社都不具备合作社的本质规定，其本质仍旧是公司或"公司＋农户"等其他类型的组织。这种状况是农户异质性和现有的政策环境造成的，如果要加以改变，就必须予以适当的外部支持。邓文对合作社本质的解读并没有新的进展，只是重申和强调了前人的研究，他在之前全志辉和温铁军、潘劲等人的研究基础上，将合作社本质无法落实的原因进一步指向政策环境。

黄祖辉、徐旭初、吴彬三人合作的文章更具体地分析了合作社实践偏离理想合作社制度的原因。文章构建了成员资格、成员角色、治理结构三维因素组成的合作社理想类型，并且提出了三种因素之间相互影响的关系，其中一个因素变化，就会导致合作社偏离理想类型。文章认为，多元化的合作社治理结构，是由于企业家寻租、普通成员的策略性参与以及政府的策略性容忍的存在，进而，合作社成员资格的非同质性导致成员角色的分化，最终导致合作社治理结构发生进一步的演化。作者虽然没有点明合作社成员资格的非同质性发展到什么程度，治理结构将最终不再是合作社的治理结构，但是，已经揭示了合作社成员资格的同质性对合作社治理结构具有决定作用。

李琳琳的文章区分了交易、治理、出资等三个维度的合作社边界，说明合作社在三种成员边界上的游移是合作社主动的策略性选择，并分析了农民认知、传统社会关系和法律政策等因素对合作社策略性选择的影响，并且提出了完善制度的建议。

对比黄祖辉和李琳琳的文章，可以发现两篇文章看到的是同样的现象，但是双方解释的基点有所不同。黄祖辉的文章承认现状，揭示成员异质性基础导致的对合作社理想类型的偏移，但不追究这种偏移是否还能保证现实中的合作社还保持合作社的本质；李琳琳的文章也解释了现状，但承认成员边界游移对合作社发展的危害，认为这将导致对部分合作社成员的不公平和不能实现政府扶持目标。可以说，两者的不同在于对异质性引发的后果，是承认异质性而不问是否可以改变，还是承认异质性导致的合作社异化结果但认为可以加以改变。

上述有关合作社本质何以不彰的分析，有两个关键词，一是"成员异质性"，二是"扶持政策"或"政策环境"，这两个方面是理解中国目前的合作社在合作社本质上不鲜明、在合作社原则上不体现的关键原因。

张德峰的《合作社集体成员权论》一文揭示了合作社法人地位的确立与合作社集体成员权的落实并不是同一件事。合作社法人地位的确立，并不能保证合作社内部治理结构和合作社与外部主体关系上实现合作社社员的利益诉求，这些诉求包括自助、自治与独立的利益诉求以及改变自身弱势地位和实现人的发展的利益诉求。此文实际上提出了，合作社本质的落实具有合作社和合作社社员两个层次，换言之，合作社法人地位和合作社成员权利是体现合作社本质的两个侧面。将来的立法需要根据合作社集体成员权，来进一步完善合作社内部治理结构和合作社同外部主体之间关系的规定。

总体上看第三编的文章，学者在立法之后对合作社本质方面的不同认识，体现了学者对合作社发展制度环境的不同认识。这启示我们，理解合作社，其实功夫在合作社之外。但是，学者共同的方面在于，他们都力求申明合作社的独特价值。

五 呼唤更加科学、深入的农民合作社本质研究

《农民专业合作社法》虽然确定了合作社的本质和基本原则，但它并

不会自动在合作社的发展中得到落实，而落实它的困难，也让不少学者思考是否松动或改变某些和合作社本质、原则有关的规定。中国市场经济体制发育的独特过程和现实结构，给农民合作社本质在现实中的确立带来了非常严重的后果。合作社本身是回应市场经济导致的两极分化和社会问题而产生的，但市场经济和政治结构中的强势群体会阻挠合作社的发展，也会抑制合作社本质在合作社实践中的生成和落实。而农民合作社立法中的一些具体缺陷也会在这种形势下被放大，成为合作社本质被歪曲和放大的依托。理解立法后更加激烈的论争，构成了我们今天思考《农民专业合作社法》修订方向的重要一环。合作社本质是可以用来思考合作社发展方向、制度安排的基点，在合作社本质问题上结合实际情况的研究，将会是修订《农民专业合作社法》有关规定的基本认识资源。

各种信息表明，这一次修订《农民专业合作社法》，将把合作社名称从"专业合作社"变为"合作社"。而当初之所以用"专业合作社"，据资深研究者在法律通过不久的评述，是"为了消除人们对新旧合作社概念的混淆和误解，为了减轻农民群众对传统农业生产合作社制度的抵触情绪，也为了防止新建合作社向传统农业生产合作社制度的复归"。① 而对应的是"合作社"被认为是人民公社时期，也是改革以来产生的"村经济合作社"之类的"社区性的、综合型的、政企难分"的合作社。这次修订要用之前易混淆和误解的"合作社"这一命名，而这一命名又是需要警惕会向传统的农业生产合作社复归的"合作社"。这又该如何理解呢？这无疑会引发对农民合作社本质新的一轮深入思考。

2007 年《农民专业合作社法》立法之前的有关研究，较好地支撑了立法的需要。当前面对《农民专业合作社法》的修订，对农民合作社本质问题的研究，我们需要在以下一些问题上看到更加科学严谨的研究成果。

第一，中国当下的农业发展道路和农业经营组织构建对合作社的具体需要。

第二，在中国合作制思想史中，主要思想家和实践者对合作社本质的理解和其时代背景及实践活动的联系。

① 杜吟棠：《农民专业合作社法的立法背景、基本特色与实施问题》，《青岛农业大学学报》（社会科学版）2008 年第 2 期。

第三，村集体所有制和合作社、集体制和合作制之间的关系。我们需要理解国人对合作社本质和原则的接受程度，也需要就此思考我们自己的本土资源和今天市场经济的实践可以提供哪些资源。

第四，世界范围内对合作社本质的认识经历的重大争论的背景、内容和主要观点。

第五，合作经济发达的国家的合作社立法是如何定位合作社作用的，其对合作社的质性规定是如何表述和理解的。

第六，合作社所有者和惠顾者同一的原则的具体体现方式各国强调的不同侧面是什么。

第七，合作社作为"社会企业"，其经营性和公益性应该怎样获得平衡。

如果我们在上面的议题上取得更加丰硕的研究成果，将更能支撑通过修订得到一部更加科学审慎的《农民专业合作社法》。立法需求呼唤更加科学、深入的农民合作社本质研究。让我们共同努力。

本篇序言中关于合作社本质问题的研究在面对中国问题和在中国语境下的发展变化的叙述是循有关研究史实而来，也是值得立法实践者倾听的。这些论述的价值，并不仅仅在于影响法律中某些法条的表述，而是，这种历史分析，进一步回应了"立法和社会科学研究的关系是什么"、"科学和审慎立法对社会科学研究提出了怎样的要求"的提问，提示出关于合作社的社会科学研究需要具备的视野和品质。

仝志辉

2016 年 12 月 20 日

目　录

第一编　合作社本质问题的提出和拓展

第二编　《农民专业合作社法》对合作社本质问题的处理

第一编　合作社本质问题的提出和拓展

合作社的基本原则及有关的几个问题

张晓山[*]

一　合作社定义、价值观念及基本原则

各种形式的合作在人类社会演进的历史上源远流长，但现代国际合作运动的兴起则始于资本主义发展的初级阶段。19 世纪中叶，英国罗虚代尔镇的全英第一个成功的消费者合作社最早提出并制定了合作社的一些基本原则并付诸实施。这些原则大多包括在 1921 年国际合作社联盟制定的规章之中，并由 1937 年国际合作社联盟第 15 届代表大会认定为组织合作社的国际标准。1966 年国际合作社联盟又确认并部分修订了这些原则，将其扩展为 6 项。这 6 项原则在 1984 年国际合作社联盟第 28 届代表大会上又再次得到确认。它们的主要内容如下。（1）社员资格开放。（2）民主管理。在基层合作社实行一人一票。（3）资本报酬有限。（4）盈余按社员与合作社之间交易额（惠顾额）的比例返还给社员。（5）合作社教育。（6）合作社之间的合作。

1995 年 9 月，国际合作社联盟在英国曼彻斯特市举行了成立 100 周年的第 31 届代表大会，与会代表又进一步修改和重新确立了合作社的基本原则，为的是适应发展变化的形势并用以指导 21 世纪的合作运动。新的原则有以下七个。

（一）　自愿与开放的社员资格

合作社是自愿加入的组织，它向能利用其服务并承担社员责任的所有

---

* 张晓山，中国社会科学院学部委员，全国人民代表大会农业与农村委员会委员。

人开放，不允许有任何性别、地位、种族、政治或宗教的歧视。

（二）民主控制

合作社是由社员控制的民主的组织，社员积极参与制定政策和做出决策，选出的代表对全体社员负责。在基层合作社，社员有平等的投票权（一人一票），其他层次的合作社也以民主的方式组成。

（三）社员的经济参与

社员对合作社的资本做出公平的贡献并加以民主的控制，资本至少有一部分通常是合作社的共同财产，社员对其为具备社员资格所认缴的资本通常最多只能得到有限的回报。社员盈余的分配应用于下列部分或全部：发展其合作社，如设立公积金，其中至少有一部分是不可分割的；按社员与合作社之间交易额的比例返还给社员；支持社员同意的其他活动。

（四）自治和独立

合作社是由其成员控制的自治和自助的组织，如果它们与其他组织（包括政府）达成协议或通过社外渠道筹措资本，社员的民主控制和合作社的自治原则不应因此受到损害。

（五）教育、培训和信息

合作社为其社员、选出的代表、经理及雇员提供教育和培训，以使他们能有效地促进合作社的发展。同时，合作社要使公众（尤其是青年和民意领导人）广泛了解合作的本质及其优越性。

（六）合作社之间的合作

合作社要最有效地为其社员服务，并通过地方、国家、地区及国际的组织结构通力协作，以加强合作运动。

（七）关心社区发展

合作社根据社员批准的政策来促进其所在社区的持续发展。

国际合作运动中有不同的合作学派、不同的理论观点，对合作社的定义也各有不同。1995 年的国际合作社联盟第 31 届代表大会对合作社做出了最新的、最权威的定义：合作社是人们自愿联合组成的自治性的协会，以通过共同所有和民主控制的企业来满足其经济、社会和文化方面共同的需求和渴望。

在国际合作运动中，合作社不仅被认为是一种特殊的经济组织形式，而且是不同哲学思想的反映。国际合作社联盟第 31 届代表大会也指出，合作社价值观念的基点是：自助、民主、平等、公平和团结，合作社成员相信诚实、公开性、社会责任感及关心他人这些信条所具有的理论价值。

上述定义、原则及价值观念在提交 1995 年代表大会前已反复讨论、修改，会上又进一步修改，最后作为国际合作社联盟规则的一部分提交 1997 年 9 月的代表大会批准。

截至 1997 年 6 月，国际合作社联盟的成员包括 94 个国家的 225 个全国性组织，7 个国际性组织，它们代表 657970 个合作社以及 77851 万名社员。其中印度全国合作社联盟有 17482 万名社员，中国供销合作总社有 16000 万名社员，美国全国合作社商业协会有 15069 万名社员。如按销售额计，国际合作社联盟 6 个最大的农业合作组织排序如下：印度全国合作社联盟，美国全国合作社商业协会，法国全国农业信用合作社联合会，德国合作社与赖夫艾森联合会，日本农协，丹麦合作社联合会。

二 对合作社定义及基本原则的几点理解

合作社有不同的类型并存在于世界上许多国家之中。由于各国的历史背景以及社会、经济、政治、文化条件不同，各国合作社的内部制度安排有所不同，各国合作理论界对合作社原则的理解和认同程度亦有差别。100 多年来，合作社的定义及基本原则不断修正与补充。如将最近这次制定的原则与 1966 年确定的原则相比较，区别是将原有的第 3 条和第 4 条原则合并为一条，并增加了要有不可分割的公共积累的内容，此外是补充了第 4 条和第 7 条原则。据了解，合作社原则的修改工作是由国际合作社联盟委托一个工作小组（包括瑞典、加拿大、德国、以色列、日本等国的七位专家学者）来进行的。笔者从小组中的两位专家处得知，该小组工作近三年，共易17稿，其中一些原则在起草时有过激烈的争议，最后才确定了这些指导方针。即使如此，提交给1995年代表大会通过的文本与最终提交给1997年9月代表大会批准的文本仍有一定差别，可见要使基本原则得到普遍认同绝非易事，现仅对合作社定义及基本原则方面的不同观点做一些介绍，并提出几点个人的看法：

第一，合作社首先是企业，但它是由成员共同所有和民主控制的一种特殊的企业组织形式。一般的企业以效益最大化为其主要目标，公平的职能则由政府来承担，通过国民收入再分配来实现。而合作社企业要满足社员的社会与文化的需求，还要促进其所在社区的持续发展，这说明合作社在追求效益的同时，还要兼顾公平，实际上是分担了政府的一部分职能，所以许多国家规定合作社可享受税赋减免优惠，这是对其效益方面损失的一种补偿，也说明合作社企业不同于资本控制或政府控制的企业。

第二，对于民主管理原则，最普遍的理解是主张在基层合作社这一级实现投票权平等，一人一票。但也有人主张，投票权应与利润一样，按交易额分配：与合作社交易多的社员对合作社的贡献大，负的经济责任重，理应有更多的决策权。一人一票会使合作社决策不合理，风险承担不平等。为防止合作社决策权全部由经济实力雄厚的社员所控制，可以一人一票为基础，另增添以交易额为比例的投票数，但应有上限限制。在实践中，也有少数合作社的投票权完全按交易额分配。

第三，关于资本报酬和公共积累问题。首先应指出，在大部分合作社中，社员都要认缴入社股金，从这个意义上讲，合作社即是股份合作企业，不同的是这种社员股金很少有利息。至于社员为合作社未来的发展所提供的额外资本，则可以获取利息（一般按银行利率），但不能分红。关于合作社是否提取不可分割的公共积累，更是一个长期以来争论不休的问题。1937年9月，在巴黎召开的国际合作社联盟第15届代表大会上，一个特别委员会做的《罗虚代尔合作原则的现实应用》报告认为，从历史的角度看，罗虚代尔基本原则可归为7点，特别委员会并建议，合作社原则的遵循与否应取决于7项原则中的前4项（社员资格开放，民主控制，利润按购买额返还，资本报酬有限）是否得到遵守，后3项原则（政治与教育的中立，现金交易，促进教育）并非成为国际合作社联盟成员必不可少的条件。该报告还指出，在调研时涉及的两个问题，但对于罗虚代尔体系来说，它们都不影响根本性的原则，其中一个问题即集体资产的处置。主张公共积累不可分割的学者希望这一原则能被视为正确的合作社实践并推荐给所有的合作社，特别委员会向大会推荐这一意见，并希望它能得到充分的重视和赞同。但在当时的代表大会及 1966 年和 1984 年的代表大会上，都未将其列为基本原则。在提交给 1995 年代表大会讨论的文本中，第 3 条基本原则尚未把公共积累不可分割列入，只是在背景材料中说明，所有的积累或相当一部分积累应集体拥有，许多立法规定，即使合作社解散，这一集体的"资本"也不能在成员中分配，而应转给社区企业或其他相关的合作社。直到提交 1997 年 9 月代表大会批准的文本中，第 3 条基本原则才写明合作社的资本至少有一部分是共同财产及合作社的积累至少有一部分是不可分割的。但据了解，合作理论界仍有人认为，在合作社的集体积累中，不可分割的资产比例越大，脱离社员控制和监督的财产就越多，合作社和社员之间的距离就越远，最终的结果是社员不再关心合作社的发展。在实践中，不可分割的集体资产占合作社资产总额的比例在各国合作社之间也差别较大，多的达到 80% ～ 90%，少的仅占 2% ～ 5%。

第四，关于利润按交易额的比例返还给社员。有的学者指出，"资本"是股份制度的核心，而"交易额"是合作社制度的核心，交易额不仅是社员入社的必要条件，亦是合作社赖以存续的衡量指标。交易额愈多，说明社员对合作社的需求愈大，合作社愈有其存在的价值；交易额愈少，则说明社员对合作社的需求愈小，如无交易额，则说明社员可通过自助或其他渠道完成自身的交易。合作社是提供交易服务的客体。这种观点总的来说是正确的，合作社为社员提供服务，社员则通过使用服务为合作社做出贡献（如通过合作社购买生产资料、销售农产品、获取贷款，在合作社中的劳动等）。显然，社员利用合作社的服务越多，对合作社的贡献就越大，理应享有较多的剩余索取权。这一问题的关键是社员作为所有者的身份和合作社服务的使用者身份二者的统一，这是合作社与其他类型企业的重要区别，也是剩余按交易额比例返还能否贯彻落实的基本前提。

第五，从经济关系上看，合作社并非一种单一的经济形态，它可包括各种不同的经济类型。笔者曾指出过，实行合作制度的企业的财产所有权关系可以是高度公有的集体产权（如工业和农业生产合作社）。在另一些合作社中，社员仅贡献出自己的部分资源，将自身经济活动的某一个或某几个环节的决策权和经营权交给合作社，同时自身又未被合作社的经营及生产活动所占据，成为一种合作社集体产权与社员私有产权相结合的混合形式。还有的合作社仅是社员互助（如托儿合作社或丧葬合作社），合作社自身的资产很少。可以说，合作社体现的是生产要素的组合方式而非特定的所有制形式。《中华人民共和国宪法》上载明的"农村中的家庭联产承包为主的责任制和生产、供销、信用、消费等各种形式的合作经济，是社会主义劳动群众集体所有制经济"及"城镇中的手工业、工业、建筑业、运输业、商业、服务业等行业的各种形式的合作经济，都是社会主义劳动群众集体所有制经济"，是中国特定历史背景下针对中国国情做出的符合中国实际的表述，它并不具有普遍意义。

三　中国合作社未来的发展

随着中国社会主义市场经济体制的逐步确立，城市和农村的经济关系都将发生巨大的变化。城市中资产重组，产业结构调整，工人下岗及再就业的问题日益突出，在市场竞争机制中处于不利地位的人们联合起来、采取共同经济行动的愿望将日趋强烈。在这种形式下，城市的消费合作社、住宅合作社等组织将有可能发展起来。在农村中，随着农业从传统农业向现代农业转换及农业生产社会化程度的提高，农业与产前及产后部门的联系越来越紧密，农民迫切要求分享二、三产业使初级产品增值所带来的利润，农业产业化经营随之应运而生。在农业产业化的进程中，农户（农业劳动者）与工商企业的对接方式是多种多样的，但要巩固农业在国民经济中的基础地位，增加农业劳动者的收入，中国的农业产业化经营的基点则应是培育和发展农业劳动者自己的合作组织，只有这样，初级产品生产者的经济利益才能得到真正的保障。许多发达国家农工一体化的成功经验证明了这一点，当前在发达地区的农村，也已有一些用合作制推进农业产业化的实例。在这些地区，农民组织起自己的农产品加工和销售以及农业生产资料购买合作社，通过二次分配，按照社员与合作社之间的交易额将购买、加工与销售的利润返还给社员。可以预见，随着社会主义市场经济在农村的发展，农业劳动者的购买、加工及销售等方面的规范的合作组织将会在农村兴起。对于中国合作事业的发展来说，这将是一种非常令人鼓舞的动向。

在城乡工业生产中，受现有经济条件的约束，组建工人生产合作社，并使其健康发展，具有一定的难度。当前中国农村第二产业中大量涌现的股份合作企业最显著的特性是其产权构成的异质性和多样性。在股份合作企业中，大股东控股型和股东经营型企业占多数，它们都是股份制导向的企业；少数企业为均股型，其中仍有很大的一部分实质上还是股份制导向的企业。

由于我国农村经济的现状是资本稀缺而劳动充足，资本所有者和一般劳动者的身份很难同一，即使身份同一，也很难使劳动者持有资本的数量达到对企业关切度高的水平。同时农村剩余劳动力流动性又较大，使其成为企业出资者的一员亦有一定的难度，这是乡镇企业与城市国有小企业或集体企业明显不同之处。

在中国农村中也存在一些合作性质较突出的均股型企业，其特性是职工广泛持股，企业中很少有非职工的股东或非股东的职工；股权基本平均，没有控股大户或控股阶层；民主管理，一人一票；剩余在提取公积金和公益金后，有一部分按职工（股东）的劳动贡献作为奖金分配，股金分红受到一定限制，经常是挂在账上，用于企业的扩大再生产。这类企业一般规模较小，职工中亲朋好友居多，企业领导人思想境界较高，愿意带领大家走共同富裕之路。从目前来看，这类企业为数很少，企业中成员入股金额不多，自有资产占总资产的比例较低，企业在很大程度上靠政府和一些社团的扶持。这类企业能否主要依靠自己的力量发展壮大，发展起来后是否还能继续坚持合作原则，都是有待探讨的问题。但可以断定，在以公有制为主体、多种经济成分共同发展的社会主义市场经济的框架中，较规范的工人生产合作社在城乡经济结构中必然也会占有一席之地，并获得长足的发展。

（本文原载于《农村合作经济经营管理》1998 年第 2 期）

合作社的异化与异化的合作社

——兼论中国农业合作社的定位

应瑞瑶*

近代合作社是市场经济的必然产物，即经济上的弱者为应对市场经济的挑战，在生产和消费领域建立起来的自助互助组织。合作社的建立和发展缓和了市场竞争带来的一些副作用，增强了社员适应市场竞争的能力，弥补了社会保障制度的不足，为完善市场经济制度发挥了有益的作用。合作社与其他经济组织形式的区别在于，它的结构反映了它的目标，即通过其经营过程以及对其利润（或剩余）的利用，服务于其社员以及在整体上有益于社会。实现此目的的专门方法是通过民主管理，即通过一人一票制而非资本股份民主行使选举权，据此可以避免企业由那些拥有大量资本的人所控制。此外，其盈余分配制度、限制资本利息等均与其他企业判然有别。这一精神具体体现在合作社原则（罗虚代尔原则）之中。

一　合作社的异化

自 20 世纪 70 年代开始，西方国家的合作社面临着各种挑战，合作社基本制度也发生了变革，主要表现在三个方面。一是"一人一票"制向承认差别发展。一般认为，"一人一票"制是合作社区别于股份制企业的特征之一，是充分体现合作社社员之间真正平等的重要标志，但是，"一人一票"制的绝对性已经发生了改变。这不仅在美国，而且在罗虚代尔原则发源地的欧洲，表决权的一人多票已十分普遍，非营利和"一人一票"的公平原则由强调发展和承认差别的原则所取代。二是公共积累的不可分割性向产权明晰化方向发展。确定社员是合作社的所有者，合作社的财产按比例属于各个成员所有，社员所有权的总和是合作社财产的总和。三是资本报酬率严格限制向外来资本实行按股分红方向发展。按照国际合作社联盟制定的原则，社员入社的股金只能获取很少的利息，许多情况下甚至不付利息。至于社员为合作社未来发展所提供的额外资本，可以按正规银行的利率获取利息。针对这种观点，有的学者主张，对外来资本应按竞争性的市场利率而不是银行利率付给报酬。但是，西方国家合作社制度的变革并没有使它演变为普通企业。合作社至少有四个方面与股份制企业相区别：（1）合作社的顾客往往也是它的所有者，而普通企业的顾客与企业常常是分离的；（2）合作社的目标是使其既是所有者也是顾客的社员受益，而普通企业的目标只是使其所有者受益；（3）"一人一票"制仍然是合作社的重要原则，一人多票有严格的上限限制；（4）按照社员的惠顾额分配利润仍然是合作社的主要分配形式，按股分红受限制。

在我国，从 20 世纪 80 年代初开始发展起来的农民专业协会和农民专业合作社[①]，被许多人称为"新型合作经济组织"。据农业部有关部门1999 年底估算，全国各类农民专业合作组织已达 14 万个。[②] 国内学界普遍认为，这些"新型"合作组织接近于规范的合作社。甚至国外一些学者也认为，中国的农村专业协会比社区性合作经济组织更接近于合作社。例如，法国艾伯特基金会的专家认为，现在中国农村的社区性合作组织并不是真正的合作社，农村专业协会具有类似于西方合作社的特性。美国纽约州立大学 Mark Sedler 教授认为："中国农业未来的改革在相当程度上取决于农民自身加强和扩大自发性的合作组织，而农村专业协会是农民主动寻求技术和服务的有潜力的合作社组织。"然而，考察中国现实中的农民合作组织后发现，农业专业协会和专业合作社，大多不具有合作社的特征，而是异化的合作组织。

一般认为，判断一个经济组织是不是合作社，关键看它是否遵循合作

---

① 我国合作社运动实践中，把农民专业协会和农民专业合作社统称为农民专业合作组织。实际上专业"协会"和专业"合作社"之间的界限并不十分严格。1994 年农业部有关部门在《农民专业协会示范章程（试行修改稿）》说明中就明确指出，农民专业协会包括专业合作社、专业技术研究会等。

② 《中国农业年鉴 2000》，中国农业出版社，2000，第 123 页。

社原则。中国的农民合作组织，如果用"罗虚代尔原则"衡量，可能很少有完全符合合作社原则的合作社。

（一）以"协会"为名的农民合作组织特征考察

"农民专业协会"最早出现在20世纪70年代末，按照形成背景划分，大体有4类：一类是由科技协会发起建立的；一类是由农业技术推广站等事业单位发起建立的；一类是由供销合作社发起建立的；还有一类是由农村中的专业户自发建立的。现实中冠名以"协会"的组织并没有一致的制度特征。我们曾对江苏13个市的75家农民专业协会进行过调查，被调查农民专业协会在制度特征上存在很大不同。目前农民专业协会在登记管理中主要分为两类，即社会团体和民办非企业单位。也有极个别协会登记为企业。在被调查的75家农民专业协会中，在工商局登记为企业的有7家，在民政局登记为社会团体或者民办非企业单位的有42家，有22家分别在农村工作部和科协登记，其余4家未办理登记手续。

在这75家农民专业协会中，有38家是由经济实体牵头成立的。这类协会的主要目标是为社员提供产前、产后及产中的各类服务，服务、经营都要收取费用。由于这类协会在组织机构、日常管理方面都依附于经济实体，所以实际上是由经济实体控制的。有30家专业协会自身不从事经营活动，其中18家是由政府官员担任会长，是较为典型的社会团体，另有12家则由经济大户兼任会长，协会很少开展活动。表1表示形成经济实体的13家农民专业协会，没有一家完全符合合作社原则。

表1 江苏省13家"农民专业协会"的合作社基本原则执行情况

合作社原则	入社自愿	一人一票	股金分红	利润返还	分红与返利结合
执行社数量（家）	13	0	11	0	0

注：①退社一般不自由；②利润返还一栏为"0"，则表明没有一家只实行按惠顾额返还利润；③如果"股金分红"、"利润返还"和"分红与返利结合"之和不足100%，则表明有调查对象未清楚回答利润分配方式。（表2~4同）

农民专业协会的异质性是一种普遍现象，在我们所收集的14个专业协会典型案例中，没有一家专业协会只实行按惠顾额返还利润。只有一家实行股金分红与按交易额返还利润相结合的分配方式，但"按惠顾额返还"并没有写入协会的章程中，而且按惠顾额返还的比例只占所分利润的20%。可见，在这14家专业协会里，没有一家是完全符合合作社基本原则的（见表2）。

表2　七省市14家"农民专业协会"的合作社基本原则执行情况

合作社原则	入社自愿	一人一票	股金分红	利润返还	分红与返利结合
执行社数量（家）	14	4	6	0	1

资料来源：根据《农村合作经济组织发展概论》、《我国新型农民合作社的雏形》等文献整理。参见牛若峰、夏英《农村合作经济组织发展概论》，中国农业科技出版社，2001，第158～163页；杜吟棠、潘劲：《我国新型农民合作社的雏形》，《管理世界》2000年第1期。

（二）以"合作社"为名的农民合作组织特征考察

1994年，山西万荣县、山东莱阳市先后组建了农民专业合作社。继山西万荣、山东莱阳之后，山东的宁津、泰安，河北的邯郸，北京郊区的顺义、房山等地，也相继办起了一批农民专业合作社。农民专业合作社的创办主体呈现多样化的特征。其中，有的是由供销社、乡村集体经济组织、政府部门和事业单位发起建立的，也有一部分是农民自发建立的。农民专业合作社的多源性，决定了其制度安排的多样性和异质性。

我们在江苏省对47家合作社进行了调查。在被调查的47家农民专业合作社中，在工商局登记为企业的有14家，在民政局登记为社会团体或者民办非企业单位的有8家，有20家分别在农村工作部和科协登记，其余5家未办理登记手续。47家冠名为"合作社"的组织中，有32家是由企业牵头成立的，合作社与原有企业是一套班子两块牌子，合作社（更确切地说是原有企业）与社员之间通过签订合同确认双方的关系。他们中的大部分建立了社员代表大会和理事会制度，理事会主任一般由原有企业委派或者直接由企业负责人担任。在这47家中另有15家是由专业大户牵头成立的，一般由专业大户担任理事会主任或合作社经理。这一类合作社由一个能人牵头，由牵头的能人向加入合作社的社员传授种养殖技术。这是一种松散的合作，社员之间没有产权上的连接。虽然合作社内部也有生产资料的供应等服务活动，但一般只是价格上有点优惠，没有利润返还。显然，这些自称为"合作社"的组织并不符合合作社的基本原则（见表3）。

表 3　江苏省 47 家农民专业合作社基本原则的执行情况

合作社原则	入社自愿	一人一票	股金分红	利润返利	分红与返利结合
执行社数量（家）	47	7	27	0	6
比例（%）	100	15	57	0	13

资料来源：根据协会章程整理。

这一种现象，在合作社发展较早的山东莱阳也普遍存在，在我们所收集的 10 个案例中，没有一个是完全符合合作社基本原则的（见表 4）。杜吟棠和潘劲在对北京市顺义区农民合作组织研究后认为，他们所分析的案例中，"没有一个符合传统合作社规范"。

表 4　莱阳市 10 家农民专业合作社基本原则的执行情况

合作社原则	入社自愿	一人一票	股金分红	利润返利	分红与返利结合
执行社数量（家）	10	0	7	0	3

资料来源：根据慕永太《莱阳农村改革发展之路》相关案例整理。详见慕永太《莱阳农村改革发展之路》，中共中央党校出版社，1998，第 227~262 页。

二　合作社发生异化的原因

（一）农业合作社异化的影响因素——制度环境因素

任何制度变迁与制度创新都是在既定的制度环境中实现的。在新制度经济学的分析框架里，农业合作社的异化是制度变迁的过程。影响农业合作社制度变迁的制度环境因素主要是经济环境和法制环境，而且在多数情况下两个方面是相互关联的。

1. 经济环境对农业合作社制度变迁的影响

作为一种企业组织形式，合作社首先是在一定的经济环境中运行的。在市场机制发达的国家里，资本、土地、劳动力、技术等生产要素的市场相应出现，各种生产要素可自由流动、自由进入市场。这样才有可能出现生产要素的不同组合，人们才可能有机会选择合作社这种生产要素的组合形式。我国生产要素市场尚不完备，生产要素自由组合的基础仍较薄弱，这在客观上也不利于农业合作社独立自主地发育成长。另外，由于农业合作社是一种互助性质的经济组织，对社员不以营利为目的，因而许多国家往往采用减税、低税或免税的政策或补贴的政策来支持农业合作社的发展。然而在我国，农民合作组织并没有享受到税收等方面的特殊优待，即使个别地方给农民合作组织以优惠，但目前还缺乏法制保障。

2. 法制环境对农业合作社制度变迁的影响

我国没有一部合作社法，在公司法等有关其他经济组织的法律中也没有专门适用于合作社的条款。目前这些农民合作组织并不是"依法"成立的，由于其法律地位未被明确，在法人登记、征缴赋税等方面还缺乏必要的法律依据，这不仅给其经营活动带来种种不便，而且使其合法权益难以得到保护。相反，不规范的政策却在不断出台。早在1982年，中共中央做出的《关于改革科学技术体制的决定》中，就提出要推动农业科技人员走出实验室，发起和组建了一批农民专业协会。1993年国务院《关于当前农业和农村经济发展的若干政策措施》中提出农村各类民办的专业技术协会要在服务过程中，逐步形成技术经济实体。1994年农业部和中国科协《关于加强对农民专业协会指导和扶持工作的通知》中指出：农民专业协会是指由农民自愿、自发组织起来，以增加成员的收入为目的，在农户经营的基础上，实行资金、技术、生产、供销等互助合作的民办技术经济合作组织。根据农业部和中国科协联合发布的文件，农民专业协会是一种民办技术经济合作组织。农业部又说农民专业协会是专业性合作组织。而民政部颁布的《社会团体登记管理条例》规定，各行各业的各种协会、研究会都作为社会团体注册登记，并规定协会是一种不得从事营利性活动的群众团体。这样，农民专业协会的划分上形成了一定程度的混乱。农业部曾经在1994年以文件的形式发布过《农业专业协会示范章程》，一些地方政府也曾制定过章程的样本。但是，这些章程的样本，仅有参考作用，对农民合作组织来说，本身并不具有法律约束力。由于合作组织社员的出资有多寡，在合作社中的地位事实上是不平等的，因此，合作社章程的内容更多的是反映牵头单位（或个人）的利益要求。

（二）农业合作社异化的影响因素——意识形态因素

意识形态可以定义为一个团体（社会）关于世界的一套信念，是一定团体中所有成员共同具有的认识、思想、信仰、价值等。作为非正式制度安排的意识形态对制度供给或创新具有重要影响。长期以来，在我国的一些政策文件和一些人的观念上一直把传统集体经济等同于合作经济。甚至把合作社定义为"土地和劳动者的联合"。这种传统观念严重束缚了农民合作组织的健康发展。另外，中国几千年的历史沉淀所形成的小农意识和过去长期的计划经济体制所塑造的扭曲了的主人意识交织在一起，构筑了中国农业合作社生存和发展的不和谐的文化氛围。

（三）农业合作社异化的影响因素——产品和要素的相对价格

选择什么样的制度形式，并不是由"自由意志"决定的，而是受到选择者实际拥有的资源所制约。在经济组织的选择中，"实际拥有的资源"主要是生产要素，包括资金、技术、劳动力和企业家才能。资源的类型和数量决定了拥有者所处的经济地位，该地位决定了其所面临的和迫切需要解决的特定问题，这些问题决定了制度选择时的特定动机和借助于联合所要实现的特定目的，而这些都导致对特定制度形式的选择。简洁地说，人们因为所拥有的资源不同，可能选择不同的制度。

我国农业合作社发展中遇到的最大困难是资金实力不足。由于缺少资金，合作社不能构建自己的销售网络，从而也难以单独拓展市场。有限的资金还制约了合作社对农副产品进行必要加工。结果使得农副产品增值幅度较小，农民收入难以快速提高。因此形势逼着合作社改变集资方式，以聚集生存与发展所需的资金。

三　异化合作社的矫正

（一）改善农业合作社发展的制度环境

法律环境的改善，首先是农业合作社立法问题。农业合作社立法的意义有以下三点：一是激发广大农民和基层干部的合作组织创新意识，节约合作组织的创新成本。二是克服合作社运行中的外部性，节约合作社组织的运行成本。合作社法明确规定了合作社的性质、合作社内外产权关系以及各有关主体的行为规范，从而不仅有利于摆脱基层政府部门或其他利益主体对合作社日常业务活动的干预以及侵犯合作社及其社员的正当权益的行为，而且有利于克服合作社内部的"搭便车"行为，将合作社运行中的外部性降低到最小限度，从而有利于节约合作社的运行成本，促进合作社的健康发展。三是有利于提高国家支农资金的使用效果。我国现行的支农资金分配使用制度存在着诸多弊端，支农资金在下拨过程中被截留，运用中的"长官意志"十分突出，有限的资金未能发挥出应有的作用。农业合作社法使真正代表农民利益的合作组织与其他经济组织区别开来，并通过法律，规定国家对合作组织的扶持政策，把支农资金的分配运用纳入了法律化、规范化和科学化的轨道，保障支农资金真正用于增加农民收入和促进农业发展。

（二）协会的功能定位及现行农民专业协会的演化

在众多的社会组织中，按照其组织属性、组织目标、代表人群等不同，可以分为不同的组织形态。国际上一般将社会组织分为政府组织、营利组织、非营利组织三大类。相对于政府组织而言，通常把非营利组织统称为第三部门。由于政治体制的不同，我国社会组织的形态分类要复杂一些，国内一般将我国组织体系分为政党、人民团体、宗教组织、政府组织、企业组织、非营利组织等六大类，不同的组织形态，其组织目标、组织行为是不同的。非营利、非政府组织在解决市场失灵和政府失灵问题方面可以发挥重要作用。农民专业协会在我国社会主义市场经济发展中的功能定位是承担在市场经济条件下许多政府不能做而农户又急需的事情。农民专业协会在组织属性上应当是非营利、非政府的民间社会团体。这不仅符合协会发展的历史沿革，也符合协会发展的现实和未来走势。

由于现行农民专业协会的制度特征有很大的差异，未来将会出现以下几种转化方向。一是向私营企业转化。许多农民专业协会都是由一些懂技术、有经济头脑并具有一定组织活动能力的农民牵头组建的，其中部分协会是以这些协会创建者所拥有的企业作为经济支撑，协会活动与企业的经营行为紧密结合在一起。二是向合作社转化。一些农民专业协会发展到一定时期，如果继续遵循民间社会团体的组织规范，则不能满足部分会员对服务和权益的各种要求。为了实现会员利益的最大化，这种组织就会在会员的推动下转为纯粹的农业合作社。三是向行业协会转化。一些农民专业协会本身就是由区域内同行企业（包括农业合作社）联合建立起来的。随着我国市场经济的不断完善和政府职能的转变，政府就会将原来部门行使的行业自律的职责转移给这些协会，这些协会就会成为区域性的行业协会，通过协调行动维护本行业生产经营者的利益。

（三）现行农民专业合作社的转化

国家对农业合作社制度规范以后，现行的农民专业合作社也会发生分化，可能有以下几种转化方向。一是转化为真正意义上的农业合作社。目前绝大多数农民专业合作社还不是真正意义上的合作社。要成为真正意义上的合作社，就应当按照合作社法的有关规定加以改造。二是转化农民专业协会。有一些农民专业合作社是一种松散的联合，社员之间并没有产权方面的联合。这类合作社也有可能发展为农民专业协会，成为一个社会团体。三是转化为股份制企业。有一些专业合作社，在民主管理上实行一股一票，在利润分配上实行按股分红。这类经济组织的制度特征接近于有限责任公司，经过规范后成为股份制企业。把股份制导向的农民专业合作社转化为股份制企业也有利于明晰产权从而有利于股东权益的保护。当然，这类经济组织不应该只享受农业合作社才能享受的优惠政策。

四 中国农业合作社的定位

（一）农业合作社在市场经济体系中的定位

农业合作社是市场经济体系中不可缺少的组成部分。农业合作社的由来和发展告诉我们，市场机制和政府体制都不是万能的，市场经济越发展就越需要有农产品销售、农用生产资料购买等各类农业合作社来弥补市场机制的缺陷及补充政府部门的功能。在市场由私人或公共企业所控制的情况下，农业合作社是市场中企业组织的一种替代形式，是具有一定社会功能的特殊经济组织。它的存在有助于完善市场秩序和规则，是政府、农业生产者和农产品消费者都需要的一种组织形式。

（二）农业合作社质的规定性

合作社之所以区别于其他类型的企业组织形式，仍在于它有其独特的质的规定性。在中国发展合作社同样要保持其质的规定性。合作社的本质属性体现于它的基本原则之中。农业合作社基本原则的取舍取决于合作社赖以存在的经济体制的性质。在我国以市场经济为改革目标的条件下，农业合作社制度应该按照市场经济基础进行设计。前述西方国家合作社基本原则无疑反映了市场经济条件下农业合作社发展的一般规律，我国应当借鉴这些行之有效的原则和制度，按照市场经济的一般要求对我国固有的农民合作组织进行改造。

我国农业合作社的规定性，可以参照北美新一代合作社的模式，在不违背合作社原则的基本内核前提下，采取更为灵活的态度。具体地说，我国应形成以自愿原则、合作社财产产权明晰原则、民主管理原则、限制资本分红原则和按惠顾额分配盈余原则为核心的合作社原则，以此构建我国市场经济条件下的农业合作社。（1）自愿互利的原则。组成、参加合作社完全自愿这一点，无论对法人或自然人都适用，不准采取行政手段强制撮合。农民有选择合作社的自由，也有不选择合作社的自由。合作的程度及合作的规模完全由参加合作社的农民自己决定。（2）合作社财产产权明晰原则。我国农民有明晰合作社产权的强烈愿望。从历史原因看，农民积几十年的惨痛经验，深知无主的资产最容易被人拿走归了大堆，同时无主的资产也最容易滋生腐败，成为合作社领导不受约束地控制和随意使用的资源。从现实原因看，我国没有完善的合作社组织体系，将公共积累转移给社区集体经济组织或其他相关合作社的做法在实践中很难做到。因此，对加入农业合作社的农户，必须承认其资产所有权，承认资产具有一定的参与分配的权力，承认农户仍是一个独立的经营主体，这显然是合作制最基本也是最必要的原则。（3）民主平等的原则。民主管理，平等身份，一般实行"一人一票"制，如果不实行"一人一票"制，股金分红应受到限制。这也是合作社与股份制的重要区别。（4）"资本报酬有限"原则。利益分配上坚持按交易额分配与按资分配相结合，按股金分配的红利不得超过法定比例。这一特点使合作社不同于股份制企业。（5）按经济规律办事的原则。农业合作社是经济组织而非行政或政治组织，是排斥按行政乃至政治的机制运行的。作为经济组织，农业合作社可以撤销，也可以破产。

（三）农业合作社发展进程中政府的角色定位

当前在发展农业合作社时，政府与合作社之间的关系主要体现在财政扶持和政策优惠上。由于农业合作社是一种互助性质，不以营利为目的的经济组织，因而许多国家往往采用减税、低税或免税的政策或补贴的政策来支持农业合作社的发展。（1）低税或免税政策。如在美国，农业合作社平均只有工商企业纳税的1/3左右；中国台湾地区的合作社法第7条规定"合作社得免征所得税及营业税"；日本农协①缴纳法人税的基本税率适用于减税税率，即合作社与公益法人一样，缴纳法人税税率为27%，一般公司为37.5%。（2）低息贷款和无偿补贴。在德国对合作社的管理费用第一年补贴费用总额的60%，第二年为40%，第三年为20%。日本农协获得政府同意的农产品加工项目的厂房、设备所需投资的50%由政府提供。意大利国有能源部门向合作社提供的农业用油价格比城市低50%，农业用电价格比非农业用电低1/3。日本政府对农协有很多扶持政策。如日本政府每年农林预算约3.5万亿日元，其中一部分约7000亿日元是通过农协实施的。日本大米政策性收购委托农协经营。日本农协与政府间建立了一种相互依赖和相互利用的关系，并在调节政府政策和农民利益关系中发挥了巨大作用。韩国农协法规定，国家各部门都要积极支持农协业务的开展，并将政府及其他公用设施优先提供农协使用；政府大米收购计划，委托农协进行，对差价给优惠补助；政府扶持农业资金由农协发放并负责收回，政府补助1%手续费；农产品经营和加工设施政府给予补贴。无论是日本还是韩国，政府支持不是支持农协，而是支持农协这项事业，充分利用农协这条渠道，通过农协促进农村经济的发展，改善农民的生产和生活条件，缩小城乡差距，支持农协归根到底是支持农业、农村和农民。

总之，农业合作社的制度特征，表明它是特殊的经济组织形式，它兼顾社会公平，因此，政府有义务为它提供各种政策优惠，以补偿效率损失。我国农业合作社的制度安排，应当充分体现内部组织制度上的限制与提供特殊保护之间的利益平衡要求。

---

① 日本"农协"全称为"农业协调组合"，含义是"农业合作社"。

参考文献

［1］孔祥俊：《中国集体企业制度创新》，中国方正出版社，1998。

［2］张晓山：《合作社的基本原则与中国农村的实践》，《农村合作经济经营管理》1999 年第 6 期。

［3］国务院发展研究中心课题组：《农民自组织的成长与约束》，《管理世界》1994 年第 6 期。

［4］杜吟棠、潘劲：《我国新型农民合作社的雏形》，《管理世界》2000 年第 1 期。

［5］胡乐富、张建伟、朱富强：《真实世界的经济学——新制度经济学纵览》，当代中国出版社，2002。

［6］石秀印：《农村股份合作制》，湖南人民出版社，1999。

［7］张维迎：《公有制经济中的委托——代理人关系》，《经济研究》1995 年第 4 期。

［8］况伟大、贺旭玲：《莱阳市蔬菜业产业组织演变的实证分析》，《农业经济学》2001 年第 6 期。

［9］杨文志：《对农民专业协会及其相关问题的探讨》，《中国农村经济》2002 年第 3 期。

［10］张晓山：《浅议中国农村专业合作组织的发展》，《农村合作经济经营管理》1999 年第 12 期。

［11］陈锡文：《关于中国农业合作制的若干问题》，《农村合作经济经营管理》1999 年第 2 期。

［12］罗必良：《经济组织的制度逻辑》，山西经济出版社，2000。

［13］管爱国、符纯华：《现代世界合作社经济》，中国农业出版社，2000。

（本文原载于《江海学刊》2002 年第 6 期）

合作社的本质规定性及其他

徐旭初*

目前，面对称谓不一、形式多样的新型农民专业合作经济组织，有关部门着眼于其促进农业产业化经营和提高农民组织化程度的积极作用，通常并不十分在意其制度内涵，而是将合作社与专业协会等形式笼而统之地视为专业合作组织加以鼓励和扶持。学者们则在肯定态度下有着微妙的差异，有学者认为应该以国际通行的合作社原则为基准，规范我国的合作制度；也有学者认为我国的合作社道路应当尊重农民创造，使之更适合中国国情。另外，农民专业合作经济组织就目前而言，既有简单的，也有复杂的；既有典型的，也有变异的。在此，聚焦于专业合作社即可看出，作为一种制度化的经济组织，无论是简单的或是复杂的，典型的或是变异的，它们既作为合作社，其本质规定性应是相同的。

一 合作社原则和实践的演变

分析合作社的本质规定性的基本路径应是以国际合作社界公认的合作社原则及其演变为考察主线。

关于合作社原则，人们比较公认的文本主要有以下几类。①源于19世纪40年代罗虚代尔公平先锋社、后在1895年国际合作社联盟成立时被确认的"罗虚代尔原则"。②1966年国际合作社联盟提出的"国际合作运动指南"。③1995年国际合作社联盟成立100周年大会提出的"合作社基本原则"（也称"曼彻斯特原则"）等。应该说，这些文本都是国际合作社界公认的文本，换言之，这些文本既反映了国际合作社界对合作社制度的

---

* 徐旭初，浙江大学中国农村发展研究院教授。

基本共识，又反映了这些共识在合作社实践促动下的演变。因此，将这些文本中关于合作社原则的说法加以简明罗列（见表1），以供参考。

表 1　合作社原则的演变

罗虚代尔原则（1895 年）	国际合作运动指南（1966 年）	合作社基本原则（1995 年）
①开放和自愿入社	①入社自由	①自愿和开放
②民主管理和一人一票	②民主管理	②成员民主控制
③按惠顾额分配盈余	③资本报酬有限	Ⅰ在基层合作社中，成员享有平等选举权（一人一票）
④资本利息有限	④盈余返还	Ⅱ其他层次的合作社，也按民主方式组织
⑤用现金进行交易	⑤合作社的教育	③成员经济参与
⑥只销售货真量足的商品	⑥合作社的合作	Ⅰ成员提供等额资本金，并实行民主控制
⑦政治与宗教中立		Ⅱ通常，这些资本金至少有一部分是合作社的公共财产
⑧重视社员教育		Ⅲ成员只获取有限资本金补偿
		Ⅳ可以通过建立储备金来发展合作社，其中至少有一部分是不可分割的
		Ⅴ让成员按其惠顾额受益
		Ⅵ用于支持成员批准的其他活动
		④自治和独立
		⑤教育、培训和宣传
		⑥合作社之间的合作
		⑦关心社区

然而自20世纪80—90年代以来，传统合作社在发展中国家处于停滞状态，在社会主义国家中纷纷解体，在发达国家中面临市场困境。事实表明，无论是最初的罗虚代尔原则，还是后来多次修改的合作社原则，都不足以适应经济发展和社会进步的要求。在此情况下，进入90年代以后，北美、欧盟等一些发达国家（如美国）出现了一系列明显的合作社变革态势。关于所谓"新一代合作社"的制度特征以及这些合作社的变革态势，大致可归纳为几点。①传统合作社往往以销售初级农产品为主，而新一代合作社则以创造农产品附加值为主要战略。②社员承购股金数额增大，且须事先支付。更为重要的是，股金额度通常与交售农产品数量相联系，每

个社员必须承购与其交货量相应的股金。③总体上仍是合作社社员拥有多数股份，同时，非成员资产增加，新的融资手段也有出现。④大多数国家的立法仍要求社员资格开放。同时，修改呼声也很高，越来越倾向于社员资格不开放。⑤社员股份也倾向于可交易。⑥为避免合作社被某一社员独占，有些合作社对每个社员可以拥有的股金数额进行限制。⑦在大多数合作社中，不可分配的资产往往已占总资产的相当比重。⑧合作社与社员之间越来越呈商业化交易态势，交货条件越来越严格。同时，与非成员、非成员企业的交易增多。⑨利润作为惠顾额返利分配给社员。⑩有时合作社也向社区出售优先股，但有利率限制（如美国为8%），而且没有投票权。⑪大多数国家立法仍要求一人一票。同时，传统的成员控制走向专业的管理控制。⑫合作社联社的作用趋于减弱，愈来愈重视纵向一体化，出现一些新型的合作企业结构，等等。

二　关于合作社的本质规定性的分析

可以确认，随着社会经济的发展，合作社的原则一直处于演变之中。在市场经济条件下，农民的组织创新和制度创新可以且必然是多元化的，但作为农民的一种选择形式的合作社必然有别于其他组织形式的本质规定性。问题在于：那些使合作社为合作社的本质规定性（或是质的规定）究竟是什么？那些本质规定性是否随着合作社原则的演变已被扬弃或仍被保留？换言之，合作社的典型形式究竟应体现哪些原则？

由于罗虚代尔合作社是消费合作社，它所奉行的原则并不完全适用于其他合作社。因此，1934 年国际合作社联盟制定章程时，便删除了其中"政治和宗教中立"、"用现金交易"和"只销售货真量足的商品"等 3条，增补了加强合作社的合作等内容。

不仅"政治中立"等原则不可能是合作社的本质规定性，同样显而易见的是，"合作社的教育"、"培训和宣传"、"合作社的合作"、"关心社区"等原则也不可能是合作社的本质规定性。

关于"自愿和开放"。"自愿"自不待言，问题在于"开放"。一方面，从某种意义上讲，合作社是弱者的联合，是小人物在大世界中的机会，因此，有些学者认为"合作社的社员资格向所有愿为合作社做贡献并能从合作社的活动中受益的人开放，不允许有任何一种歧视"。另一方面，作为某种形式的组织合约，合作社完全有权力自主确定具有一定封闭性的社员资格。譬如，要入社必须缴纳股金，这就是获得成员资格的最起码的门槛。这里的关键在于政府是否非要以对合作社的立法、经济等方面的支持为条件换取合作社的成员资格开放。有研究指出，门户开放往往使社员"搭便车"行为严重，合作社经营规模也处于一个不稳定的状态。而新一代合作社根据其合理的经营规模确定资本总股本和接受社员的数量，并按社员投股数量确定其产品限额，以确保合作社运行的高效益。这一符合自治和独立原则的变革避免了成员资格开放带来的合作社不稳定和超负荷运转的可能性，但也可能使真正需要合作的农户无法加入，从而在这一程度上削弱了合作社的宗旨和目的。显然，合作社在理论和实践上始终面临着对公平与效率的矛盾抉择。可以认为，如果我们不过于执着地把合作社的公平追求界定为不允许有任何歧视（壁垒），而是界定为按惠顾额分配盈利、一人一票、限制一人股份独大等，那么，成员资格开放也不是合作社的本质规定性。

关于成员民主控制。1995年的修改十分重要，即规定除基层社之外，其他层次的合作社也要按民主方式组织，但不硬性规定平等选举权或等额持股。从根本上讲，强调企业组织中的投票权无外乎为了剩余分配和业务经营。而按惠顾额分配盈利与民主管理（一人一票）应该说是不一致的。考虑到合作社毕竟是经济组织而不是政治或社会的组织，成员民主控制而非成员民主管理是合作社的本质规定性。换言之，合作社的民主应体现在成员控制上，而不必体现在成员管理上。当新一代合作社规定了有限制的成员资格、股份红利有上限、按交货量承购股金等，如何限制一人股份独大要比是否一人一票重要得多。可以想象，成员控制、专家管理将是合作社经营管理的趋势。

1995年还有一处重要修改，即强调合作社资本金和储备金至少有一部分是不可分割的，换言之，就是强调必须有一部分不可分割的集体资产。不过这只是一个功能性原则，不可分配资产的功能一般认为是为了供合作社扩张购置共有专用资产以及平衡不同年景的报酬。其实，其深层次的也是更重要的功能乃是为合作社构建和增扩合作社的信用基础。就经济组织而言，信用基础几乎从不建立在人力资本上，而是建立在物质资本上。

仔细分析合作社原则和实践的演变，不难发现，有两个原则自罗虚代尔合作社以来基本未变，这就是：①按惠顾额分配盈余；②资本报酬有限。这个事实鲜明地指出以下两点问题。第一，合作社不仅仅是投资者所有的组织，而且同时是企业客户——农产品生产者所有的企业，投资者与客户的身份同一。第二，盈利的主要分配依据不是服从于所有者（投资者）的，而是服从于惠顾者（生产者）的。按股本分配意味着公司剩余权是事先按股份确定的；而按惠顾额分配意味着剩余索取权是事后按惠顾额确定的。剩余索取权分配的差异表明，公司实际上代表原有资本提供者（股东）的利益，而合作社则真正代表内部交易对象（社员）的利益，能使交易的合作剩余充分内部化，从而真正保护交易对象（社员）的利益。因此，合作社与其他经济组织的根本区别在于社员身份的同一性，即既是合作社的所有者（投资者），又是合作社的惠顾者（生产者），而保证这种社员身份的同一性具有真正的经济意义的原则则必须是按惠顾额分配盈余和资本报酬有限。北美地区新一代合作社在社员资格不开放和股份可以交易的条件下，巧妙设计了股本量与惠顾量相应的产权机制，从而使惠顾额报酬与资本报酬统一起来，解决了劳动（报酬）与资本（报酬）的分配矛盾。可以认为，"所有者与惠顾者同一"、"按惠顾者分配盈余"、"资本报酬有限"是合作社的本质规定性。

综上所述，我们不妨将合作社的本质规定归结为：①所有者与惠顾者同一；②自愿、自治和独立；③成员民主控制；④按惠顾额分配盈余；⑤资本报酬有限。

三　几点相关的讨论

第一，合作社的本质既不是资合，也不是人合，而是一种交易的联合。首先，合作社不是资合，因为它强调"资本报酬有限"，最初缴纳的股金只是为了构建一个与外部的交易平台而已。1995年文本中，在诠释"成员经济参与"原则时，再次强调"资本是合作社的仆人，而不是该组织的主人"。其次，合作社也很难说是人合。合作社的本质规定性在于"按惠顾额分配盈余"，但惠顾额背后完全有可能是雇佣劳动。

第二，合作社的运行机制的核心可能就是"按惠顾额……"。因此，合作社决策结构的基本特征不是民主管理（一人一票），很可能是按惠顾额确定投票权。美国最大的合作社 Farmland Industry 在 1990 年后就是如此运作的。"一人一票"制可能只是按惠顾额决定投票权的原则在社员之间具有对称性时的一种特例。

第三，如果我们把市场中的企业组织界定为人力资本与物质资本的合约，那么，对于合作社的经典模型来说，其规模边界取决于成员资格开放、民主管理、按惠顾额分配盈余、资本报酬有限等经典原则所决定的人力资本与物质（货币）资本。可以推断，合作社 Classic type 的规模通常比较小，因为其经典原则限制了合作社企业家的生产和大量资本流入。所以，只有当放松成员资格、民主管理等方面的规定性，合作社才有可能规模扩张。但是，合作社无论如何又不能突破"所有者与惠顾者同一"、"成员民主控制"、"按惠顾额分配盈余"、"资本报酬有限"的原则，否则就不是合作社了。

参考文献

[1] 杰克·尼尔森、杜吟棠：《农民的新一代合作社》，《中国农村经济》2002 年第 2 期。

[2] 黄祖辉：《农民合作：必然性、变革态势与启示》，《中国农村经济》2008 年第 8 期。

[3] 杜吟棠、潘劲：《我国新型农民合作社的雏形》，《管理世界》2001 年第 1 期。

[4] 苑鹏：《中国农村市场化进程中的农民合作组织研究》，《中国社会科学》2001 年第 6 期。

[5] 张晓山：《浅谈中国农村专业合作组织的发展》，《农村合作经济经营管理》1992 年第 12 期。

[6] 国鲁来：《合作社制度及专业协会实践的制度经济学分析》，《中国农村观察》2001 年第 4 期。

（本文原载于《农村经济》2003 年第 8 期）

合作制重建和合作社思想再启蒙

唐宗焜*

当前我国正处于合作制重建过程中。经 20 世纪初"海归"传播合作社意识与合作社知识的启蒙推动，20 世纪上半叶合作社在我国曾有一定程度的发展，直至抗日战争时期中国工业合作社运动（工合）闻名于世。可是，50 年代全国规模的农业集体化运动中断了合作社发展进程，所以现在需要重建合作社。由于当年的集体化是在"农业合作化"名义下推行的，从此造成的集体制和合作制的混淆，一直困扰着改革开放以来合作制的重建，致使合作社被边缘化。而合作社长期被边缘化的后果是，当合作社萌芽生长的时候，其他各种企业形态都早已有了长足发展，合作社被挤压到非常狭窄的空间，合作社发展受到合作社公司化的威胁。因此，正本清源，厘清合作制和集体制的原则区别、合作制和公司制的原则区别，阐明合作社的本性，成为摆在合作制重建面前的重要任务。合作制重建和合作社思想再启蒙必须相伴而行。

一 合作社思想再启蒙是合作制重建不可或缺的条件

合作制重建，并不是重建 20 世纪 50 年代我国"农业合作化运动"中所建立的所谓"合作社"。恰恰相反，只有正确认识和根本否定当年的所谓"农业合作化运动"，正本清源，合作制重建才能顺畅推进。因为那样的"农业合作化运动"（也包括手工业和个体商业的"合作化"），只是借用"合作化"名义，实际推行全盘农业集体化运动。它所建立的"合作社"是集体经济组织，在制度上正与合作社相悖。

---

* 唐宗焜，中国社会科学院经济研究所研究员，中国工合国际委员会顾问。

当年在"合作化"名义下推行集体化，使得在实践上消灭合作制的同时，在理论上、思想上以至法律上也混淆了集体制和合作制的界限，导致以集体制概念误解或曲解合作制，以集体制顶替合作制。改革开放三十余年来，在指导思想上尚未对此进行必要的澄清，各级党政部门担负经济领导工作的许多官员头脑中对合作社的诸多误解或曲解仍未消除，再加上经济体制转轨过程中形成的部门利益和集团利益的诱惑，以致自觉不自觉地表现出对合作社的政策歧视，使合作社发展障碍重重。因此，必须从合作社的 ABC 讲起，在合作社基本问题上正本清源，澄清集体制和合作制的混淆，在广大民众和官员中普及合作社知识，培育合作社意识，让大家正确理解合作社的理论和实践，了解合作社在世界上的历史和现状，以及合作社对改善民生、促进经济增长和社会进步的贡献，懂得合作社如何运作。合作社思想再启蒙是合作制重建不可或缺的条件。

关于集体制和合作制的混淆，笔者举两个新近的例子，一是官方的例子，二是学界的例子。官方的例子是时任国务院副总理回良玉在正式场合的讲话，学界的例子是经济学家刘国光在中国社会科学院刊物上发表的言论。

先看回良玉讲话。2010 年 9 月 3 日，国际合作社联盟亚太地区大会在北京开幕，时任国务院副总理回良玉代表中国政府致辞称："中国政府高度重视合作社发展。新中国成立后，引导和组织农民开展了大规模的农业合作化运动。改革开放以来，积极鼓励农民在自愿基础上进行联合和合作，支持建立专业合作社等新型合作组织，颁布实施了《农民专业合作社法》，确立了农民合作社的法律地位。"[①] 这是混淆集体制和合作制的显明例证。它将 20 世纪 50 年代"大规模的农业合作化运动"和当前正在兴起的农民合作社相提并论，并将取消合作社而推行集体化的全国规模"农业合作化运动"毫无根据地誉为"中国政府高度重视合作社发展"的表现。

再看刘国光言论。在农民专业合作社方兴未艾的形势下，他未经调查研究，却在《中国社会科学》2008 年第 6 期发表的《试用马克思主义哲学方法总结改革开放三十年》一文中，滥用"否定之否定"概念，鼓吹再集

---

① 董峻、孙奕：回良玉出席国际合作社联盟亚太地区大会开幕式并代表中国政府致辞，http：//news. xinhuanet. com/2010 − 09/03/C _ 1251666. 2. htm。

体化，"发展新的集体经济"。他说："农村所有制的'否定之否定'，集中体现在小平同志所讲的'两个飞跃'上。第一个飞跃是废除了人民公社，实行家庭联产承包责任制，这是改革开始时的一个否定……现在应当着手实现第二个飞跃，即发展新的集体经济……这是又一个否定。"他不做任何论证就宣称："新型集体合做经济已经在中国大地上萌生起步，苗壮成长。如江苏的华西村、河南的南街村、山西的皇城村、山东的南山村等，还有苏南、浙江、广东一些农村最近兴起的社区股份合作企业，这些集体合作组织带动农民走共同富裕道路，为加快建设社会主义新农村做出了贡献。对这些新型的集体合作经济，现在社会舆论、宣传部门的重视程度还不够，某些媒体还在找茬挑剔，冷嘲热讽。"① 值得注意的是，这里唯独"忘记"了当前已呈蓬勃发展之势的农民专业合作社。至于他推荐的所谓"新型的集体合作经济"的样板，且不说它们是不是"新的集体经济"，也不说它们是不是与合作制相干，就"集体合作经济"这样的概念而言，将合作制硬塞进"集体经济"的制度框架，把集体制和合作制捏成一团，已足见其在集体制和合作制问题上思想混乱到了何等程度。

改革开放以来已经三十余年了，在集体制和合作制问题上，从政界到学界竟还有这样的头面人物如此昏昏，怎能让社会公众昭昭！对改革开放年代成长起来的从未受过合作社教育也未接触过合作社实践的年轻人来说，更是给他们灌输一盆糨糊。

二　合作社立法过程是澄清集体制和合作制混淆的过程

集体制和合作制混淆未能澄清的最直接后果是合作社立法的严重滞后。不错，我国现在已经有《农民专业合作社法》，在其支持下，近几年来农民专业合作社迅速发展。但是，该法实在来之不易。不要忘记，直到21世纪之初，立法机关有关领导人还拒绝将合作社立法列入立法议程，理由据说是"农民'谈合色变'"。立法者本应通过合作社立法程序去澄清集体制和合作制的混淆，却因自己思想囿于这种混淆而拒绝立法。事实是，农民害怕的是剥夺农民、控制农民的集体经济组织，而不是农民自己的真

---

① 刘国光：《试用马克思主义哲学方法总结改革开放三十年》，《中国社会科学》2008 年第 6 期。

真切切为他们服务的合作社。

农民对合作社的潜在需求从来没有泯灭。在农民专业合作社立法之前，各地农民为缓解他们的经营困难，特别是卖难买难和中间商盘剥，已经不顾立法缺位，纷纷自发地成立起不同形式的"合作经济组织"，即他们需要的合作社。农民专业合作社（那时叫作"农民专业合作经济组织"）首先是为他们联合销售和联合购买的需求而建立的，因为现实存在的计划经济年代沿袭下来的供销合作社不能满足他们联合销售和联合购买的需求。正是农民自发的合作社实践倒逼着农民合作社立法的启动。2003 年全国人大换届后，经全国人大农业与农村委员会申报，全国人大常委会将"农民专业合作经济组织法"列入立法规划，在 2006 年审议通过，并正名为《农民专业合作社法》，于 2007 年 7 月 1 日起实施。目前正在总结历年来的实施经验，针对存在问题进行修订。

《农民专业合作社法》制定的过程是澄清集体制和合作制混淆的过程。该法起草组集合了一些懂得已取得国际共识的行之有效的合作社理论与实践，并了解集体化本质与弊端的专家，他们在起草过程中摒弃了集体制因素，并多次征求起草组外合作社专家和法律专家的意见。因此，全国人大常委会通过的《农民专业合作社法》，从总体上看，遵循了国际通行的合作社原则，与集体制划清了界限。其中针对集体制剥夺农民的弊端，借鉴国际经验，设立社员账户的制度安排，以法律形式在制度上保障社员对合作社的所有者权益，这对中国来说更具创新意义。

三　合作社原则的形成和发展

那么，什么是国际通行的合作社原则呢？国际通行的合作社原则不是任何圣哲或天才的发明，而是在历史上合作社运动从失败到成功的实践过程中形成的，并随着国际合作社运动实践经验的积累不断丰富和发展。

国际通行的合作社原则最初产生于世界第一个成功的合作社——英国曼彻斯特 1844 年成立的罗虚代尔公平先锋社。此前欧洲空想社会主义者曾经提出并实验过多种合作社方案，其中以英国罗伯特·欧文的"新和谐村"实验尤为著名，但是最终都失败了。失败的根本原因是他们幻想以取消市场经济来改造资本主义社会。欧文的"新和谐村"实验就是建立在企图取消市场与货币的幻想上的，这样的合作社孤岛不可避免地会被市场经济的汪洋大海所淹没。罗虚代尔公平先锋社的产生虽然也是由于他们所处的市场经济环境所迫，它的创始社员试图依靠自己的联合，改变他们作为弱势群体受市场势力侵害的处境；但是，他们认真研究和吸取了先前合作社实验失败的历史教训，没有重蹈他们的先辈那样幻想逃避或摆脱市场经济环境的覆辙，而是立足于市场经济的现实，探索市场经济环境中合作社的可行途径，实行一整套既能在市场经济中生存和发展、又能维护自己权益的制度。他们寻求到的能将合作社与市场经济啮合的制度安排，终于使合作社获得成功，迄今历经170余年而不衰。

罗虚代尔公平先锋社的制度安排所体现的基本原则，经国际合作社联盟总结推广，成为国际通行的合作社原则。先锋社自身并未对其原则进行概括，它们体现在该社对其运行规则细节做出详尽规定的章程，以及实施时的会议纪要和各种实践活动中。国际合作社联盟1930年大会决定成立专门委员会，调查研究该社成功经验，并比较研究迄至1930年各国罗虚代尔模式和非罗虚代尔模式的合作社，对罗虚代尔公平先锋社创立的合作社原则做出明确的概括和评价。1937年国际合作社联盟巴黎大会批准该委员会报告，第一次对罗虚代尔原则做出定义性的概括。这次大会正式命名的罗虚代尔原则包括：开放的社员资格；民主控制（一人一票）；盈余按社员的交易额比例分配给社员；资本有限利息；政治与宗教中立；现金交易；促进教育。其中前四项被确认为决定合作社本质的根本性原则。

合作社原则随着国际合作社运动实践经验的积累和合作社生存环境的变化不断发展，从而使合作社在世界上永葆青春。1937年确定罗虚代尔原则为国际合作社运动共同遵循的准则以后，经过第二次世界大战和战后恢复，世界经济、政治格局发生重大变化，国际合作社运动内部也出现了新的情况，合作社结构从以消费者合作社为主扩展到多种类型的合作社，地域分布从以欧洲为主延伸到全世界。在新的历史条件下，需要明确合作社原则中哪些是根本的、无论如何都必须坚持的；哪些是从属的、可以随着情况变化而改变或放弃的。因此，国际合作社联盟1963年大会决定对成员组织实施罗虚代尔原则的现状进行第二次调查研究，并要求联盟中央委员会任命一个有权威的委员会来重新审视和阐明现代条件下合作社的基本原则。该委员会的任务是阐明一切国家一切类型的合作社都应该而且可能遵循的普遍原则。1966年国际合作社联盟维也纳大会审议并批准了该委员会经过认真地调查研究提交的关于合作社原则的报告。委员会认为对合作社原则过于简单的表达可能产生误导，因此它采取了完整含义的表达方式。这比1937年报告只列举合作社原则名称的简单表达方式使人们有可能更确切地理解每项原则的内涵。

1966年报告阐明并获得大会批准的合作社原则如下。

第一，合作社的社员资格应该是自愿的，一切能够使用其服务和愿意承担社员责任的人都可获得，没有人为的限制或者任何社会的、政治的或宗教的歧视。

第二，合作社是民主的组织。它们的事务应该由以社员认可的方式选举或任命的人来管理，并对他们负责。第一级合作社的社员应该享有一人一票的平等投票权，参与对他们的合作社产生影响的决策。在第一级以外的合作社，也应该在民主基础上以适当方式进行管理。

第三，股份资本如果有利息的话，应该只接受严格限制的利率。

第四，由合作社经营产生的盈余或储蓄（如果有的话），属于该合作社的社员，并应以不使一个社员以他人损失为代价而获益的方式进行分配。它可以按社员决定作如下分配：提取用于合作社营业发展的储备金；提取为社员提供共同服务的储备金；在社员中按他们同合作社的交易额比例分配。

第五，一切合作社都应该向它们的社员、管理人员和雇员以及社会公众提供合作社原则与合作方法的教育，包括经济和民主两个方面。

第六，一切合作社组织，为了最好地为它们的社员与社区的利益服务，应该通过每一个实际的途径，积极地同其他合作社开展地方性、全国性与国际性合作。

该委员会报告在结论中指出，上列各项原则"对真正的、有效的合作社实践来说应该继续被认为是根本的，无论是在现时，还是在可预见的未来"。"这些原则不是任意和偶然联系的。它们形成一个系统，是不可分离的。它们彼此支持和相互补充。它们应该而且能够被一切合作社全部遵守，只要是属于合作社运动的组织，无论其经营的目标和领域如何。"报告同时指出："这些原则虽然源于治理个人社员同合作社的关系和合作社个人社员彼此间的关系，但是它们的应用绝不局限于第一级合作社。它们应该被代表合作社之间合作的机构忠诚地遵守。"

1966年阐明的合作社原则同1937年概括的罗虚代尔原则根本含义是一致的，但是内容更充实，表达得更清晰、更精确，将合作社原则进一步具体化了，从而更便于在实践中把握和贯彻。在条文上，增加了"合作社之间合作"原则，不再包含"政治与宗教中立"和"现金交易"两项。1937年概括的原则，主要来自消费者合作社实践经验的总结，因为当时存在的合作社主要是欧洲消费者合作社；而1966年确定的原则适用于一切国家一切领域一切类型的合作社。

1966年以后经过又一个三十年，经济全球化进程加速，新兴国家蓬勃发展，苏联解体和东欧剧变等新形势，使国际合作社运动又面临着新的机遇与挑战。适应新的形势重申和明确合作社的界定标准，成为国际合作社运动刻不容缓的任务。

国际合作社联盟利用其成立100周年的时机，研究新形势、新情况和新问题，概括新经验，经过充分准备，1995年9月在英国曼彻斯特举行的联盟成立百年代表大会上通过了《关于合作社界定的声明》（以下简称《声明》），全面阐明了合作社的定义、价值与原则。这个《声明》同国际合作社联盟1966年大会批准的合作社原则报告相比，有如下鲜明特点。

一是它提出了一个精确的合作社定义，全面概括了合作社价值，清晰表达了经过重新审议和修订的合作社原则，并将合作社定义、合作社价值和合作社原则联系起来构成一个整体，提供了区分什么是合作社、什么不是合作社的明确的界定标准。

二是该文件言简意赅，它的全部内容就是以最简练的文字表述合作社定义、价值与原则；中文译本全文不到一千字，却使人们对合作社本性有了一个完整清晰的概念，而且具有可操作性。因此，可以说，这个文件是国际合作社运动全面确立合作社的世界性标准的经典性文件。

综上所述，1844年世界上第一个成功的合作社罗虚代尔公平先锋社创立合作社原则以来，1937年、1966年和1995年国际合作社联盟的三个文件成为合作社原则发展史上的三个里程碑。

四　合作社和非合作社的界定标准

现在我们来看国际合作社联盟 1995 年通过的《声明》的内容。

《声明》的三个部分——合作社定义、价值与原则是相互关联的整体。《声明》指出："合作社原则是合作社将其价值付诸实践的指针。"而合作社价值和合作社原则的综合，形成合作社定义。

合作社区别于其他企业形态，具有其独特的价值标准。合作社价值包括合作社基本价值与合作社伦理价值。《声明》指出："合作社是建立在自助、自担责任、民主、平等、公平与团结的价值基础上的。"这是合作社的基本价值。同时，"合作社社员继承合作社创始人的传统，信奉诚信、开放、社会责任与关怀他人的伦理价值"。

《声明》阐明的合作社原则包括如下七项。

原则 1：自愿与开放的社员资格

合作社是自愿的组织，向一切能够使用其服务并愿意承担社员责任的人们开放，没有性别的、社会的、种族的、政治的或宗教的歧视。

原则 2：民主的社员控制

合作社是由其社员控制的民主的组织，社员主动参与合作社的政策制定和决策。选举产生的男女代表要对社员负责。在第一级合作社，社员有平等的投票权（社员一人一票）；其他层次的合作社也以民主的方式组织。

原则 3：社员经济参与

社员对他们的合作社公平地出资，并民主控制他们的合作社的资本。合作社资本至少有一部分通常是合作社的共同财产。社员对作为取得社员资格的条件而应募的资本如果有报酬的话，通常只收取有限的报酬。

社员分配盈余用于如下某项或所有各项目的：可能以建立公积金来发展他们的合作社，公积金至少有一部分是不可分割的；按社员同合作社交易额的比例向社员返利；支持社员认可的其他活动。

原则 4：自治与独立

合作社是由其社员控制的自治的、自助的组织。如果合作社要同其他组织（包括政府）达成协议，或者要从外部来源筹资，则必须以确保其社员的民主控制和坚持他们的合作社自治为条件。

原则 5：教育、培训与宣告

合作社为其社员、当选代表、管理人员和雇员提供教育和培训，以便他们能够有效地对他们的合作社的发展做出贡献。合作社要把合作的性质和好处告诉公众，特别是年轻人和舆论带头人。

原则 6：合作社之间的合作

合作社通过地方性、全国性、区域性和国际性结构一起工作，来最有效地为它们的社员服务，并加强合作社运动。

原则 7：关注社区

合作社通过它们的社员认可的政策，为社区的可持续发展效劳。

以上是《声明》所阐明的合作社原则和每项原则的基本点。同时，提交大会审议的关于起草该《声明》的背景报告①，对这些合作社原则的内涵还系统地做了更详细的说明。

然后，随着《声明》实施后国际合作社运动新经验的积累，特别是 2008 年以来在起自美国的世界性金融危机中合作社表现出的比其他企业形态更有弹性，即对危机具有更强应变能力的事实，以及 2012 年联合国国际合作社年活动的成效，2015 年国际合作社联盟安塔利亚大会批准的《合作社原则指南》②，对上述合作社原则的丰富内涵和它们在 21 世纪如何应用又做了进一步阐明。其重点是为合作社原则在合作社企业实践中的应用提供详细指导和建议，以帮助合作社社员、领导人与管理人员更有效地、高效率地经营他们的合作社；其主要对象是正在到来的新一代合作社领导人，同时它也可以用作全世界合作社教育者、学习者和其他想了解合作社原则如何在实践中应用的人们的参阅资料。

综合合作社原则与合作社价值，《声明》给出了如下合作社定义。

"合作社是自愿联合起来的人们通过联合所有与民主控制的企业来满足他们共同的经济、社会与文化的需求与抱负的自治联合体。"这个定义指明了合作社的主体、宗旨、特性、企业形态、所有制结构和法人治理结

---

① Ian MacPherson，1996，"Background Paper to the Statement on the Cooperative Identity"，http：//www. uwcc. wisc. edu/ icic.

② International Co-operative Alliance. 2005，"The Guidance Notes on the Co-operative Principles."http：//ica. coop.

构。具体说来，它告诉我们：

> 合作社是什么样的组织？
> ·是一个"自治联合体"。
> 谁的自治联合体？
> ·是"自愿联合起来的人们"的自治联合体。
> 他们联合起来干什么？
> ·他们自愿联合起来的目的是"满足他们共同的经济、社会与文化的需求与抱负"。
> 怎样才能实现他们联合的目的？
> ·实现他们联合目的的途径是"通过联合所有与民主控制的企业"。

概括地说，这个合作社定义的基本点主要有以下几个方面。

第一，合作社是"自治联合体"，即独立自主的联合组织。这是合作社的基本性质，包含了联合和自治（自主）两层含义。就是说，合作社不是任何其他组织或机构（无论公共机构或私营企业）的附属物，而是按联合组成合作社的成员的共同意愿自主经营的实体。

第二，这个自治联合体的主体是"自愿联合起来的人们"，它强调了这个联合体是人的联合，不是资本的联合；而且他们的联合是自愿的，不受任何人强制，既不能强制加入，也不能强制退出。所谓"人的联合"，既包括自然人的联合，也包括法人（合作社）的联合；第一级合作社通常是自然人的联合，而由合作社之间合作形成的第二级、第三级合作社等通常是法人的联合。

第三，这些人自愿联合的目的是"满足他们共同的经济、社会与文化的需求与抱负"，这意味着合作社的唯一宗旨是为社员服务，满足社员需求；这种服务不只是经济的，而且包含社会的、文化的，内容非常丰富。虽然合作社从根本上是出于经济的需求形成的，但是在满足社员经济需求的同时，可以通过经济途径来满足他们社会的、文化的需求。所谓"社会的"需求，是指社员在社会目标方面的需求，如医疗保健、儿童或老年人照料、环境保护，等等；所谓"文化的"需求，包括尊重与弘扬民族文化，改善社区人际关系，以至开展文化体育活动等人们在文化上、精神上的需求。

第四，这个目的是"通过联合所有与民主控制的企业"来达到的，这是实现合作社宗旨的载体。它肯定合作社是市场经济环境中运作的企业，而且是区别于其他企业形态的一种特定形态的企业。这里阐明了合作社企业的所有制结构（联合所有）和法人治理结构（民主控制）。联合所有与民主控制的主体都是社员，即"自愿联合起来的人们"。社员联合所有和社员民主控制是将合作社同资本控制或政府控制的企业等各种组织区分开来的双重特征。合作社作为企业，在市场经济环境中生存和发展，和其他类型的企业同样必须讲究效率，提高竞争力；同时，合作社作为人们自愿联合的自治组织和社员联合所有、民主控制的企业，又必须坚持公平，把效率和公平统一起来。

合作社定义、价值与原则不可分割，三位一体，反映合作社的本质。所以，它们综合起来就告诉我们，什么是合作社，什么不是合作社。这就是界定合作社的世界性标准。它不仅是国际合作社运动的共识，而且得到联合国及其专门机构国际劳工组织的充分认同。

2002 年第 90 届国际劳工大会通过的《合作社促进建议书》（以下简称《建议书》）（国际劳工组织第 193 号建议书）[1] 毫无保留地吸纳了国际合作社联盟《关于合作社界定的声明》的全部内容。该《建议书》的主题是向其所有成员国政府提出支持一切部门一切类型合作社发展的立法与政策建议，为合作社发展营造良好的政策与法律环境；而它们的合作社促进政策应该支持的必须是《声明》所阐明的合作社，即名副其实的合作社。

2001 年联合国大会第 56 - 114 号决议批准的《旨在为合作社发展创造支持性环境的准则》（以下简称《准则》）[2]，明确要求各国政府"采用国际合作社联盟 1995 年通过的《关于合作社界定的声明》的合作社定

---

[1] International Labour Organization. 2002. "ILO Recommendation Concerning the Promotion of Cooperatives." http：//www.ilo.org.

[2] The United Nations. 2001. "UN Guidelines Aimed at Creating a Supportive Environment for the Development of Cooperatives." http：//www.un.org/en/ga/search/view_ doc.asp? symbol = A/56/73.

义，承认合作社价值与原则的独特性质"，作为给合作社发展创造支持性环境的法律与政策调整对象的依据，即应该限定给《声明》所阐明的这样的组织创造支持性的政策与法律环境。同时要求各国政府尊重公民组建合作社的权利，"保证不许法律或惯例限制公民以任何同合作社价值与原则相一致的能力充分参与合作社运动的权利，同时不应该限制合作社运动的运营"。该《准则》指出，政府对合作社的"政策目标是使合作社作为法人实体能够得到确认，并保证它们以及合作社运动设立的一切组织和机构同其他结社和实体处于真正平等地位。为了确保平等，合作社的特殊价值与原则必须得到充分承认，这是合乎社会要求的，对社会有益的；要采取适当措施，保证它们的特殊性质和实践不成为任何种类的歧视和亏待的理由"。

五 合作制和集体制的原则区别

明白了合作社的本性，就不难理解合作制和集体制的原则区别。

集体经济组织（集体企业）根本不同于作为自治联合体的合作社。它既不是联合，也没有自治。集体经济是计划经济体制的产物，在经济关系上从属于计划经济体制中占垄断地位的国有经济，是国有经济的附庸；在管理体制上受政府控制，政社不分，政企不分，是政府行政机构的附属物。

集体经济组织（集体企业）不存在合作社社员那样个人自愿联合。在计划经济体制下，农村人口都被强制圈在集体经济组织中，没有任何选择的自由，个人和家庭完全依附于集体经济组织；再加上城乡隔离的户籍制度，个人和家庭被剥夺了迁徙的权利，没有离开当地集体经济组织的自由。在城市，集体企业只是垄断资源的国有经济容纳不了的适龄劳动人口被安置就业的场所，集体企业职工待遇通常低于国有企业职工，成为"二等国民"，他们同样没有选择的自由，如果他们不愿在集体企业就业，就只有失业的"自由"。

集体经济组织（集体企业）的集体所有和合作社的联合所有恰恰相反。合作社的联合所有以确认社员个人在合作社中的所有者权益为前提，是全体社员对合作社的联合所有和社员个人在合作社中的所有者权益的统一；集体经济组织（集体企业）的集体所有则以剥夺其中劳动者个人的所有者权益为前提，劳动者个人除了干活拿工分（农民）或工资（集体企业职工）外，一无所有。而且，所谓"劳动群众集体所有"，事实上，就连集体经济组织（集体企业）中的劳动者作为整体也无权支配其生产资料和产品，它们实际归各级政府权力部门支配。集体所有制还以最终过渡到国家所有制为目标，集体化只是迈向国有化的台阶。

集体经济组织（集体企业）和合作社的法人治理结构迥异。合作社实施社员民主控制，包括全体社员通过民主程序控制他们合作社的资本及其增殖、重要人事任免、经营战略决策、收益分配，以及合作社的成立、分立、合并或终止等等。而在集体经济组织（集体企业）中，劳动者对这类事务都无权过问。集体经济组织（集体企业）实施的是自上而下的行政控制，在上面受党政机关控制，在内部由上级党政机关任命或认可的领导人实施行政控制，他们不是对内部的劳动者负责，而是对上级负责。即使某些方面有所谓"民主选举"或"民主管理"的规定，也往往流于形式。

集体经济组织（集体企业）和合作社的目标也不相同。合作社的唯一宗旨是为社员服务，满足他们经济、社会与文化需求。集体经济组织（集体企业）的目标则是服从国家（政府）的需求。农村集体经济组织为国家（政府）控制农产品供应来源和工业化资金积累的需求而建立。城镇集体企业的主要目标是维持国有企业和国有单位安置不了的劳动力就业，并为国有企业配套服务。

综上所述，集体制和合作制是两种完全不同的制度，是绝不能混淆的。《农民专业合作社法》的最大贡献是从法律上澄清了集体制和合作制的混淆，从而促进了农民专业合作社的发展。但是，它的这种澄清还局限于农民专业合作社范畴，并未涉及计划经济体制下形成和现实存在的供销合作社系统、信用合作社系统和农村社区集体经济组织，当然更不涉及城镇集体企业。因此，除农民专业合作社以外，集体制和合作制混淆的澄清仍然任重道远。

六 合作制和公司制的界限

当前，除了集体制和合作制的混淆，还存在着公司制和合作制的混淆。这和改革开放三十余年来合作社被边缘化以及由此造成的合作社现实生存环境有关。

让我们概略回顾一下合作社是怎样被边缘化的。且不说改革开放以前计划经济体制下合作社被消灭殆尽。改革开放之初，本是合作社发展的大好时机，那时，除原已存在的国有经济、集体经济外，其他经济成分尚未发展起来，合作社发展的空间非常广阔；然而，由于没有对集体化正本清源，指导思想上对集体制和合作制的认识混淆不清，痛失了合作社有可能大发展的这个战略机遇期。

那时，鉴于集体经济体制的弊端已经暴露出来，曾经有一种倾向，就是试图鼓励"各种形式的合作经济"的发展。反映在1982年《宪法》中，就是恢复被1975年《宪法》取消了的合作社条款。但是，它仍然沿用了1954年《宪法》中"合作社所有制，即劳动群众集体所有制"的定性，并且列举"各种形式的合作经济"规定："农村人民公社、农业生产合作社和其他生产、供销、信用、消费等各种形式的合作经济，是社会主义劳动群众集体所有制经济。""城镇中的手工业、工业、建筑业、运输业、商业、服务业等行业的各种形式的合作经济，都是社会主义劳动群众集体所有制经济。"这个规定的本意是想支持合作经济发展，但是，由于立法者思想上尚未摆脱集体制和合作制的混淆，将合作社仍然定性为集体所有制经济，就为集体所有制经济吞没合作社经济留下了后患。

正是由此，1986年全国人大通过的《民法通则》，在法人条款中，就只有集体所有制经济组织，而没有合作社。这部作为"调整平等主体的公民之间、法人之间、公民和法人之间的财产关系和人身关系"的基本法的《民法通则》，完全取消了合作社的法律地位。随后，1988年国务院颁发的《企业法人登记管理条例》，依据《民法通则》，也取消了合作社的注册登记资格；不允许按国际通行的合作社原则组建的企业注册登记，只允许按历史形成的集体所有制含义规范的企业注册登记。这就在法律上堵塞了人们自愿联合起来办合作社的通道。2006年制定的《农民专业合作社法》，在农民专业合作社领域突破了这个法律障碍，然而，城乡其他各种类型的合作社依然没有摆脱这个法律羁绊。

还须注意，《农民专业合作社法》是在合作社长期被边缘化后"三农问题"极端严峻的背景下制定的。20世纪80年代农村改革步步推进，而

90 年代农村改革却停滞不前。如果说，80 年代在指导思想上还想到合作社，却由于集体制和合作制的混淆，而造成集体所有制经济吞没合作社经济的结果；那么，90 年代在指导思想上竟完全忘记了合作社。当时政府明确宣布和推行的农村政策是提倡和支持所谓农业产业化的"公司 + 农户"模式，闭口不提合作社。在这种政策导向下，农村、农业与农民问题即所谓"三农问题"越积越严重，到 21 世纪初已成了我国非解决不可的头号问题（所谓"重中之重"）。农民也等不及了，纷纷自发地办起自己的合作社，你不让叫合作社，他就叫"合作经济组织"。正是这样的形势推动了《农民专业合作社法》立法的启动。

这就带来一个问题。《农民专业合作社法》起草时，改革开放之初尚不存在的各种所有制的非国有经济经过二三十年都已有了长足发展，唯独合作社经济除外。这样，刚刚萌芽的农民合作社的发展，已被挤压到非常狭窄的空间。面对农民合作社的这种生存环境，怎么办？为避免农民专业合作社成立条件严格而过于难以注册登记，最终通过的《农民专业合作社法》在某些条款上对现实环境就有所妥协。而这样的妥协实际为"公司 + 农户"模式的合作社内部化提供了可乘之机，形成某些合作社内部一股独大和资本控制的公司化倾向。

所以，现在我们面对的，不仅有尚需继续澄清的集体制和合作制的混淆，又有新产生的公司制和合作制的混淆，也需要澄清。

与自然人企业制度相区别，合作制企业（合作社）和公司制企业（公司）都是法人企业制度。这是合作制和公司制的共同点。合作社具有独立的法人财产制度，有能力作为独立的民事主体行使民事权利和履行民事义务。合作社以其全部法人财产承担债务清偿责任，社员以其对合作社的出资为限对合作社债务承担责任。从这个意义上说，合作社也可以说是一种特殊形式的公司。国外正是在这个意义上有把合作社也称作"合作公司"或"合作社公司"的。但是，不能把这样的"公司"混同于股份制的公司，否则就会混淆合作制和公司制。例如，美国不少合作社就直接取名"公司"，我国有些人不了解这个情况，听说美国实行"公司 + 家庭农场"，就望文生义地搬来，在中国也提倡"公司 + 农户"，其实美国"公司 + 家庭农场"中的"公司"是合作社。美国是就合作社外部关系上是同公司一样承担有限责任的法人企业，而把合作社也称作公司的。

然而，公司制企业（公司）和合作制企业（合作社）是有原则区别的两种企业制度。它们的主体、目标、所有制结构、法人治理结构和分配规则都是不相同的。

合作社的主体是社员。合作社的唯一宗旨是为社员服务，社员入社目的是获得合作社的服务。合作社是社员所有的，社员是合作社服务的使用者，所以合作社也就是使用者所有的。消费者合作社是消费者社员所有的，农产品销售合作社是出售农产品的农民社员所有的，合作银行或储蓄与信贷合作社是社员作为利用其融资服务的客户所有的，保险合作社是作为投保人的社员所有的，员工合作社是利用合作社创业和就业的员工社员所有的，如此等等。作为所有者的社员自然不应该是合作社的营利对象，合作社则要为社员去营利。现代合作社作为一种企业形态，和其他企业形态一样是营利性企业，但它们是社员自愿联合起来通过合作社去营利。合作社除了社员利益，没有合作社自身独立的利益。正因为合作社是需要合作社服务以满足他们共同需求的人们自愿组成的联合体，合作社是人的联合（人合），而不是资本的联合（资合）。公司则是资本的联合（资合）。人合以人为本，以人为中心；资合以资为本，以资本为中心。公司的主体是股东，他们投资的目的是实现资本增值，获取投资回报。

合作社的性质，规定了合作社的法人治理结构不同于公司的法人治理结构。合作社遵循的原则是成员权利平等，公司遵循的原则是股份权利平等。合作社社员出资是获得社员资格的条件，而不是单纯为了获取投资回报，他们的财产权利是从属于成员权利的。合作社内部成员权利平等，社员通过"一人一票"制民主程序平等地共同控制合作社。合作社不能由个人或少数人控制，任何社员不能靠牺牲其他社员的利益来谋取私利。社员民主控制是实现社员作为合作社的所有者与使用者的权益的保证。所有者、使用者与控制者三位一体是合作社的本质特征。公司股东对公司的权利来自其对公司的投资，他们投资就是为资本增值，这是单纯的财产权利，股东权利从属于他们的财产权利。股东权利平等是以股权衡量的权利平等，即股权平等，同股同权，按股份份额分配投票权，所以，控制公司的是大股东特别是控股股东。在股权悬殊情况下，控股大股东完全有可能盘剥中小股东,这在目前我国的上市公司中表现得特别明显。

既然社员权利来自其成员资格,成员资格是不能转让的,所以合作社的成员权利就是不可转让的权利。为取得成员资格并承担成员义务而缴纳的入社股本(出资)不可转让,原因也就在于此。社员退社只能从合作社退股,或者按照合作社章程规定,由合作社回购其股本后让其他社员认购。在公司制企业里,公司股权因为是单纯财产权利,所以是可以转让的权利,股东有权在一定的市场上依法进行股票交易或股权转让。而且有实力的企业可以通过收购其他公司的股权而入主目标公司,依靠股权收购所获得的控股权达到控制该公司的目的。

在收益分配上,合作社的资本增值和盈余是社员的权益,因此,合作社实行惠顾返还原则。合作社盈余按社员同合作社交易额比例(生产者的供销合作、消费者合作以及生产者或消费者的金融合作等),或者按社员在合作社的劳动贡献比例(生产合作或员工合作),返还给每名社员。联合社对成员社也要按同样原则实行惠顾返还。而公司募股或发行股票,以及股东投资,直接目的都是资本增值。股东认购股份是为获取投资回报,公司募股或发行股票是为募集资本扩张经营赢利,公司和股东之间是资本交易关系。资本增值的利润首先在公司和股东之间分配,然后股东分红部分按股权份额分配,但实际分配往往受控股股东控制,这个问题在我国上市公司中尤其突出。

合作制和公司制在各自系统内部不同层次组织之间的关系也是有原则区别的。公司制系统内部,母公司对子公司是控股关系,在所有权关系上母公司持有子公司的控股权,在法人治理结构上母公司控制子公司,在利润分配上母公司按股权份额获得最多的权益。合作社系统内部,联合社和成员社的关系完全不同于母公司对子公司的控股关系。控股关系是自上而下的母公司对子公司投资、控制的关系,而联合社是成员社之间自愿联合形成的,合作社系统内部不同层次之间的关系是自下而上联合的关系;最基层的合作社是第一级合作社,由第一级合作社之间合作成立第二级合作社(联合社),第二级合作社之间如有需要可以再合作成立第三级合作社(联合社),以此类推。所以,各级联合社都要植根于第一级合作社,归根结底是要以社员为本。联合社和成员社的关系,在所有权关系上是联合社归成员社联合所有；在法人治理结构上是成员社通过民主程序共同控制联合社，授权联合社行使其职责；在盈余分配上联合社要按各个成员社参与交易的份额实施惠顾返还。我国供销合作社和信用合作社在计划经济体制中形成的不同层次组织之间的关系，完全颠倒了这种联合社和成员社的关系，变成联合社对成员社自上而下控制的关系，即所谓"上级社"和"下级社"的关系。这不是合作社之间合作的联合社和成员社的关系。

总之，什么是合作社，什么不是合作社，在世界上早已有了共识，并为各国合作社实践经验所证明。而在我国却长期混淆不清，以致改革开放以来已长达30余年，合作制重建尚处于起步阶段，而且步履维艰，合作社远未获得和其他各种企业形态共同发展、平等竞争的正常地位，这是值得深刻反思的。集体制和合作制的混淆，公司制和合作制的混淆，依然是我国合作制重建道路上的两大路障。正本清源，为合作制重建清障，仍然是摆在我们面前的艰巨任务。

参考文献

［1］唐宗焜：《合作社真谛》，知识产权出版社，2012。

［2］ICA Statement on the Co-operative Identity. ICA News，No. 5/6，1995.

［3］International Co-operative Alliance. 1937. "The Present Application of the Rochdale Principles of Co-operation." http：//ica. coop.

［4］International Co-operative Alliance. 1966. "Report of the ICA Commission on Co-operative Principles." http：//ica. coop.

［5］Johnston Birchall，"Co-operative Principles Ten Years On," *Review of International Co-operation* Vol. 98 No. 2（2005）.

［6］W. P. Watkins，*Co-operative Principles：Today and Tomorrow.*（Manchester . Holyoake Books，1986）.

［7］Rochdale，*Laws and Objects of the Rochdale Society of Equitable Pioneers*（Jesse Hall 1844）. http：//www. co-op. ac. uk.

（本文原载于《农村经济》2003 年第 8 期）

合作社究竟是什么？

——基于对国际合作社原则及其流变的重新解读

吴　彬[*]

作为全球最大的非政府性国际组织，国际合作社联盟（International Co-operative Alliance，ICA）无疑是一个"大写"的合作社，其成立初衷便是为全世界各行各业的合作社制定准则、统一发声。1995 年，国际合作社联盟在英国曼彻斯特为庆祝联盟成立 100 周年而召开的第 31 届代表大会上，通过了《关于合作社界定的声明》（*Statement on the Co-operative Identity*），在这一声明中，国际合作社联盟（ICA）给出了一个当前最为通行的"合作社定义"、"合作社价值"以及"合作社原则"。[①]

一　合作社定义

原文：A co-operative is an autonomous association of persons united voluntarily to meet their common economic, social, and cultural needs and aspirations through a jointly-owned and democratically-controlled enterprise.

译文：合作社是由自愿联合起来的人们通过其联合所有与民主控制的企业来满足他们共同的经济、社会和文化的需求与抱负的自治联合体。

---

[*]　吴彬，杭州电子科技大学人文与法学院讲师。

[①]　本文原载《农民专业合作社治理结构：理论与实证研究》（浙江大学出版社，2014）第 3 章第 2 节，编入本书时作者有修改。详见 http://ica.coop/en/whats-co-op/co-operative-identity-values-principles。中国社会科学院经济研究所唐宗焜研究员在翻译国际劳工组织的《合作社促进建议书》时重新翻译了国际合作社联盟 1995 年通过的这一《关于合作社界定的声明》，本文认为其译本相对之前或之后的翻译更为忠实原文，用词相对准确到位。详见唐宗焜《中国合作社政策与立法导向问题——国际劳工组织〈合作社促进建议书〉对中国的意义》，《经济研究参考》2003 年第 43 期。

解读：这一定义比较简单，但是又要足以覆盖全世界各种类型的合作社组织形态，因此，在定义中需要着重注意如下字词。

（1）"自治"（autonomous）

合作社必须尽可能地独立于政府或其他私营企业之外，这一用词不仅希望合作社自身要独立自主，不依赖政府或其他组织，也希望政府或其他组织不干涉合作社的内部事务。

（2）"人们"（persons）

在定义中特意不使用"individuals"而是审慎地使用了"persons"一词，其中的细微差别在于，"individuals"在英语世界中特指处于特定群体中的单个个人[①]，而"person"还可以指称作为个人、一个合伙企业或一个公司的个体，这些个体是由法律所承认的权利和义务的主体[②]。因此，译文中的"人们"一词并非特指自然人，也包括公司、社团等法人。遗憾的是，在中文表述中对于这层意思很难言说清楚。

（3）"自愿"（voluntary）

成员可以遵循自己的意愿选择自由加入或离开合作社，离开时可以带走属于自己或应该属于自己的组织资源。因此，合作社是一个开放的组织，这一规定旨在消除组织门槛，尽可能地扩大合作社的影响力和加快合作社的成长速度。

（4）"满足……需求"（meet needs）

合作社的核心宗旨是满足成员的需求，而这一需求可以是单纯的经济需求，或者是社会需求，抑或是文化需求。所以，合作社的诞生虽然是基于对经济利益的追求，但合作社绝非只是单纯的经济组织。依照 Maslow（1943）的需求层次理论，合作社在满足成员的基本经济需求之后，更旨在满足成员在社交、尊重以及自我实现等更高水平的需求。因此，合作社不只是一个"商店"，更是一个"家庭"。

（5）"联合所有与民主控制"（jointly-owned and democratically-controlled）

---

① 据韦氏在线词典 individuals 词条：http：//www. merriam-webster. com/dictionary/individuals（注：韦氏词典是公认最权威的美国英语辞书，有近 200 年的历史）。

② 据韦氏在线词典 person 词条：http：//www. merriam-webster. com/dictionary/person。

"联合所有"和"民主控制"可以说是合作社定义中最为核心的两个词汇。诚如唐宗焜[①]所指出的那样，在过去的译文中常常习惯翻译为"共同所有"和"民主管理"，其实这样的翻译不准确，非常容易引起人们对该定义的误解。"联合所有（的）"的原文为"jointly-owned"，是用以确认成员个人在合作社中的所有者权益的，如果译为"共同所有"，一则不合原文［"共同所有（的）"对应的英文词 common-owned］，二则容易与集体所有制经济总否定个人所有者权益的所谓"共同所有"概念相混淆。而"民主控制（的）"一词的原文为"democratically-controlled"，是指合作社的法人治理机制，强调的是成员应通过民主程序对合作社实施有效控制，而非将控制权假手于资本或政府。如果译为"民主管理"，则会把"治理"概念弱化为"管理"概念了，同样，一则不合原文［"民主管理（的）"对应的英文词 democratically-managed］，二则这样的译词也容易同集体所有制经济中含义很不确定的所谓"民主管理"混为一谈。

（6）"企业"（enterprise）

合作社的企业性质表明，作为一个组织化的经济实体，合作社在市场环境中的典型功能便是从事商品或服务的交换。换言之，合作社是企业，但不同于一般的私营企业，而是作为一种特殊的由成员联合所有与民主控制的企业，其组织宗旨是满足成员的多样化需求，而其主要的实现途径和手段是企业方式。

二　合作社价值

原文：Co-operatives are based on the values of self-help，self-responsibility，democracy，equality，equity and solidarity.

译文：合作社是建立在自助、自担责任、民主、平等、公平与团结的价值基础上的。

解读：正如合作社思想萌芽的初始动力来源那样，在传统意义上，合作社运动往往深深关联于世界范围内的宗教与意识形态的发展。1995 年版关于合作社价值的陈述正是精准地表达了合作社事业参与者们的信念体

---

① 唐宗焜：《中国合作社政策与立法导向问题——国际劳工组织〈合作社促进建议书〉对中国的意义》，《经济研究参考》2003 年第 43 期。

系。国际合作社联盟在《关于合作社界定的声明》的背景文件中曾指出，
"因为合作社的领导者和参与者已经深受传统的合作社信念体系的影响，
因此，任何关于合作社价值的讨论都必须深刻关切适当的道德行为问题，
以期达成一个关于合作社价值的虽然复杂但很有意义的全球性共识"。① 作
为合作社领导人、成员以及员工应该分享的并决定其思考和行为方式的价
值理念，国际合作社联盟 1995 年所界定的这六大基本价值就旨在指导合作
社事业如何贡献于更美好社会的塑造工程。对于这六大价值理念，需要进
一步解释如下。

（1）自助（self-help）

"自助"强调的不仅是人们应该在自主自立的基础上进行自我服务，
而且应该积极寻求"他助"，也即人与人之间的互相帮助（mutual help），
所以合作社也可以被称为互助社（mutual）。需要认识到，虽然自助、互助
是弱势群体的自发需求，但是，寻求他人帮助也是强者的标志。

（2）自担责任（self-responsibility）

只要成为合作社的一员，那么成员就必须要承担起相应的责任，总体
而言，成员应极力维护合作社的独立性，作为合作社的代言人积极宣介合
作社，以促进合作社的持续发展。

（3）民主（democracy）

"民主"意味着成员对于合作社的决策过程享有参与权和知情权，因
为成员是合作社中所有权力的来源，因为"合作社的基本单元是成员……
以人格为基础是合作社与以资本利益为基础的企业的最本质区别"。②

（4）平等（equality）

"平等"不仅仅是基本成员权利的平等，而且更为基础的是机会的平
等，权利平等和机会平等确保了成员民主参与的实现，也将促进组织资源
的有效利用，并加强成员间的互助关系、共感力和凝聚力。

（5）公平（equity）

---

① International Co-operative Alliance. 1996. "Background Paper to the Statement on the Cooperative Identity." http：//www. uwcc. wisc. edu/icic/issues/prin/21 – cent/background. html.

② International Co-operative Alliance. 1996. "Background Paper to the Statement on the Cooperative Identity." http：//www. uwcc. wisc. edu/icic/issues/prin/21 – cent/background. html.

"公平"不能等同于"平等",其强调的是社会权力和收入的分配应该基于劳动,而非资本的所有权。对合作社而言,公平体现在应该按惠顾额进行盈余返还,要限制资本公积的留存,并积极增加服务或是降低收费。

(6)团结(solidarity)

合作社的诞生基于一个基本假设,那就是通过弱小个体的自助和互助可以形成强大的力量,而这一力量将致力于为所有成员增进福祉而承担集体责任。而且,团结还意味着合作社与合作社之间也可以互助协作,共增集体福利。

此外,自罗虚代尔实践开始,合作社成员还继承着合作社创始人的传统,信奉诚信、开放、社会责任与关怀他人的伦理价值。

三 合作社原则

(一)合作社原则的最新表述

合作社原则是合作社将其理念和价值付诸实践的指针,分享并实践这些原则可以将合作社与其他组织形式区分开来,而1995年版所确定的这七项最新的合作社原则对合作社的组织边界进行了重新界定。

1. 自愿和开放的成员资格

原文:Voluntary and Open Membership

解读:对应于定义中的"自愿"词条,且作为第一条原则,"自愿"表明合作社的成员资格不可以带有任何强制色彩。作为积极的和负责任的成员,他们应该充分了解合作社的基本价值。同时,"开放"意味着,对于只要有能力使用合作社提供的服务并有意愿承担成员资格的相应责任的个人,合作社都将予以接纳。之所以要强调这一接纳条件(即有能力使用合作社服务并愿意承担成员责任),是因为国际合作社联盟认识到,有些合作社可能会以对合作社服务的使用能力为门槛而限制成员资格,或者因为合作社自身无力提供有效服务而限制成员数量。另外,这一原则还隐含着一个重要理念,即合作社不可以因为任何的内在的个人特征而歧视潜在成员,这些内在特征包括性别、种族、宗教信仰、政治及社会偏好等。

2. 民主的成员控制

原文:Democratic Member Control

解读：在自愿与开放的成员资格基础上，"民主的成员控制"原则界定了合作社的决策方式。当然，这一原则事先假定作为成员都会积极参加制定基本政策、提出发展方向等合作社决策活动，而且没有成员会比其他成员"嗓门"更大。在一定意义上，民主控制这一原则可以视同为"一人一票"（one member, one vote）原则。

之所以会调整表述方式，是因为认识到在更高层级的合作社（联合社）中可能会有不同的投票结构。如果在更高层级的合作社中，依旧沿用"一社一票"的原则，那么将可能对作为成员的合作社内部的个人成员造成重大的不公平现象。举例来说，一个拥有1000名成员的合作社和一个只拥有20名成员的合作社在其所属的联合社中如果都只拥有一票投票权，无疑，小合作社中的20名成员按比例将拥有更为强大的话语权（1/20∶1/1000）。

3. 成员经济参与

原文：Member Economic Participation

解读："成员经济参与"这一原则的确立针对的是合作社在全球范围内其内部越来越突出的转向资本主导以追求产业竞争力的问题。从历史上来看，合作社事业的一块基石是对于资本只是合作社的"仆人"而非"主人"的共识，因为，合作社一切活动的目的在于满足成员的需求，而非为投资者积累资本。因此，合作社从事经营活动所产生的经济收益应该留存于合作社，而不是集中到资本所有者的手中，对于投资的回报应该予以严格限制。

但是，这一笼统的限制对于非成员的资本投资或是成员在"公平份额"之外的追加投资并未进行清晰界别。因此，对于投资回报的限制使得合作社在开展某些资本集中型项目时无力筹集足够的资本，而且，即便能够筹集到资本，在经济发生通胀的时期也无法对资本进行保值。于是，在1995年的修订中，对于资本分红的严格限制被删除了，这意味着合作社如今对资本和劳动都可以进行合理的补偿。

当然，为了确保合作社民主控制的本质属性，合作社成员加入合作社时可以进行公平地出资，但这些资本用于商业活动时要实行民主控制。而为了确保合作社的共同体属性以及通过互助集聚资源形成强大合力的信念，合作社资金的一部分应该由所有成员集体所有。最后，这一原则也对合作社盈余分配的可能用途做出了指引，比如，可以留存作为公积金来发展合作社、可以按成员与合作社的交易额比例向进行返利，或者是支持成员认可的其他活动。

4. 自治与独立

原文：Autonomy and Independence

解读：需要指出，在 20 世纪中后期，一大批第三世界国家纷纷独立，而发展合作社则成为这些国家用以发展经济和社会的重要战略。虽然许多新生合作社依靠自己的力量都发展得很好，但不可否认，在合作社发展初期，政府的推动和支持是必不可少的。但遗憾的是，随着合作社的发展壮大，不少国家（尤其是在中东欧国家）的政府不仅无意退出，而且对合作社进行了强势控制，使得合作社沦为效率低下、管理不善的组织，合作社的独立性和自治性几乎消失殆尽。因此，新的原则十分强调合作社必须排除来自政府或其他强势资源的干预，如此，合作社成员才能够实现自主的控制。

5. 教育、培训和信息

原文：Education，Training and Information

解读：这一原则强调合作社要为其成员、当选的代表、管理人员以及雇员及时提供合作社教育和培训，以使他们能够有效地对合作社的发展做出贡献，尤其要把合作社的性质和好处告诉公众，特别是年轻人和舆论带头人。如果合作社志在成为众多世界性问题的解决方案之一，那么，对于公众而言，他们不能仅仅知道合作社的概念，更应该受益于合作社并有意参与合作社。

6. 合作社之间的合作

原文：Co-operation among Co-operatives

解读：正如同众多弱小个体之间的互助可以形成强大的合力，如视合作社为一个个体，则合作社与合作社（这里既可以是同业的合作社，也可以是互补行业的合作社）之间的联合与合作也必将迸发更加强大的整体生命力和竞争力。实际上，该原则所言及的合作社是指本地合作社（local cooperatives），只要是为了更好地为成员及合作社的利益服务，本地合作社之间完全可以组建或加入区域性合作社（regional cooperatives）、全国性合作社（national cooperatives），甚至国际性合作社（international cooperatives）。

7. 关心社区

原文：Concern for Community

解读：基于合作社价值中的社会责任与关怀他人的基本伦理追求，"关心社区"这一新原则表明了合作社要为增进社会大众的利益做出贡献的组织旨趣。由于合作社的本地性或在地性（local）特征是必然的，差别只在于本"地"的范围大小，因此，合作社的村社嵌入（不仅是地域环境的嵌入，更是村社文化的嵌入）是不可避免的，合作社只有与其作为母体的社区共生同荣，绝不可自断给养。

（二）合作社原则的历史流变

抚今追昔，此时此刻非常有必要重新回顾国际合作社原则的历次演变，以此反衬出一个清晰的国际合作社运动发展图景。从图 1 可以清楚地看出，国际合作社原则一共经历了六次标志性的变化，依次为罗虚代尔原则（最初版）、罗虚代尔原则（增补版）、罗虚代尔原则（1895 年版）、罗虚代尔原则（1937 年版）、合作社原则（1966 年版）和合作社原则（1995 年版）。

1. 消失的合作社原则

从图 1 中可见，从最初版罗虚代尔原则开始，消失的合作社原则主要有以下几个。

"②只有最纯粹的可实现条款才可以提供给成员"、"⑦管理层实行定期选举，实行任期制"和"⑨财务报表应经常向成员公布"未有沿用或继承；

"③出售的商品应给予十足的重量和度量"在增补版中未出现，但在1895 年版重新出现"⑤商品需货真量足"，但止步于此；

"④出售商品价格应按市价收取，恕不赊账"在增补版中分化为"⑦按市价交易商品和服务"和"⑨仅限现金交易"；"⑦按市价交易商品和服务"在 1895 年版简化为"④按市价销售"并止步于此，而"⑨仅限现金交易"

在 1895 年版"③现金交易"和 1937 年版"⑥现金交易"继续沿用，但随着信用卡、电子转账等新型支付方式的兴起，这一原则也消失了。可以看出，在消失的这几项原则中，多带有罗虚代尔公平先锋社的消费合作社色彩，随着 1895 年国际合作社联盟的成立并将罗虚代尔原则采纳为官方原则，罗虚代尔原则中的消费合作社色彩逐步被剥离，以适应更加多样化的合作社类型。

2. 新增的合作社原则

在增补版罗虚代尔原则中，新增了"②成员资格开放"、"⑩无须承担异常风险"（此后未有沿用或继承）和"⑪政治与宗教中立"。在 1895 年版和 1937 年版的罗虚代尔原则中未见新增项，直到 1966 年版合作社原则中才新增了"⑥合作社之间的合作"（沿用至 1995 年版），1997 年版合作社原则中则新增了"⑦关心社区"。

3. 微变的合作社原则

从最初版罗虚代尔原则开始，始终沿用或只是细微变化的原则包括以下几个。

一是"民主的成员控制"原则，其流变路径为：最初版"⑥治理采取'一人一票'原则且性别平等"→增补版"①成员民主投票（一人一票）"→1895 年版"②一人一票"→1937 年版"②民主控制（一人一票）"→1966 年版"②民主治理"→1995 年版"②民主的成员控制"。

二是"成员经济参与"原则，是对 1966 年版"③资本报酬有限"和"④盈余返还成员"这两大原则的继承和概括。

"资本报酬有限"原则的流变路径为：最初版"①资本应由成员自己提供并享受定息"→增补版"③成员入股"、"④限制入股份额"和"⑥限制权益资本分红"→1937 年版"④资本利息有限"→1966 年版"③资本报酬有限"。

"盈余返还成员"原则的流变路径为：最初版"⑤盈余基于成员的采购额按比例分配"→增补版"⑤在成本运行基础上按惠顾额返还盈余"→1895 年版"⑥按业务交易量分配盈余"→1937 年版"③盈余根据成员交易额按比例分配"→1966 年版"④盈余返还成员"。

三是"教育、培训和信息"原则，其流变路径为：最初版"⑧提取一定比例的盈余用于成员教育"→增补版"⑧有教育成员的职责"→1895年版"⑦重视对成员的教育"→1937年版"⑦促进成员教育"→1966年版"⑤对成员及公众的教育"→1995年版"⑤教育、培训和信息"。

从增补版罗虚代尔原则开始，始终沿用或只是细微变化的原则包括以下几个。

一是"自愿和开放的成员资格"，其流变路径为：增补版"②成员资格开放"和"⑫成员资格平等（禁止性别歧视）"→1895年版"①开放和入社自由"→1937年版"①成员资格开放"→1966年版"①开放和自愿的成员资格"→1995年版"①自愿和开放的成员资格"。

二是"自治和独立"原则，其流变路径为：增补版"⑪政治与宗教中立"→1895年版"⑧政治与宗教中立"→1937年版"⑤政治与宗教中立"→1995年版"④自治与独立"。

综上可以认为，合作社最为根本的原则（即本质规定性）应体现为以下几个方面。首先，在控制权或治理权上，既要坚持"自愿和开放的成员资格"，也要努力确保合作社的"自治与独立"，在此基础上实现"民主的成员控制"；其次，在所有权上，坚持"资本报酬有限"；最后，在收益权上，坚持"按惠顾额（或业务交易量/交易额）返还盈余"。

从总的发展趋势来看，合作社原则必定是随着整体环境的变化而变化，始终朝着有利于合作社发展并志在不断增强其竞争力、凝聚力和吸引力的方向进行自我完善。

四　结语

应该承认，新的国际合作社原则发布至今已逾20年，其间，合作社事业发生了翻天覆地的变化，而最具标志性的事件莫过于2009年12月18日在第六十四届联合国大会第65次全体会议上通过了第136号大会决议——"合作社在社会发展中的作用"，宣布2012年为国际合作社年。这是联合国自成立以来确立的首个国际合作社年，其主题确定为"合作社企业，让世界更美好"，充分体现了世界各国对合作社事业的重视、支持和期待。①

---

① The United Nations. 2012. "2012-Interational Year of Cooperatives." http：//www.un.org/en/events/coopsyear/.

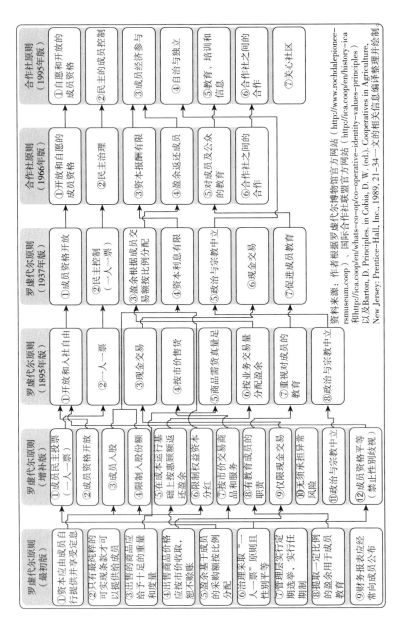

图1 国际合作社原则的历史流变线索

2012 年 10 月 29 日至 11 月 2 日，国际合作社联盟在英国曼彻斯特召开了特别全球代表大会，举办了盛大的国际合作社年庆祝活动，并举行了国际合作社年的官方闭幕仪式。在闭幕仪式中，国际合作社联盟还勾勒了一个雄心勃勃的"合作社十年蓝图（2011～2020）"计划，即在未来十年将合作社打造成为发展速度最快的商业模式。[①] 与此同时，与会代表还一致通过了授权合作社原则委员会（the Principles Committee）制定 1995 年合作社原则的指导手册的决定。这一举措将提供对有关合作社原则的指导，以阐明对合作社本质的陈述，并试图确立每一条合作社原则的硬核（即不能再缩减的核心），希望由此重构合作社的本质，强化合作社与其他组织的区别。目前，该委员会已完成了第三、五、七条原则，即"成员经济参与"、"教育、培训和信息"、"关心社区"的指导说明。[②]

应该承认，合作社原则的确立对于当前欣欣向荣的合作社事业确实功不可没，它使得合作社这一概念通俗易懂地融入了普通民众的心中，使合作社成为无数有志于改变自我境况、有志于服务社会大众的合作社事业活跃者的重要舞台。不过，这时需要清醒地认识到，"合作社原则并不是一个稳定的列表，而是按惯例应进行定期的重新审视；合作社原则只是赋予了一个框架，在其中，合作社可以有效地把握未来"。[③]

（本文原载于《农民专业合作社治理结构：理论与实证研究》，浙江大学出版社，2014）

---

① International Co-operative Alliance. 2012. "Taking the Co-operative Way of Doing Business to a New Level！" http：//ica. coop/en/blueprint-co-op-decade.

② International Co-operative Alliance. "Call for Comments on Co-operative Principles 3，5，and 7". http：//ica. coop/en/co-op-decade/call-comments-co-operative-principles-3 – 5 – and – 7.

③ International Co-operative Alliance. 1996. "Background Paper to the Statement on the Cooperative Identity." http：//www. uwcc. wisc. edu/icic/issues/prin/21 – cent/background. html.

第二编　《农民专业合作社法》对合作社本质问题的处理

对农民专业合作社的几点认识

刘明祖[*]

一 农民专业合作社的产生和发展，是对我国农村经营体制的进一步丰富和完善

党的十一届三中全会以后，我国农村逐步确立了以家庭承包经营为基础、统分结合的双层经营体制，这是党和国家根据农村生产力发展水平做出的重大政策调整，符合生产关系适应生产力发展水平的客观要求。家庭承包经营责任制的确立，激发了广大农民群众的积极性，极大地提高了劳动生产率。随着社会主义市场经济的不断发展，农业的专业化、商品化、规模化水平不断提高。适应形势发展的要求，进一步完善农村经营体制，成为我们面临的重大课题。1993 年，中共中央、国务院颁布的《关于当前农业和农村经济发展的若干政策措施》明确提出，以家庭联产承包为主的责任制和统分结合的双层经营体制，是我国农村经济的一项基本制度，要长期稳定并不断完善。农民专业合作社正是在"长期稳定"基础上"不断完善"的产物。

20 世纪 80 年代以来，我国农村出现的农民专业合作社，向农民提供信息、技术、销售、供应、加工等方面的服务，为促进农业发展、农民增收和农村繁荣做出了重要贡献。农民专业合作社的产生和发展，是社会主义市场经济条件下的制度创新，是在农村家庭承包经营基础上，对统分结合、双层经营的农村经营体制的进一步丰富和完善。在总结实践经验、广泛征求各方面意见的基础上，全国人大常委会审议通过了《中华人民共和

---

* 刘明祖，全国人大农业与农村委员会原主任委员。

国农民专业合作社法》（以下简称《农民专业合作社法》），并从 2007 年 7 月 1 日起正式实施。为贯彻实施好这部法律，有必要深入认识农民专业合作社的性质和作用。

随着农业生产力水平和农产品商品率的提高，农民与市场的关系更加紧密，农民对生产资料、实用技术、市场信息等方面的需求不断增加，市场机制对农民的资金实力、文化素质等也提出了更高要求。家庭经营规模小、资金实力弱等问题，严重制约了农业生产经营活动的开展。因此，扩大农业生产和经营规模，提高农民的组织化程度，实现农户与市场的连接，就成为发展农业生产、增加农民收入的当务之急。扩大生产和经营规模主要有两条途径：一是通过增加土地面积实现生产规模的扩大；二是通过广大农户的联合与合作实现经营规模扩大。我国人多地少的国情，使增加土地面积十分困难，更现实、更有效的办法就是走合作生产经营的道路。农民专业合作社就是开展生产经营合作的重要组织形式。

农民专业合作社不改变农户的独立经营地位，有利于家庭承包经营制度的长期稳定。现阶段，绝大多数参加专业合作社的农民在生产环节仍然以户为单位，在流通、加工等环节进行合作，将农民生产的农产品和所需要的服务集聚起来，以规模化的方式进入市场，提高农民在市场中的地位。农民群众总结的"生产在家，服务在社"，形象地说明了现阶段农民专业合作社的特点。实践表明，农民专业合作社可以很好地解决家庭经营与市场经济的衔接问题，有效地解决政府"统"不了、部门"包"不了、单家独户"干"不了的难题，是对农村经营体制的丰富、发展、完善和创新。

二 农民专业合作社充分保障成员的合法权益，是农民自己的经济组织

农民专业合作社，是社会主义市场经济体制下的一种新型市场主体。它以农民自愿加入、自由退出为基础，以自我管理、自我服务、自负盈亏为运行机制，是农民群众适应市场经济要求的伟大创造。依法发展农民专业合作社，不是搞过去的合作化。农民专业合作社不改变家庭承包经营体制，与 20 世纪 50 年代合作化运动中的高级社、改革前的人民公社有着根

本区别。

农民专业合作社建立在农民自愿的基础上。农民专业合作社是具有独立市场地位的农民在有联合需求的情况下，自发组建的经济组织。"入社自愿、退社自由"，是农民专业合作社的基本原则。凡是具有民事行为能力、能够利用农民专业合作社提供的服务、承认并遵守合作社章程的农民，都可以申请加入。同时，按照章程规定，农民也可以退出合作社。农民加入或退出合作社，都是个人的自由选择，任何组织和个人都无权干涉。既不能依靠行政命令或其他手段强行要求农民加入某个合作社，不能限制农民加入某个合作社，更不能剥夺农民退出合作社的自由。

农民专业合作社依法维护成员的财产利益。农民专业合作社是独立的市场经济主体，依法成立、依法登记、依法经营，入社农民的财产权利得到充分的法律保护。农民专业合作社是在承认成员个人财产所有权的前提下，共同使用成员的出资，既保障成员的个人财产所有权，又保障组织的占有使用权。成员的出资及其增值部分始终为成员所有。每个成员对自己的财产份额及由此产生的收益都很清楚，退社时可以撤出自己的出资及其增值部分；合作社有亏损时，退社农民也要按照章程规定分摊资格终止前本社的亏损及债务。农民专业合作社及其成员的财产受法律的保护，任何组织和个人都无权向农民专业合作社及其成员摊派，强迫其接受有偿服务；造成合作社及其成员损失的，要承担相应的法律责任。

农民专业合作社坚持民主管理。农民专业合作社是依法成立的法人组织，具有独立的法人地位，独立经营、自负盈亏、民主管理、民主决策，任何组织和个人不得非法干预农民专业合作社的生产经营活动。作为独立的市场经济主体，农民专业合作社有健全的组织机构和严密的运行制度，按照章程开展各项活动。农民专业合作社的成员大会是合作社的权力机构，合作社的成员可以依照法律和章程的规定，参与对合作社的控制、决策和管理。合作社的理事会、监事会由成员大会选举产生，向成员大会负责并报告工作。每个成员都享有一人一票的基本表决权，合作社的重大事务都要按照少数服从多数的原则进行表决，确保成员参与决策的民主权利。

三 农民专业合作社是推进农业产业化经营、建设现代农业的重要载体

推进农业产业化经营，实现农产品的产加销、贸工农一体化，目的是通过农业生产各参与方的合作，延长农业产业链，实现农业产业的一体化经营，增加农产品附加值，提高农业的比较效益。农民专业合作社在引导和组织农民参与农业产业化经营方面具有独特的优势。

农民专业合作社是农民自己的合作组织，在带动农民参与农业产业化经营方面，能够有效地解决"龙头企业＋农户"、"协会＋农户"、"专业市场＋农户"等产业化模式所存在的分散农户缺少发言权、权益得不到充分保护等问题。农民通过组建专业合作社参与农业产业化经营，主要有两种方式。一种是"龙头企业（或其他经济组织）＋合作社＋农户"。在这种方式中，龙头企业可以通过合作社规范和约束农户的行为，获得更加稳定的原料来源，降低交易成本；农户则可以通过合作社提高自己在与龙头企业交易时的谈判地位，在价格形成、利润分配等问题上获得更多的发言权。这种方式，既可以充分利用龙头企业的资金、技术、管理和信息等方面的优势，又可以较好地反映农民的利益要求，实现企业发展和农民致富的双赢。另一种是"合作社＋企业＋农户"。在这种方式中，合作社成为兴办农产品加工等企业的主体，合作社自己兴办的企业与农户成为真正的利益共同体。农民通过合作社这种组织形式开展加工、销售等经营活动，可以最大限度地享受到农产品加工和销售环节的利润。从许多发达国家农业发展的历程看，农民合作社在逐步壮大后，直接兴办从事农产品加工、销售、贮藏、运输等活动的企业，是一个必然趋势。

四 农民专业合作社是促进农村经济发展、构建农村和谐社会的重要组织基础

农民专业合作社成员间合作的基础是劳动而不是资本，这一基本特征使农民专业合作社更加注重以人为本，决定了其在促进农村经济发展、社会和谐方面具有不可替代的地位和作用，是构建农村和谐社会的重要组织基础。

促进农村产业结构优化。农民专业合作社具有独立的市场主体地位、明晰的产权制度和规范的内部运行机制。通过专业合作社，农民可以集聚资金、技术、信息等资源，做许多单家独户不能做的事。从事种植业、养殖业的农民可以联合起来，扩大生产规模，促进农业的专业化、规模化、标准化、机械化生产经营，也可以联合起来从事农产品加工业，提高农产品的附加值，还可以联合起来从事农用生产资料的购买、农业机械的租赁、农产品的贮藏和销售以及农业技术信息服务等第三产业。因此，农民专业合作社的发展，不仅会促进第一产业的发展，还会促进农村第二、三产业的发展，促进农村产业结构优化，全面繁荣农村经济，为社会主义新农村建设提供坚实的产业支撑。

促进农民素质提高。农民专业合作社的基本原则和精神，就是更加强调人与人的合作与互助。合作社的宗旨是为其成员服务，成员相互之间合作经营、和睦相处、团结友爱、平等诚信。加入专业合作社的农户，不仅在经济上受益，而且有一种归属感，其民主意识、合作意识、学习意识、监督意识、守法意识得到增强。由于具有较强的经济基础、组织功能和凝聚力量，农民专业合作社在促进农村社会事业发展、改善乡风民俗、建立和睦邻里关系、形成文明的生活方式等方面发挥着越来越重要的作用。同时，由于农民专业合作社为农民提供许多生产经营方面的服务，对于推动基层政府转变职能、改进作风也具有很大的作用。

五　农民专业合作社法的实施，将有力地促进农民专业合作社的健康发展

当今世界，合作社发展已经从农业到工业、从生产到消费，全方位地深入经济社会生活的各个领域。从国外的实践看，发展最快、覆盖最广的合作社是农民合作社，已占全球各类合作社总数的36%。在发达国家，几乎所有的农民都参加了不同类型的合作社，合作社的立法也受到高度重视。

《农民专业合作社法》是新中国成立以来颁布的第一部规范合作社发展的法律。合作社不同于公司等企业法人，是特殊的市场主体。改革开放以来，我国相继颁布了《公司法》等多部市场主体法，但一直没有制定专

门的合作社法。《农民专业合作社法》从我国农民专业合作社的发展实践出发，借鉴国外相关立法经验，立足于制度规范，在规范中促进发展，在发展中逐步规范，创立了一套有别于其他市场主体法的农民专业合作社法律制度，填补了我国市场主体立法的一项空白。

需要指出的是，我国各地农业发展水平不一，农民对合作的需求多种多样，现实中存在多种形式的农民合作经济组织是必然的，绝不能因为出台了《农民专业合作社法》，就要求农民合作经济组织整齐划一。《农民专业合作社法》所规范的农民专业合作社，只是农民合作经济组织中的一种形式，主要针对那些成员联结比较紧密、直接从事生产经营活动的合作经济组织，通过赋予它们应有的市场主体地位，提高其生产经营能力和对农民的带动能力。而对于尚处于发展初期、联结比较松散的农民合作经济组织，仍然要一如既往地给予鼓励和支持，充分发挥其组织农民参与生产经营的作用，绝不能进行强行规范。

（本文原载于《农村经营管理》2007 年第 8 期）

充分认识《农民专业合作社法》的立法背景和重大意义

郑文凯[*]

农民专业合作社法人地位的确立，概括地说，具有"两大基础"、"三个必然"、"四个方面"的重大意义。

一　两大基础

（一）　实践基础

合作社的实践，可以追溯到 160 多年前成立于英国的罗虚代尔先锋合作社，近年来的发展更为迅速和普遍。据统计，农业合作社已占全球各类合作社总数的 36%。在发达国家，几乎所有的农民都参加了不同类型的农业合作社，有的农户同时参加几个专业合作社。丹麦 98% 的农民是农业合作社社员，平均每个农户参加 3.6 个合作社。法国、荷兰 90% 以上的农民加入了农业合作社。新西兰、澳大利亚、日本、韩国参加农业合作社的农民占到了 80% 以上。合作社给成员带来了实实在在的好处，许多国家农业合作社成员都分享到了合作社提供的科技、信息、生产资料以及加工增值、交易返还等多项服务和实惠，合作社成为分散农户参与市场竞争最合适的组织形式。在许多国家，合作社销售的产品占到了市场份额的一半以上。

合作社的成立，是以每一个成员所拥有的产权、生产经营自主权不变为基础的，只有这样才不会成为公司，不会成为公社。因此，尽管我国农

＊　郑文凯，国务院扶贫办副主任，党组成员。

民合作社也有过多年、多方面的实践，但最成功、成熟的实践是农村改革开放后，广大基层干部和农民群众创造的新型专业合作经济组织。农村改革确立以家庭承包为基础、统分结合的双层经营体制后，农民获得了生产经营自主权，成为独立的产权主体和市场主体，新型合作便有了发展的土壤和条件。目前，全国已有农民专业合作经济组织15万多个，加入的农户有2363万户，占全国农户总数的9.8%。虽然数量还不多，覆盖面还不大，但这种新型合作正在为更多的农民所认识，显示了强大的生命力。从实践看，农民专业合作社都是围绕当地的特色产业、优势产品设立起来的，有的合作社拥有数十名甚至数百名成员，数百亩甚至上千亩的专业生产带或规模养殖小区；大多数专业合作社对成员提供生产资料购买、生产技术要求的确定、包装储运、加工销售等若干个统一服务；合作社经常组织技术信息交流，有的还通过多种形式对成员搞讲座和培训。合作社给成员们带来的，是攻克了一家一户解决不了的困难，是联合起来的好处，是每个成员公平、平等地拥有和分享大家共同约定的权利和义务。就目前来说，实践中的各类新型合作组织有的叫"协会"，有的叫"研究会"，有的叫"合作社"，尽管名称不同，但在组织框架、民主管理方式、活动内容以及利润分配返还等方面，基本上是大同小异，体现了合作的原则和规律。正是基层和广大农民群众这些丰富的实践，为立法提供了新鲜的经验，并为立法奠定了坚实的基础。

（二）理论基础

追本溯源，合作思想应该被看作人类对理想的人际关系、理想的社会形态追求的客观反映。一般地讲合作思想，古代就有"一个篱笆三个桩"、"二人同心，可以断金"、"合则两利，分则两伤"等关于人与人之间合作的思想主张。特殊地讲，近现代合作社思想发源于西方的空想社会主义思潮。英国著名空想社会主义者罗伯特·欧文，置身于18～19世纪英国产业革命高潮的大背景下，提出了创建一个理想社会——新和谐公社的构想，并身体力行地进行试验。马克思主义经典作家对合作制、合作社一直给予高度关注，并有诸多精辟论述。马克思就欧文的试验及同时期出现的工人生产合作社指出，"对这些伟大的社会实践的意义不论给予多么高的估价都是不算过分的"。恩格斯在《法德农民问题》一文中，提出了建立农民生产合作社的主张。列宁的专著《论合作社》，更是系统地阐述了马克思主义合作理论，他指出，"合作社的发展也就等于社会主义的发展"，要"在经济、财政、银行等方面给合作社以种种优惠"。毛泽东早在《湖南农民运动考察报告》中指出："合作社，特别是消费、贩卖、信用三种合作社，确是农民所需要的。"在《才溪乡调查》中，更进一步指出："建立在以个体经济为基础（不破坏个体的私有财产基础）的劳动互助组织，即农民的农业生产合作社，就是非常重要的，只有这样，生产力才可以大大提高。"1950年，刘少奇直接领导起草了《中华人民共和国合作社法（草案）》（后未予正式公布），这部法律（草案），明确体现了合作社是引导农民走向市场，促进农业生产和农村商品经济发展的关键，合作社要真正由社员当家做主等重要思想。党的十一届三中全会以来，随着新型农民专业合作组织的兴起，这方面的理论研究也不断深化。更具有理论意义的是，新时期关于农民专业合作组织的研究深刻地吸取了新中国成立后到1958年期间我国合作化、人民公社运动的历史教训，也深入地研究借鉴了国际合作社运动的基本原则及其实践演变，使得我国新时期农民专业合作经济组织理论研究既有继承，更富于时代精神和创新。其研究主线始终围绕在坚持家庭承包经营的基础上，提高农民进入市场的组织化程度，促进农民增收，坚持民办民管民受益等基本精神。各地新型农民专业合作经济组织的生动实践，成为各方面理论研究的基本素材，也成为农民专业合作社法的立法基础。

二 三个必然

（一）农村家庭承包制的必然要求

农业生产的自然条件差异、南北季节和地域地理差异等特点，以及我国人多地少的基本国情，决定了家庭经营是农业最适宜的生产经营方式。同时，也应当看到，农业产业链条长，家庭经营方式既需要产前、产中、产后多环节的社会化服务，也需要与之相适应的组织形式，以降低分散经营的交易成本及其市场风险。世界农业发展史表明，在家庭经营基础上兴办新型合作，客观上就会收到切实保护农户自主自愿，真正实现"生产在家、服务在社"，有统有分、统分结合的效果。

（二）农业市场化、农业产业化经营的必然产物

农村改革开放以来，我国农业经历了由统购统销到全面面向市场，由总量不足到供需基本平衡，由追求数量增加到主动进行结构调整的深刻变化。在这个过程中，农业市场化和农业产业化程度同步发展、同步提高，相互作用、相互影响，千家万户的家庭经营面对千变万化的市场大潮，客观上为新型农民专业合作经济组织的产生与发展提出了需要，提供了可能，创造了条件。许多地方在实践中，已经探索出了"龙头企业＋合作社＋农户"的产业化经营模式，有的农民专业合作经济组织自身就搞起了产业化经营。

（三）应对日益激烈的国际国内市场竞争的必然趋势

新型农民专业合作经济组织为实行家庭承包经营的农户提供了走向合作与联合的最佳组织形式。随着市场经济体制的逐步完善，农产品商品率的不断提高，小规模经营与大市场的矛盾就会日益显现出来。在激烈的市场竞争中，面对规模日益扩大的工商业资本，农民要想提高竞争力，获得平等的市场地位，就必须扩大生产和经营规模。农民专业合作经济组织能够使其成员产生团结起来的巨大力量，形成较强的市场竞争地位和优势，是分散的千家万户统一起来面对大市场的最好选择。

三　四个方面的重大意义

（一）确立了农业和农村领域中又一新型市场主体的法律地位

《农村土地承包法》明确了农户作为独立的市场主体的法律地位，《乡镇企业法》使乡镇企业成为公司类市场主体，《农民专业合作社法》使农民专业合作社成为一类特殊的市场主体，使农村又多了一种法定的市场主

体。全国人大法律委员会已将这部法律归类为经济法中的主体法。从法律的内容看，这部法律既是一部主体法，也是一部促进法、规范法，还是一部保护农民专业合作社及其成员权益的法。

（二）丰富和创新了农村基本经营制度

农民专业合作社与人民公社、传统的集体经济组织、供销社、信用社有着本质不同，用农民的话讲，就是"生产在家，服务在社"。这个"两在"，非常生动、形象地说清楚了专业合作社与家庭承包经营的关系，说清楚了专业合作社与其他市场主体的本质不同。生产上的问题，由家庭经营来解决，没有也不可能会动摇家庭承包经营这个农村基本经营制度和党的农村政策的基石。产前、产中、产后的服务问题靠合作社来解决，有效解决了现行双层经营体制中"统"的功能发挥不足的问题。办这样的合作社，农民群众心里踏实、放心。

（三）提供了国家扶持农业的崭新载体

《农民专业合作社法》设专章从建设项目扶持、财政资金补助、金融支持和税收优惠等四个方面规定了国家支持农民专业合作社发展的政策措施。由于农民专业合作社的特殊治理结构和运行方式，能够保证国家对于"三农"的支持、扶持、补助等政策措施落到实处，真正落到农户、农民手里。同时，随着农民专业合作社的发展壮大，将会对农业农村经济的发展产生积极影响，并对农村基层建设、农村基本经济制度的构建与完善、生产关系的完善，都会起到积极的促进作用。

（四）进一步构建了农村和谐社会的重要组织基础

合作理念就是一种和谐的理念。1995 年，国际合作社联盟在第 31 届代表大会上，通过了《关于合作社特征的宣言》，阐述了合作社的基本价值是自助、民主、平等、公平和团结；社员信奉诚实、公开、社会责任和关心他人的道德观念。合作社的基本原则是实现合作社价值的指南，包括：（1）自愿和社员资格开放；（2）社员民主控制；（3）社员经济参与；（4）自治和独立；（5）教育、培训和信息；（6）合作社之间的合作；（7）关心社区事业。农民加入合作社，不仅有助于增强合作意识，而且在发展实践中，通过合作社这所"大学校"，有助于焕发农民的自我教育和自我培训的自觉性和创造性，增强互相理解和谅解意识，培育互助团结、诚信友爱观念，逐步改变那种完全依靠姻缘、族缘或血缘的旧观念，使农民在不侵害相互自由和权利的同时，加深相互之间的密切联系，这对于构建农村和谐社会具有基础性、建设性的作用。

（本文原载于《农村经济管理》2007 年第 4 期）

《农民专业合作社法》 主要制度解读

任大鹏[*]

《农民专业合作社法》已于 2006 年 10 月 31 日由十届全国人大常委会第二十四次会议审议通过，并将于 2007 年 7 月 1 日起实施。这部法律的颁布实施，将会对解决小规模经营农户与农产品市场之间的矛盾发挥重大作用的各类农民专业合作经济组织的进一步规范和发展起到重要作用。这部法律的基本制度可以从以下几个方面理解。

一 《农民专业合作社法》的适用范围

《农民专业合作社法》第 2 条规定了该法的适用范围，对此规定应强调如下方面。

第一，农民专业合作社是在家庭承包经营基础上，在农业产业化发展过程中为了解决一家一户的小规模经营与农产品市场之间的矛盾，而由农民自发组成的。

第二，农民专业合作社是由同类农产品的生产经营者或者同类农业生产经营服务者在自愿的基础上建立的。一方面，一个农民专业合作社建立的基础是成员的共同利益需求，强调"同类"是满足成员共同利益需求的基本条件，也与本法的名称相适应，据此，社区性合作经济组织不属于本法调整范围；另一方面，农民专业合作社是在成员自愿联合、民主管理的基础上形成的，在本法第 3 条规定的农民专业合作社应当遵循的原则中也强调了"入社自愿、退社自由"和"成员地位平等，实行民主管理"。

* 任大鹏，中国农业大学人文与发展学院法律系教授，博士生导师，农业与农村法制研究中心主任。

第三，从性质上讲，农民专业合作社属于互助性经济组织。一方面，强调了成员是在保持其相对独立的市场地位的基础上利用合作社的服务；另一方面，农民专业合作社属于经济组织，故以政治活动或者文化活动为主要活动内容的组织不受本法调整。

第四，本条第2款明确了农民专业合作社对成员的服务内容。包括：提供农业生产资料的购买，农产品的销售、加工运输、贮藏以及与农业生产经营有关的技术、信息等服务。根据该规定，对农民提供金融服务的合作组织也不受本法调整。

二　农民专业合作社的法人地位

农民专业合作社的法律地位问题是法律对该组织人格的确认，在本法颁布之前农民专业合作社遇到的设立、登记的障碍、贷款的障碍和交易的障碍都与其法律地位不明确直接相关，因此，明确其法律地位是本法的重要立法目的之一。《民法通则》规定了法人应当具备的四个条件：依法成立；有必要的财产和经费；有自己的名称、组织机构和场所；能够独立承担民事责任。从多数农民专业合作社的实际情况来看，是符合这些条件的。因此，本法规定"农民专业合作社依照本法规定，取得法人资格"。

在法律的制定过程中，关于农民专业合作社所属的法人类型是争议较大的问题之一。《民法通则》将法人区分为企业法人和非企业法人，其中前者又分为公司制企业法人和非公司制企业法人，后者包含机关法人、事业单位法人和社会团体法人。但从农民专业合作社的特征来看，它既不同于公司这样典型的企业法人，也不属于社会团体法人，而是在设立目的、社会功能、治理结构、交易方式和盈余分配等方面有其自身的法律特征，是否可以将其作为特殊类型的合作社法人，是需要在法律体系和法人理论上进行突破的。目前来看，这种突破还存在着很大障碍。尽管本法中未明确合作社的法人类型，但依照本法登记后即享有法人地位，即法律认可了其相对独立的民商事主体地位，从而可以享有法人的权利能力和相应的行为能力。

三　农民专业合作社的财产制度

明确农民专业合作社的财产制度对于合作社自身的经营和发展、成员利益的保护和合作社交易对象的安全保障都具有非常重要的意义，在法律中设计财产制度的关键是明确界定合作社与成员各自的财产权利。《农民专业合作社法》规定，合作社对成员出资、公积金、国家财政补助形成的和社会捐赠形成的财产，享有占有、使用和处分的权利。该规定实质上明确了合作社对上述财产的独立支配的权利，而不苛求拥有对这些财产的所有权。在民法理论上占有权是指对财产的实际控制的权利，使用权是指对财产加以合法利用的权利，而处分权则是决定财产最终命运的权利。本法第 4 条第 2 款规定，农民专业合作社以上述财产对债务承担责任，是合作社行使财产处分权利的重要形式。

在农民专业合作社中，成员的财产权利表现在以下方面。

第一，成员向合作社的出资在本质上是将其个人拥有的财产授权于合作社支配，在合作社存续期间，其作为合作社成员与其他成员以共同控制的方式行使对所有成员出资的支配。

第二，依照法律规定，合作社应当为每一个成员设立成员账户，用以记载成员出资、公积金份额和交易量（额）作为成员参加盈余分配的重要依据，同时也说明了成员对其出资和享有的公积金份额拥有终极所有权。本法第 21 条规定，"成员资格终止的，农民专业合作社应当按照章程规定的方式和期限，退还记载在该成员账户内的出资额和公积金份额；对成员资格终止前的可分配盈余，依照本法第三十七条第二款的规定向其返还"。同时，明确"资格终止的成员应当按照章程规定分摊资格终止前本社的亏损及债务"。

法律对成员的财产权利的规定体现了对农民在合作社中的主体地位的保护，符合国际上公认的合作社原则，这也是合作社制度与公司制度的重要区别之一。

四　农民专业合作社的登记和设立

农民专业合作社的登记问题是在本法颁布之前该类组织建立和发展的主要障碍之一。登记问题包含登记机关、登记条件和登记程序等方面，法律规定设立、变更农民专业合作社应当向工商行政管理部门申领营业执照。由工商行政管理部门登记符合我国当前的行政管理体制。本法第 13 条对于登记的程序也做了相应的规定，包括申请者应当提交的相关文件、登记时限，并明确了办理登记不得收取费用。这一规定也体现了国家对农民专业合作社的支持。

农民专业合作社的设立条件是立法过程中的难点之一。如果法律规定的设立门槛过高，将会使现实中大量存在的各种类型的农民专业合作经济组织被排除在外，不利于法律实施后农民通过建立合作社来解决其在生产资料购买、产品销售等方面的困难，也会制约农民专业合作社的发展；如果设立门槛过低，则不利于国家对农民专业合作社给予的扶持政策的落实，也不利于保护交易对象的交易安全和信赖利益。在借鉴其他国家立法经验的基础上，从我国农民专业合作社的发展实际出发，本法第10条规定了农民专业合作社的设立条件，对此规定，应当重点理解如下方面。

第一，关于成员人数和结构的规定。本法中规定的五名以上成员，包括农民（农户），也包括企业、事业单位和社会团体等法人成员。为了保障农民在合作社中的地位和权利，本法第15条规定"农民至少应当占成员总数的百分之八十"，同时规定，"成员总数二十人以下的，可以有一个企业、事业单位或者社会团体成员；成员总数超过二十人的，企业、事业单位和社会团体成员不得超过成员总数的百分之五"。

第二，关于住所的规定。确定法人组织的住所，既是为了交易的便利，也是确立法律事实、法律关系和法律行为发生地的重要依据，如有关司法文书的送达，往往以住所地作为生效地。农民专业合作社是法人，因此，在立法中应当明确其住所。但是，从农民专业合作社的组织特征、交易特点出发，不必苛求其要有一个专属于自身的法定场所，所以，法律规定，要有章程确定的住所，即意味着甚至于某个成员的家庭住址也可以登记为其住所地。

第三，关于成员出资的规定。明确成员的出资通常具有两个方面的意义：一是以成员出资作为组织从事经营活动的主要资金来源；二是明确组织对外承担债务责任的信用担保基础。但就农民专业合作社而言，因其类型多样，经营内容和经营规模差异很大，所以，对从事经营活动的资金需求很难用统一的法定标准来约束。另外，农民专业合作社的交易对象相对稳定，交易相对人对交易安全的信任主要取决于专业合作社能够提供的农产品，而不是由成员出资所形成的合作社资本。从其他国家或地区的合作社立法例来看，在出资问题上也都为农民加入合作社设置了较低的门槛或者在法律上不设置任何门槛，如，我国台湾地区的合作社法规定的成员入社的最低出资额为6元新台币，很显然这样的出资额对于合作社的经营资金需求和交易对象的交易安全保障均不具有实质意义。因此，《农民专业合作社法》规定成员是否出资以及出资方式、出资额均由章程规定，体现了立法的灵活性。

五　农民专业合作社的成员权利保护

合理平衡农民专业合作社交易相对人及合作社成员之间的权利义务关系，是立法要解决的重要问题。而从我国农民专业合作社发展的实际来看，农民以自然人身份加入合作社，在合作社中的民主权利和经济利益往往会被处于强势地位的非农民成员所限制，因此，在合作社中优先保障农民成员的主体地位是一个非常重要的立法原则。从合作社的自身特征看，民主与平等是其重要的价值思想，弱者联合的根本目的在于对抗在市场交易中的强势主体，如果农民的弱势地位在组织中就受制于强势成员，也就失去了建立农民专业合作社的意义。

为了保障农民成员在组织中的主体地位，本法设定了一系列的法律制度以保护其在合作社中的民主权利和经济权利。

一是本法第15条对农民在合作社中的成员比例做了要求，对于法人成员的人数做了限制；二是在本法第17条明确了成员大会的选举和表决，实行"一人一票"制，每一个成员不论是农民成员还是法人成员，均享有一票的基本表决权，尽管有附加表决权制度，但是否给予个别成员以附加表决权仍然是以全体成员共同制定的章程为依据的；三是在本法的第19条、20条和21条中规定了成员退社权利的行使；四是成员可以直接参与合作社内部事务的管理，也可以通过成员大会或者成员代表大会及合作社的监督机构对合作社的经营活动进行监督；五是本法第16条第2项规定，农民专业合作社成员有利用本社提供的服务和生产经营设施的权利，第3项规定，成员有按照章程规定或者成员大会决议分享盈余的权利，本法的第36条要求农民专业合作社应当为每个成员设立成员账户，第37条对成员分享盈余的权利也做了规定。

六 农民专业合作社的治理结构

农民专业合作社的治理结构直接影响组织的意思能力，并进而影响其独立的法律人格，在法律制度设计上，既要体现具有人合特征的合作社的民主控制原则，也要体现作为经济组织的合作社的决策效率的需求。在本法中，关于农民专业合作社的治理结构是通过三个方面的具体制度加以规定的。

第一，"一人一票"的民主决策机制。本法第17条规定，农民专业合作社成员大会选举和表决，实行"一人一票"制，成员各享有一票的基本表决权。同时，为了解决合作社的资金约束和鼓励成员与合作社之间的交易，法律设定了附加表决权制度，但为了防止附加表决权的设置损害农民成员的民主决策权，法律又对附加表决权的票数做了限制，即不得超过本社成员基本表决权总票数的百分之二十。

第二，关于法人机关的设置，本法体现了更多的灵活性。首先，农民专业合作社应当设立成员大会作为合作社的权力机构，符合法定条件的可以设立成员代表大会，行使成员大会的职权。其次，法律规定合作社应当设立理事长，理事长为本组织的法定代表人，但是否设立理事会则由合作社自己确定。最后，因为在规模较小的农民专业合作社中，合作社的经营活动是全体成员共同参与的，所以，是否设定专门的监督机构，也由合作社自己决定。设立监督机构的，组织可以依据需要选择设立执行监事或者监事会。

第三，为了防止合作社部分成员的行为损害合作社利益，以及防止外部因素对合作社的干预，法律设定了有关竞业禁止的制度。本法第14条第1款规定，具有管理公共事务职能的单位不得加入农民专业合作社。第30条规定，农民专业合作社的理事长、理事、经理不得兼任业务性质相同的其他农民专业合作社的理事长、理事、监事、经理。

七 农民专业合作社的财务制度

农民专业合作社的财务制度合理健全与否直接关系合作社能否健康有

序运行，同时关系成员的切身利益。本法主要从四个方面进行了规定。

第一，国务院财政部门制定专门管理办法，使农民专业合作社财务管理法制化运行。即本法第 32 条规定，国务院财政部门依照国家有关法律、行政法规，制定农民专业合作社财务会计制度。农民专业合作社应当按照国务院财政部门制定的财务会计制度进行会计核算。

第二，农民专业合作社实行财务公开制度，理事长或者理事会应当按照章程规定，组织编制年度业务报告、盈余分配方案、亏损处理方案以及财务会计报告，以供成员查阅。

第三，实施成员账户制度，为每一个合作社的成员建立账户，明确记载该成员的出资、公积金以及与其所在合作社的交易量（额），以保护每一个成员的财产权。

第四，对于农民专业合作社与其成员和非成员之间的交易实行分别核算制度。这一方面体现了农民专业合作社区别于其他经济组织的本质特征，另一方面也为了保证国家扶持政策的有效落实。

第五，在国际合作社联盟倡导的合作社原则中，强调合作社应当设立不可分割的公共积累，以满足合作社发展的资金需求。在我国的《农民专业合作社法》制定过程中，一方面要考虑到农民专业合作社类型多样化的特征，对资金的需求有不同要求，另一方面，产权关系不明确的公积金的提取会影响农民的合作愿望或者农民成员的财产权利，这也是我国农业合作化运动的惨痛教训之一。为此，本法中对于农民专业合作社的公积金制度也做了比较灵活的处理：一是是否提取公积金由合作社自己决定，即不设置法定公积金制度；二是提取的公积金应当量化到每一个成员，记载在成员账户中，并作为成员参与盈余分配的依据，以保护成员的财产权利；三是成员退社时，可以按照成员账户中的记载，带走其出资和相应的公积金，突破了国际合作社联盟关于公共积累不可分原则的限制。

八　农民专业合作社的盈余分配

农民专业合作社盈余分配制度的核心是对合作社中的出资成员的利益与不出资但利用合作社服务的成员的利益相互关系的妥当处理。经典合作社坚持惠顾返还的原则，即合作社的盈余应当全部按照成员与合作社的交易量比例返还于每一个成员。现实中，僵化的惠顾返还原则对资本报酬的排斥强化了合作社的资金约束，在美国、加拿大的新一代合作社中也允许适量的资本报酬的存在。

从我国的现实看，资金困难几乎是所有合作社面临的共同问题，因此，借鉴国外新一代合作社的经验和立法例，在保护农民成员利益的基础上，在一定程度上满足投资者对合作社的投资愿望，既符合世界合作社的发展趋势，也符合我国的农民专业合作社的发展实践。为了体现合作社的基本特征，对农民成员的利益保护，本法第 3 条第 5 项确立了农民专业合作社"盈余主要按照成员与农民专业合作社的交易量（额）比例返还"的原则，第 37 条将这一原则具体化为返还总额不得低于可分配盈余的 60%。为了保护投资成员的资本利益，法律规定对惠顾返还之后的可分配盈余，按照成员账户中记载的出资额和公积金份额比例返还于成员。同时，合作社接受国家财政直接补助和他人捐赠所形成的财产，也应当按照盈余分配时的合作社成员人数平均量化，以作为分红的依据。

九　农民专业合作社的合并、分立、解散和清算

农民专业合作社的合并、分立、解散和清算既包含财产分割、债务清偿等实体性法律制度，也包含通知、公告等程序性法律制度。这一部分法律制度的核心问题是当法定事由出现或者法定及约定的条件成就时，对合作社的财产及债权债务的妥善处置。其中，妥善的含义是对成员利益与合作社交易相对人利益的兼顾。

合作社的合并与分立问题重点是要解决合并分立后的债权债务的承继主体问题。合作社合并的，不论是吸收合并还是分设合并，其债权债务应当由合并后存续或者新设的组织承继；合作社分立的，如果事先没有与债权人之间达成协议，则应由分立后的组织相互连带对分立前的债务承担责任。

基于农民专业合作社的特殊性，及其在我国的发展实践，本法对其解散和清算做出了与其他法律不同的规定。主要表现在：①在清算时，如果清算组已经就清算事项通知其所有成员和债权人的，则免除其公告义务；②接受国家财政直接补助形成的财产在解散破产清算时，不得作为可分配

剩余财产分配给成员，而应当按照国务院规定的办法处置；③农民专业合作社破产时，其破产财产在清偿破产费用和共益债务后，应当优先清偿破产前与农民成员已发生交易但尚未结清的款项，该规定说明农民成员与本组织交易而形成的债权不同于一般债权，而具有优先受偿的性质。

十　对合作社的指导和扶持

对农民专业合作社进行扶持是因为：首先，合作社从本质上看属于弱者的联合，通过国家扶持提高弱势群体在市场交易中的谈判地位，是市场经济公平竞争原则的客观要求；其次，我国的农民专业合作社是在家庭承包经营基础上、农业产业化发展过程中发展起来的，在解决一家一户的小规模经营中农民所面临的自然风险与市场风险、增加农民收入等方面发挥着重要的作用，对农民专业合作社的扶持也就是对农业、农村、农民的扶持；最后，对合作社的扶持是世界各国合作社立法的重要内容之一，只不过在不同的国家扶持的方式不同，如，美国的《帕尔·沃尔斯太德法》（Copper-volstead Act）有条件地排除了反垄断法对合作社的适用，许可合作社之间在不以独占市场为目的的前提下达成价格同盟。

目前，我国尚未出台反垄断法，处在发育过程中的农民专业合作社尚不具备垄断市场的能力，因此，本法对合作社的反垄断豁免没有明确规定。本法对合作社的扶持政策是符合我国实际的。首先，本法第9条明确了扶持农民专业合作社发展是各级政府的职责，农业行政主管部门和其他单位应当对农民专业合作社的建设和发展给予指导、扶持和服务。其次，对农民专业合作社的财政、金融和税收扶持在本法中也做了相应规定。最后，本法第49条规定，国家支持发展农业和农村经济的建设项目，可以委托和安排有条件的有关农民专业合作社实施，体现了国家产业政策向农民专业合作社发展倾斜的原则。

（本文原载于《农村经营管理》2006 年第 12 期）

正确认识农民专业合作社与相关组织的联系与区别

郑有贵[*]

在实践中，可能会把农民专业合作社与村两委、农村专业技术协会、行业协会、公司、合伙企业等相关组织混淆起来，这是一些农民专业合作社"四不像"的重要原因，也是导致农民专业合作社凝聚力不强和发展能力较弱等问题的重要因素。要解决这些问题，在正确认识什么是农民专业合作社的同时，还要正确认识农民专业合作社与相关组织的联系，特别是要清楚地认识农民专业合作社与相关组织的区别，进而加深对什么是农民专业合作社的认识。只有正确认识农民专业合作社与相关组织的联系与区别，才有可能把农民专业合作社办成具有较强凝聚力和发展能力的合作社。

一　农民专业合作社与村两委的联系与区别

村党支部（含总支、党委，下同）是中国共产党在农村的基层组织。村民委员会是村民自我管理、自我教育、自我服务的基层群众性自治组织。

（一）农民专业合作社与村两委的联系

中国共产党的基层组织是党在社会基层组织中的战斗堡垒，是党的全部工作和战斗力的基础。《中国共产党章程》规定，街道、乡、镇党的基层委员会和村、社区党组织，负责宣传和执行党的路线、方针、政策，宣

＊　郑有贵，中国社会科学院当代中国史研究所研究员。

传和执行党中央、上级组织和本组织的决议，领导本地区的工作，支持和保证行政组织、经济组织和群众自治组织充分行使职权。在实践中，村党支部与农民专业合作社尽管是两种不同类型的组织，但两者有多方面的联系，最突出地表现在村党支部贯彻党的路线、方针、政策，积极支持包括农民专业合作社在内的各类经济组织的发展。此外，有的村的党组织还通过不同形式，直接参与农民专业合作社的发展。基层党组织直接参与农民专业合作社的发展，主要有两种形式：一种是有的村党支部书记、委员等直接领办农民专业合作社；另一种是有的基层党组织支持农民专业合作社建立党支部或党小组等党组织。

《村民委员会组织法》规定，村民委员会办理本村的公共事务和公益事业，调解民间纠纷，协助维护社会治安，向人民政府反映村民的意见、要求和提出建议；村民委员会应当支持和组织村民依法发展各种形式的合作经济和其他经济，承担本村生产的服务和协调工作，促进农村生产建设和社会主义市场经济的发展；村民委员会应当尊重集体经济组织依法独立进行经济活动的自主权，维护以家庭承包经营为基础、统分结合的双层经营体制，保障集体经济组织和村民、承包经营户、联户或者合伙的合法的财产权和其他合法的权利和利益。根据这些规定，村民委员会与村党支部一样，对包括农民专业合作社在内的经济组织的发展都要予以支持，并保护农民专业合作社的合法权利和利益。此外，村民委员会负责人也可以直接领办农民专业合作社。

（二）农民专业合作社与村两委的区别

农民专业合作社是经济组织，而村两委都不是经济组织，这是农民专业合作社与村两委的显著区别，其他区别都是由此派生的。正确处理农民专业合作社与村两委的关系，需要按照党政分开、政企分开的原则，做到各司其职。村两委要在尊重农民专业合作社的自主权、不干预农民专业合作社的生产经营活动的前提下，承担起支持农民专业合作社发展的职责，解决农民专业合作社发展中遇到的困难。成立党组织的农民专业合作社，其生产经营与管理仍由成员大会（成员代表大会）、理事会、监事会等组织机构负责；党组织主要是充分发挥党员的先锋模范作用，团结、组织党内外的干部和群众，促进农民专业合作社的发展。

农民专业合作社与村两委在组成人员上也有差异。农民专业合作社成员可以全部来自领办者本村，也可以来自其他不同的村。村两委领导班子成员领办的农民专业合作社，同样必须遵循自愿参加原则，不能强迫本村农民入社；也不能画地为牢，拒绝外村农民参加，而是要在自愿互利的原则下，吸引外村从事同类农产品生产经营活动的农民参加到合作社中，以实现合作社的更大发展。

二　农民专业合作社与农村专业技术协会的联系与区别

农村专业技术协会是在坚持家庭承包经营制度下，以技术交流和服务为纽带，主要由农民自愿联合、民主管理的互助性社团组织。

（一）农民专业合作社与农村专业技术协会的联系

农民专业合作社与农村专业技术协会的联系和相同之处，主要表现在以下几个方面。

在组织类别上，农民专业合作社与农村专业技术协会都属于农民专业合作组织。

在发展历程上，不少农民专业合作社是在农村专业技术协会的基础上发展起来的。20 世纪 80 年代，在农村人民公社被废除而农业社会化服务体系又没有发育起来的条件下，农民家庭生产经营中遇到了难以得到技术、购销、资金等服务的问题。在这种条件下，广大农民自发组织起来兴办农村专业技术协会，相互交流技术和提供技术服务。随着农业市场化、农产品商品化、农业生产规模化和农业产业化的发展，农户对合作业务的需求进一步增加，农村专业技术协会根据农户的合作需求而逐步拓展合作业务，在向成员提供技术服务的基础上，还向成员提供优良品种、市场信息、生产资料采购和产品加工贮藏运销等服务，一些农村专业技术协会还向经营性实体的农民专业合作社发展。《农民专业合作社法》实施后，不少农村专业技术协会按照该法的规定规范运作，朝着农民专业合作社方向发展。调查中发现，现阶段的不少农民专业合作社是由农村专业技术协会发展而来的。

在组织功能上，农民专业合作社与农村专业技术协会都是成员自我服务的组织。经过 20 多年来的发展，农民专业合作社与农村专业技术协会都成为农业产业化经营的重要组织形式，成为提高农民组织化程度的重要途径，成为发展现代农业和建设社会主义新农村不可或缺的组织载体。

在组织机构和管理上，农民专业合作社与农村专业技术协会都实行民主管理，也设置成员大会（成员代表大会）、理事会等组织机构。

（二）农民专业合作社与农村专业技术协会的区别

农民专业合作社与农村专业技术协会在组织属性、服务内容、利益关系、法人类型等方面有着差异。

组织属性差异。农民专业合作社是经营性实体。农村专业技术协会不是经营性实体，它不对外开展经营活动。这是两者的主要差别，由此也派生出其他差异。

服务内容差异。是否通过成员的联合购销而向成员提供购销服务，是农民专业合作社与农村专业技术协会在提供服务上的差异。具体而言，农民专业合作社不仅向成员提供技术、信息的交流与服务，还向成员提供生产资料联合采购、产品联合销售等服务，有的还提供信贷、保险等服务；农村专业技术协会主要向成员提供技术、信息的交流和服务，而生产资料采购和产品销售等服务一般由农产品加工销售企业承担。需要指出的是，在"公司＋农村专业技术协会＋农民"的模式中，公司直接从事向协会成员提供生产资料采购和产品销售等经营性服务活动，农民专业技术协会在向成员提供生产资料的采购和产品销售等服务时只是起组织协调等中介性服务作用，也就是说，农村专业技术协会实质上仍不是经营性实体。在认识到这一点后，有利于领办者在办成农民专业合作社还是办成农村专业技术协会上做出自己的选择。

利益关系差异。农民专业合作社和农村专业技术协会与成员利益关系的差异，主要表现为前者相对紧密，后者相对松散。农民专业合作社在经营活动中可以实现盈余，并将盈余按交易量（额）在成员中进行分配，与成员的利益关系相对紧密。相对而言，尽管农村专业技术协会向成员提供大量服务，但不是经营性实体，因而也无盈余在成员中进行分配，组织与成员之间的利益关系相对松散。

法人类型差异。农民专业合作社是法人，由《农民专业合作社法》对其进行规范，由工商部门登记；农村专业技术协会是社团法人，由《社会团体登记管理条例》对其进行规范，由民政部门登记。

三　农民专业合作社与农产品行业协会的联系与区别

农产品行业协会是由从事同类农产品生产、加工和流通的企业、农民专业合作社等组织和个人，为实现共同利益和发展，进行自我协调、自我约束，并向政府反映行业共同要求而自发组成的，并具有行业代表性、非营利性的社会团体。

（一）农民专业合作社与农产品行业协会的联系

农民专业合作社可以自愿加入某个区域内的农产品行业协会，也就是说，一个农民专业合作社可能是某个区域内的农产品行业协会的成员单位，这就使得两者之间有着众多的业务联系。例如，农产品行业协会向农民专业合作社提供服务，农民专业合作社遵循农产品行业协会的自律约定而约束自己的行为，以避免恶性竞争，实现市场的有序化，并增强行业的竞争力。农民专业合作社参与和依托与农产品行业协会的合作，能够提升自身的经济实力和竞争力。

农民专业合作社与农产品行业协会还有很多的共同点。例如，两者都遵循自愿加入和自由退出、民办民管民受益原则，都设立成员大会（成员代表大会）、理事会等组织机构，都具有提高农业组织化、提升农产品竞争力和促进现代农业发展的功能。正因为两者有这么多的共同之处，在实践中容易发生混淆现象，有的合作社兼有行业协会的功能和特征，有的行业协会又兼有合作社的功能和特征。如果把农产品行业协会与农民专业合作社混在一起办，既发挥行业自律作用，又作为经营性实体参与市场竞争，就是通常说的既当运动员又当裁判员，这不仅不利于行业协会或合作社功能的发挥，还会引起不公平竞争，影响行业协会或合作社的进一步发展。所以，需要对农民专业合作社与农产品行业协会的区别有着清楚的认识。

（二）农民专业合作社与农产品行业协会的区别

根据《民法通则》、《农民专业合作社法》、《社会团体登记管理条例》的规定，农民专业合作社和农产品行业协会在组织属性、功能、财产制度、表决权、法人类型等方面有着明显的差异。

组织属性差异。农民专业合作社是经营性经济实体，而农产品行业协会是非经营性的社团组织。这是两者的主要差异，由此也派生了其他差异。

功能差异。农民专业合作社是由从事生产经营活动的农民，自愿联合形成的市场主体；基本功能是向成员提供服务，并通过从事经营活动为成员赚钱，而且赚得越多越好。农产品行业协会是同行业的市场主体、相关团体、组织等自愿联合形成的，具有行业服务和自律功能的中介组织；不得从事营利性经营活动；基本功能是为行业发展创造良好的政策、法律、市场、舆论环境，并通过共同行动促进行业的发展和实现成员的共同利益。

财产制度差异。农民专业合作社资金的来源有成员出资、社会捐赠、国家财政直接补贴、经营性收入；盈余可在成员中分配，也可用做扩大再生产；农民专业合作社的财产需要量化到每个成员。农产品行业协会资金的来源有成员会费、服务收入、社会捐赠、国家财政直接补贴等，但没有经营性收入；所有收入不得在成员中进行分配，不能用于扩大再生产，主要用于分担共同费用；农产品行业协会的财产由成员共同所有，不需要量化到每个成员。

表决权差异。农民专业合作社成员享有"一人一票"的表决权利，出资额或者与合作社交易量（额）较大的成员按照章程规定可以享有附加表决权。农产品行业协会也实行"一人一票"的表决制度，但不设附加表决权。

同一行政区域组织数量规定的差异。在同一行政区域，可以发展很多个同一产品的合作社。《社团登记管理办法》规定，在同一行政区域内，业务范围相同或者相似的农产品行业协会不重复设置。

法人类型差异。农民专业合作社法人由工商部门登记。农产品行业协会是社团法人,由民政部门登记。

四 农民专业合作社与公司的联系与区别

公司是依法由股东入股而设立的,有独立财产,自主经营,自负盈亏,依法承担民事责任和享受民事权利,从事生产经营和服务性活动的营利性经济组织。按照《公司法》规定,我国的公司分为有限责任公司和股份有限公司。有限责任公司的股东以其认缴的出资额为限对公司承担责任;股份有限公司的股东以其认购的股份为限对公司承担责任。

(一)农民专业合作社与公司的联系

农民专业合作社与公司的联系,主要表现在以下几个方面。

第一,两者都具有营利性和独立性等企业的一般属性。两者直接从事商品生产、流通或服务等经济活动,都以营利为目的,这也是它们与国家机关、事业单位和社会团体的显著区别;都具有经营管理的自主权,实行独立核算、自负盈亏。

第二,两者都是法人,都在工商部门登记。

第三,两者有相似的权力机构、执行机构、监督机构和经营管理者等相互制衡的组织机构。农民专业合作社的组织机构一般有成员大会(成员代表大会)、理事会、监事会和经理层,公司的组织机构有股东大会、董事会、监事会和经理层。农民专业合作社的成员大会与公司的股东大会是权力机构。权力机构、执行机构、监督机构和经营管理者相互制衡,各司其职。

第四,在发展农业产业化经营中,农民专业合作社与公司有着紧密的合作。例如,有的实行"公司+合作社+农民"的模式,有的公司吸收农民专业合作社及其成员参股等。

(二)农民专业合作社与公司的区别

农民专业合作社与公司在联合的主体、利益主体、决策主体、盈利的分配依据和财产权利等方面有明显的差异。

联合的主体差异。农民专业合作社与公司都是联合体,但联合的主体不同。农民专业合作社是人的联合,以实现成员利益的最大化为目的。尽管农民专业合作社也存在财产的联合，但农民专业合作社每个成员所投入的股金的多少，在表决权上不是决定性因素。公司是由资本所有者为追求更多的利润而形成的经济联合体，它追求资本利益的最大化，实质是资本的联合。正因为如此，在组织内部的称谓也不一样，农民专业合作社以成员为核心，称为成员；公司以股权为核心，股权所有者为股东。农民专业合作社与公司的主要区别表现是人的联合还是资本的联合，其他区别都是由此而派生出来的。

利益主体的差异。农民专业合作社的利益主体是成员，主要体现在：一方面，农民专业合作社以服务成员为宗旨，通过成员的合作互助提高规模效益，完成单个农民办不了、办不好、办了不合算的事，努力增加成员收入；另一方面，农民专业合作社对成员服务不以营利为目的，盈余分配不是实行单一的按股分红，而是以按交易量（额）返还为主。公司的利益主体是资本，以股东取得投资回报为目的，实行单一的按股分红。

决策主体差异。农民专业合作社的决策主体是成员，这主要是通过实行"一人一票"的民主决策制度体现出来。公司是以资本为纽带联合起来的，决策时不是实行股东"一人一票"制度，而是实行"一股一票"，也就是每个股东以持有股份的多少决定其在决策时的权利。

分配依据差异。农民专业合作社盈余分配的主要依据是交易量（额），实行以按交易量（额）返还为主，成员出资的回报则实行"资本报酬有限"的原则。公司营业利润的分配，则实行按股分红。

财产权利差异。农民参加合作社，成员投入合作社的财产，不改变财产所有权，仍属于成员所有，退社时可以依法带走；合作社存续期间盈余积累形成的财产，本质上是成员的劳动所得，所以也量化到每个成员。公司股东向公司投入资产后，只取得一个份额，即股权，股东只能以转让股份的形式退出。

五　农民专业合作社与合伙企业的联系与区别

合伙企业是由两个或两个以上出资者订立合伙协议，按照自愿、平等、公平、诚信原则，经过依法登记的企业。按照《合伙企业法》规定，合伙企业包括普通合伙企业和有限合伙企业。普通合伙企业由普通合伙人组成，合伙人对合伙企业债务承担无限连带责任。有限合伙企业由普通合伙人和有限合伙人组成，普通合伙人对合伙企业债务承担无限连带责任，有限合伙人以其认缴的出资额为限对合伙企业债务承担责任。

（一）农民专业合作社与合伙企业的联系

农民专业合作社与合伙企业都属于人的联合性质的经济组织。正因为如此，在《农民专业合作社法》出台之前，很多地方政府出台相关政策，允许农民专业合作社在工商部门登记，但在当时的法律制度下很多都登记为合伙企业。

（二）农民专业合作社与合伙企业的区别

农民专业合作社与合伙企业在成员构成、决策权、盈余分配和责任形式等方面存在着差异。

法律地位差异。两者尽管都在工商部门登记，但农民专业合作社属于法人，而合伙企业不属于法人。

成员组成差异。在农民专业合作社中，除了具有管理公共事务职能的单位，公民、企业、事业单位或社会团体都可以成为其成员，但农民至少应当占成员总数的80%。而普通合伙企业只要求2个以上的自然人组成，有限合伙企业由2个至50个合伙人组成，并至少应当有一个普通合伙人，国有独资公司、国有企业、上市公司和公益性事业单位、社会团体不能成为普通合伙人。

表决权差异。农民专业合作社在决策上，成员各享有一票的基本表决权，同时允许出资额或交易量（额）较大的成员享有附加表决权。合伙企业的表决方式由合伙协议约定，合伙协议中未约定或约定不明确的合伙企业实行"一人一票"。

盈余分配差异。农民专业合作社的盈余，以"按惠顾额返还盈余"为原则，也就是根据成员对组织提供服务的利用程度进行分配。合伙企业的利润分配，按照合伙协议的约定办理；合伙协议未约定或者约定不明确的，由合伙人协商决定；协商不成的，由合伙人按照出资比例分配、分担；无法确定出资比例的，由合伙人平均分配、分担。

责任形式差异。农民专业合作社成员以其账户内记载的出资额和公积金份额为限，对农民专业合作社承担责任，即承担有限责任；而合伙企业的普通合伙人对合伙企业债务则承担无限的连带责任。

（本文原载于《农村经营管理》2008年第9期）

论西方国家股份合作社的本质
及对我国的启示

李春景[*]

尽管股份合作制已成为我国城乡集体经济、城乡信用合作组织改制的一种重要组织形式，但理论界对股份合作制的本质至今仍未形成统一的认识。如有的认为，股份合作制是保持了股份制筹集资金、按股分红和经营管理方面的合理内核，吸收了股东参加劳动、按劳分配和提取公共积累等合作制的基本内核，是一种集股份制与合作制优点于一体的新型社会主义集体经济组织形式；[①] 有的则认为，由于股份制与合作制是两种不同经济组织形式，它们所遵循的原则是相互矛盾和对立的。如"一人一票"的民主管理原则与同股同权的对立，按劳分配与按股分红的对立等。因而，二者不可能兼容。所谓股份合作制，其实是一种想要取得政策优惠而戴"红帽子"的股份制。[②] 而这显然有碍于我国经济体制改革的顺利进行。有鉴于此，本文试就西方国家股份合作社产生的原因及其本质加以探讨，以期为我国股份合作制的规范运作提供借鉴，为制定或完善我国合作社立法提供一些理论支持。

---

[*] 李春景，武汉大学经济与管理学院副教授，在职博士研究生。

[①] 1992 年 12 月 24 日农业部《关于推动和完善乡镇企业股份合作制的通知》。

[②] 有学者甚至认为，股份合作经济亦属一种广义的股份经济或股份制经济，其与股份制的区别主要在于：前者实行以本企业劳动者出资认股，或以本企业劳动者出资认股为主，集中或联合资金的企业集资和投资的资金制度；后者则实行向社会公众发行股票（或股权证），集中或联合资金的企业集资投资的资金制度。从这一意义上讲，现在国外的无限公司和两合公司仍然可以视为股份合作经济的一个组成部分（纪尽善主编《股份合作经济》，西南财经大学出版社，1999，第 4~6 页）。

一 传统合作制原则的修正与股份合作社的产生

合作社作为一种"人人为我、我为人人"的互助性的社会经济组织，于 18 世纪末 19 世纪初出现于英国、法国。这时正值工业革命时期，大机器生产蓬勃发展。在欧洲一些较大国家的经济与社会生活中，封建的自然经济正在解体，资本主义制度正在确立。为了反对工业资本的残酷剥削，克服工人和手工业者沉重与不稳定的生活条件，空想社会主义者试图设想通过合作化道路来解决这一问题。如合作运动的一代宗师罗伯特·欧文先组织公社，而后再组织生产和消费合作社。他于 1817 年开始宣传《统一的和合作化的村镇》，1821 年在伦敦他参加建立了经济合作社，1825 年成立了新和谐公社。欧文主张合作的原则是共同占有生产资料、平均分配劳动成果和民主管理。生产合作派的代表人物毕舍·菲力浦、约瑟夫·本杰明主张：社员都是劳动者，不得雇工。如雇佣短工，超过 1 年，应使其转为社员；劳动报酬按各人技术熟练程度，计日或者计时发给；提取一定比例的公积金；设立合作社永久基金，为合作社集体所有，不得分配给个人。消费合作社的先驱威廉·金强调以劳动为合作的基础，强调联合和竞争，强调由自己努力来解决社会问题。受这种理想的影响在英国建立的罗虚代尔合作社确立了以下办社原则：认购股金数额不限，但只付股息，不分红利；社员人人平等，实行民主管理，选举为"一人一票"制（不问股金多少）；按市场平价买卖，保证货真价实，准斤足尺；在分配上，年终盈余除提取公积金、公益金外，余者作为返还金退给社员（按购货额比例）；在政治、宗教上保持中立。①

19 世纪后期，随着合作运动的世界性发展，现代合作运动的先驱们企图在合作社组织体系及运行方式方面寻找一个共同适用的准则，其主要动因是为处于困境的居民群体创造一个摆脱无知、被剥削、被奴役及在无约束竞争条件下，免受大规模经济排挤的生存环境。1895 年于英国伦敦成立的国际合作社联盟（International Cooperative Alliance，简称 ICA）以罗虚代尔公平先锋合作社在章程中拟订的若干组织和经营方面的条款（简称罗虚

---

① 杨坚白主编《合作经济学概论》，中国社会科学出版社，1990，第 37 页。

代尔原则）为基础，经过不断修改和完善，制定出了适合各种合作社的"合作制原则"：入社自由；民主管理（一人一票）；重视教育；恪守中立。国际合作社联盟在 1934 年召开的国际合作社联盟代表大会上，对罗虚代尔合作原则进行了进一步的讨论，在 1937 年召开的国际合作联盟代表大会上正式做出决定，将罗虚代尔合作原则归纳为以下 7 项：门户开放（入社自由）；民主管理（一人一票）；按交易额分配盈余；股金利息应受限制；对政治和宗教保持中立；现金交易；促进社员教育。此外，还附有了 4 个项目：只对社员交易；社员入社是自愿的；照时价或市场价交易；创立不可分的社有财产。国际合作社联盟的决议认为，一个理想的合作社应当遵守上述 7 项原则，但一个经济组织如果能够实施这 7 项原则中顺序在前的那 4 项原则，就可以认为是合作社了。

进入 20 世纪中后期，世界合作事业有了很大的发展。从合作领域来说，已由单一的消费领域的合作，扩展到农业、工业、金融、住房、医疗、保险等各个领域的合作；从地域分布来看，合作事业从经济发达的资本主义国家迅速扩展到经济落后的国家或地区。为了适应这一新的形势的需要，国际合作社联盟对罗虚代尔原则进行了多次修订。1995 年 9 月，国际合作社联盟在英国曼彻斯特召开第 31 届大会，庆祝该联盟成立 100 周年时，对合作社进行了定义：合作社乃是社员共同所有及民主管理的企业体，也是社员为满足共同的经济、社会、文化之需求与欲望，而自愿结合之自治团体。合作社是以自助、自我负责、平等、公正、团结之价值为基础，社员承袭创立者之传统，秉持公正、公开对社员责任及关怀他人之伦理价值为信念。会上产生并通过了新的合作制原则，将合作原则扩张为 7 项：（1）自愿与公开的社员制。合作社乃自愿之组织，凡能利用合作社的服务并愿承担社员责任的，均可入社，不受性别、人种、政治以及宗教的歧视。（2）社员的民主管理。合作社是由积极参与决策和决定的社员自行管理的民主组织，单位合作社社员有"一人一票"平等决策权。（3）社员的经济参与。社员公正地贡献合作社资本，并进行民主管理，合作社资本至少有一部分是合作社的共同财产；社员为入社所出的资金，即使有所补偿，也应有限制。社员分配盈余的方式，可按照所设定的目的，选择实施；同时为发展合作社，尽可能拨出一部分不分配的准备金，节余部分按照社员与合作社交易额的比例分配给社员。（4）自治与自立。合作社是社员管理与自助的组织。即使与政府机关及其他组织有所协定，或从外部引进资本，合作社仍然应保证社员的民主管理，维持合作社的自治。（5）教育、训练与宣传。为有效奉献合作社的发展，合作社对其社员、管理人员、经营者及职工提供教育和训练，对一般大众，特别是年轻人宣传合作社的性质与优点。（6）社间合作。通过地方性、全国性、地域性及国际性的合作社间的合作，使合作社为其社员提供最佳服务，并强化合作社运动。（7）关心社区。合作社经社员决议，为社区的持续发展而努力，并举办有益社区的各种活动。这条新增加的原则，使合作社超越了单纯的经济组织概念，已将其功能扩张到教育、社会、伦理等方面。

罗虚代尔原则虽经多次修改，但其基本内容未变，尤其是自愿入社、民主管理、限制股金分红、盈余按交易额分配等本质特征未变，并成为合作社区别于其他经济组织的标志。

然而，自第二次世界大战以后，特别是 20 世纪 60 年代以后，随着资本主义经济的飞速发展和农村现代化的快速推进，合作规模的扩大，传统合作制原则已不能完全适应激烈的市场竞争的需要，其缺陷主要体现在以下几个方面。

其一，合作社集资方法的封闭性导致合作社资金的严重不足。在传统的合作社中，合作社资金只能来自社员。合作社社员投入的资金有两个部分：一是"社员股金"或称"入社费"。由于要让所有愿意参加合作社的人都能加入合作社，因此这部分股金的数量通常被定得很低。二是"资本股金"。合作社也鼓励社员把个人多余的资金投入合作社，这就是所谓的"资本股金"。合作社筹集这种股金是坚持自愿原则的。由于立法对其股息采取严格的限制规则，因而合作社通过此种方式筹集到的资金往往有限。最初，由于合作社多数是经营少量的商品和服务，所需的本钱很少，因此基本可以满足。但是，随着市场经济的进一步发展，合作社集资方法的封闭性导致合作社资金的严重不足。首先，从 20 世纪 60 年代以来，由于资本主义市场经济的高度发展和城市产业的迅速高新技术化，已经使其非农领域的合作社赖以生存的土壤几近消灭，非农领域的合作社已微乎其微。与此同时，农业现代化水平的不断提高，又使其农业人口急剧减少，这种情况虽然并非意味着农业合作社失去了其存在与发展的条件，但却造成了农业合作社及其社员数量的大幅度减少。以美国为例，从 20 世纪 60 年代至 80 年代初，其农业劳动生产率平均增长 5.9%，远远超过其工业劳动生产率平均 2.3% 的增长率，这使美国农业生产合作社及其社员的数量在战后不断减少的基础上，又进一步减少。目前，美国农业合作社的总数已经从 20 世纪 80 年代中期的 7000 个左右下降了 10% 以上，社员人数下降了 4% 以上，已不足 450 万人。合作社社员人数的急剧减少，无疑使主要靠社员缴纳入社费的合作社之资金进一步严重不足。其次，当代资本主义大公司企业垄断性强、规模大、实力雄厚，其经营范围几乎已经扩展到了合作社经营的所有传统领域，合作社的经营项目已经失去了它的传统独特性及其优势。从经营规模来看，仍以美国为例，20 世纪 80 年代中后期，美国农业合作社的传统经营项目牛奶业中的四家最大合作社的销售额，已不足该业四家最大的私营公司销售额的一半；水果蔬菜业是美国农业合作社重要的传统经营项目，但现在合作社在该业的销售额也只为私营企业的 40% 左右。面对私营企业的竞争压力，为了寻求生存和发展的出路，资本主义发达国家合作社采取的措施主要是强化合作，合并弱小合作社，加强合作社的纵向联合。然而随着合作规模的扩大，合作社经营所需的资本越来越大，而合作社社员能够投入合作社的资本，远不能满足合作社对资本的需要。尽管其可向银行大量贷款，但与社员的投资相比，借贷资本的成本很高，而且借贷资本也不是想要多少就有多少的。最后，合作社作为一种非营利性组织，它要为社员举办他们所需要的各种服务事业，其中有些是盈利很低甚至是亏本的，因此合作社的总盈余是比较低的。这些盈余除了提取少量的作为积累用于扩大再生产外，其余大部分都要按合作社原则以股利和惠顾偿还金的形式退给全体社员。因此，合作社的自身积累是十分有限的；另外，合作社的开支却在不断增加，主要是因为在西方国家中，由于科学技术的发展和竞争的加剧，合作社为了在竞争中取得有利的地位而不得不大量投资，以最新的技术和设备来装备合作社企业，致使合作社企业投资和其他费用急剧增加。尽管随着合作社经济的发展，社员在合作社里的投资不断增加，但合作社自有资本的增加远远不能满足开支增加的需要。因此，自有资本在合作社总资本中的比重日趋减少，而贷入资金比重却逐步上升。

其二，合作社的管理方式已不能适应现代经济发展的需要。由于早期的合作社规模小，又要贯彻社员独立自主的原则，因此合作社历来由社员自己管理，实行所有权与管理权相结合的原则。但是随着合作规模的扩大，这种管理方式已经不能适应合作社发展的需要了。例如，过去为了体现社员之间的平等地位，普遍实行"一人一票"制。但是随着合作社的发展，一个合作社内既有个人社员，也有基层社社员，而在个人社员之间，特别是基层社社员和个人社员之间投入合作社的资金差距越来越大的情况下，继续坚持"一人一票"制的原则就有失"公平"了。此外，合作社的重大事宜统一由民主决定，这种决策系统往往造成决策慢、效率低，难以适应瞬息万变的现代市场竞争的需要。

为了克服上述缺陷，西方发达国家首先突破了合作社只能向自己的社员集资的规定，把股份制引入了合作社，除了向社员筹集部分资金以外，合作社还采用股份制向社会募集资金。这是因为股份制的最大优点是，它的集资范围广，数额大，可以满足现代化生产对巨额资本的需求。人们对股份制加以适当的改造以后，用来为合作社筹集资金，从而出现了合作制中的股份化倾向，即出现了所谓的"股份合作社"（stock-cooperative）。① 目前，在西方国家这种合作社已经相当普遍。在美国的农场主合作社中，大约有80%的合作社是"股份合作社"。②

二 股份合作社的本质

西方国家的所谓股份合作社，就是把股份公司的集资方式引进合作社，从而使合作社突破了传统的集资方法，以筹集到更多的资本，满足现代合作社经营的需要。但鉴于合作社与股份公司的本质区别，合作社在引

---

① 我国有学者认为，合作社本来就是一种股份制企业，现在又在其头上加上"股份"两字，从逻辑上说，这是概念重叠；再者，如果将"stock-cooperative"译为"股份合作社"，那么"nonstock-cooperative"就得译为"非股份合作社"，这就更难懂了。难道合作社还有不需要入股的，不是股份的，而是独资的吗？因此，其宜称为"发行股票合作社"或"两合合作社"。参见王树桐《论合作社与股份公司的关系——兼论两合合作社》，《世界经济》1996年第11期。

② 徐更生、武一：《国外股份合作社产生的背景及其特点》，《世界经济》2000年第1期。

进股份公司的集资方式时又不得不对其进行适当的改造。西方国家的具体做法是：股份合作社把股份公司的"普通股"改造成为相当于传统合作社的"社员股金"或"入社费"，即合作社的普通股只能出售给具有成为合作社社员资格的人，并且每人只许购买一股。凡是持有此种股票的人就是合作社的社员，拥有选举权和被选举权。除非得到董事会同意，这种股票不能转让和买卖。同时，还把股份公司的"优先股"改造成为相当于合作社的"资本股金"。这种股票在票面上印有面额和固定红利率，但是它的红利率最高不能超过法律的规定。这种股票除了一部分出售给社员以外，多数出售给与合作社有业务往来的个人、企业和集团。并且在征得合作社同意以后，这种股票也可以出售和转让。凡是持有此种股票的人不是合作社的正式社员，他们没有选举权和被选举权，只有在年终取得红利的权利。此种股票又分累积优先股票和非累积优先股票。前者指合作社亏本不能支付红利时，当年的红利可以在下一盈余年度优先支付；后者指上一年度因亏本而未支付的红利，下一盈余年度不再补付。为了吸引人们更多地向合作社投资，多数国家的股份合作社采用发行累积优先股票。有些国家的合作社也利用这种股票来代替现金支付一部分惠顾退还金。1922年，美国制定了被誉为"合作社大宪章"的《帕尔·沃尔斯太德法》，它对农业股份合作社的性质进行了如下界定。（1）合作社的社员必须是生产者；合作社的经营目的在于满足社员的某种需要，因此与社员的关系必须是互利的。（2）任何社员，不论其股份多寡，通常只能有一票的表决权；在没有实行一人一票的合作社，按股分红时，最大的股东分红比例不得超过合作社股票总面值的8%。（3）合作社每年与非社员的交易额不得超过与社员的交易额。①

在此值得注意的是：合作社的股票与公司发行的股票有所不同。某个企业如果效益很好，则购买其股票的人数就会增加，如果这个企业是股份有限公司，由于它发行的股票数是既定的，购买人数的增多将引起股票价格的上涨，公司股票也就因具有资本的投资价值而成为交易对象；而如果这个企业是合作社，由于"门户开放"原则要求它对社员只有"质"的要

---

① 马俊驹主编《现代企业法律制度研究》，法律出版社，2000，第372页。

求，而无"量"的限制。当更多的人购买其股票时，它可以继续大量发行股票，而且它的面值也是固定的。因此，合作社的股票因不具有资本市场上的投资价值而不会成为投机及交易的对象。

由此可见，股份合作社仅仅是通过对股份公司股票的改造，使自己扩大了集资的范围。如果以国际公认的合作社原则来衡量，就可以发现股份合作社仍然严格遵守着合作社原则。进一步而言，股份合作社的产生，虽然是传统的合作制原则修订的结果，但此种修订并不是对传统的合作制原则的否定，股份合作社仍然是合作社性质的。

其一，股份合作社没有改变社员"自愿参加"的原则。凡是符合社员条件的人只要购买一股"普通股"就可以成为社员。

其二，股份合作社仍坚持实行"民主管理"原则。只有合作社社员才有参加合作社管理的权利，拥有选举权和被选举权，并且在合作社决策时坚持"一人一票"制。尽管在有些情况下，大户社员视交易量可以得到一个或更多的额外投票权，但为了保障投票的公平，社员额外的投票权常常是有数量限制的，这就为合作社全体社员的民主管理提供了保障。如德国在 1973 年修改后的《合作社法》规定，合作社原则上实行"一人一票"，但在特殊情况下（即对于给予合作社的业务活动以特殊资助的社员）也可适当增加票数，但最多不得超过 3 票。而且，一人多票制只适用于简单多数表决制，即当对实行质量多数表决制的事务进行表决时，平时享有多票表决权的社员也只享有一票；[①] 美国许多州的合作社法虽规定一个普通社员的选票不得多于一票，但在他拥有许多股时，可以对其拥有的票数做适当调整。1979 年，美国农业部的一项抽样调查表明，全国有 92.6% 的合作社实行"一人一票"制，只有 7.4% 的合作社实行一人多票。美国学界通常认为，一人投票权份额最多不能超过 20%，有的认为应当限定为 3% 或 5%，有的认为最多不能超过 5 票或 10 票。[②] 至于拥有"优先股"的非合作社社员，并不享有选举权与被选举权，自不享有投票权。这就确定了股份合作社仍是一种互助性组织，保证了合作社集中精力为社员服务，而不是出于为外来投资者赚取利润或其他目的。

---

① 郭国庆：《德国〈合作社法〉评价》，《河北法学》1999 年第 1 期。

② Jerker Nilsson，"New Generation Farmer Cooperatives"，*ICA Review*，1997，90（1），p. 32 – 38.

其三，股份合作社亦坚持盈余按交易额分配制度。股份合作社的盈余在扣除了必要的提留和优先股的红利以后，按社员与合作社的交易量的比例分配。

其四，股份合作社也坚持股金红利率受法律限制的规定。为此，股份合作社在他们发行的优先股票上明文规定股票面额和红利率，并且把红利率规定在法律限制的范围以内。如依美国的《帕尔·沃尔斯太德法》，按股分红时最大的股东分红比例不得超过合作社股票总面值的 8%；意大利合作金融组织规定用于股金红利分配的总数不得超过税后利润的一半；法国规定股金红利率要控制在 6% 以下。有限制的分红，使得外部人员无法从社员手中夺取合作社的控制权，为了股东多分红利去片面追求盈利；说明合作社盈余分配服从惠顾者（社员），而不服从投资者（股东），体现了作为社员身份的惠顾者才是合作社的主人，也体现了合作社的成本运行理念。因为合作社的资本只是实现合作目的的手段。合作社的目的在于以合理优惠的价格为社员提供服务。作为劳动者的社员是利用资本进行劳动而不是为资本所有者工作，也就是说在合作社中是劳动支配资本，而非资本支配劳动。正如国际合作社联盟在《关于合作社特征的声明》的详细说明中所指出的："股金在合作社中是仆人，而不是主人。"合作社的盈余由劳动者在劳动中创造并直接产生于与合作社的交易，故应由劳动者享有。资本只有权获得利息，不能于此之外再获取利润。而"股本如付利息，其利率应当严格限制。对股本支付利息的最高限额只能达到对借贷资本支付的市场利率"。

三 西方国家股份合作社对我国的启示

在 20 世纪 80 年代，我国农村普遍推行了家庭联产承包责任制。在一些经济发展较快的地区，不少农户把经营的目光从有限的土地经营中转向第二、三产业，为解决发展非农产业中面临的启动资金短缺问题，他们按照自愿原则，采取了股份合作的形式，在保持入股者个人财产所有权的前提下，将农户中分散的生产要素聚集起来进行生产经营，逐渐走上了股份合作的发展之路。1987 年国务院先后批准了浙江省温州市、山东省淄博市周村区、安徽省阜阳地区建立乡镇企业制度改革试验区，其中股份合作制为主要内容的乡镇企业制度建设是重要项目之一。股份合作制改革试验的主要内容为：明确企业财产权归属，合理界定股权，探索企业资产管理机制，探索股份合作制企业的积累和分配机制，探索股份合作制企业政企分开、两权分离的管理机制。1990年农业部颁布了《农民股份合作企业暂行规定》和《农民股份合作企业示范章程》，进一步较为系统地肯定和初步规范了农村股份合作制度。自此，股份合作制经济正式登上了中国经济舞台。此后，特别是党的十四届二中全会通过的《关于建设社会主义市场经济体制若干问题的决议》进一步肯定"发展股份合作制"之后，股份合作制不仅在我国农村迅速发展和普及开来，而且亦成为农村合作金融的一种重要形式。

然而，我们应当看到，这种"股份合作制"实际上仍然是股份制，最多其中吸收了合作制的某些因素。如《农民股份合作企业暂行规定》虽然规定农民股份合作企业实行"民主管理"原则，但并未确立"一人一票"制度；虽然规定实行按劳分配与按股分红相结合以按劳分配主的分配方式，但又规定企业税后利润分配，应有60%以上用于扩大再生产（其中50%作为不可分割的公共积累），其余40%用于股金分红（股金分红一般不得超过税后利润的20%）、集体福利基金、职工奖励基金等，即实质上实行的是按股分红。

合作社是中小生产者和消费者为满足自己生产和生活的需要而建立起来的自我服务为上的经济组织。经过长期的实践经验，中小生产者和消费者终于认定，合作社是众多联合形式中对他们最有利的形式。因为采用合作社的方式，可以避开在市场经济中普遍存在的中间商的盘剥，从而降低生产和交易成本。由于中国是一个人口众多、经济规模极小的国家，因此她的发展急需合作社这种形式。在西方国家合作社中，农业领域的合作社最发达。相对西方国家而言，中国农村更需要合作经济组织的发展。这主要表现在以下几个方面。

其一，农业规模经营对合作社的现实需要。实践证明，实现农业的规模经营是农业发展的必由之路。但是，目前我国农业向规模经营发展的一大障碍是农户超小规模分散经营的格局，即在一家一户小生产的格局下，农户所掌握的土地、资金、技术和信息有限，难以加大投入力度，难以形成规模优势，资源利用效率低。如何解决一家一户的分散经营与农业规模经营的矛盾，是推进我国农村经济进一步发展中不可回避的问题。而农村合作经济组织的建立有利于组织农民进行商品生产，在一个产品、一个产业、一个区域内形成产品规模、产业规模和区域规模优势，最终实现我国农业的规模经营。

其二，合作社对于提高农业比较利益、改变农业弱质地位具有重要意义。长期以来，我国农业发展模式具有以下特征：一是农业发展以高产为主，片面追求产量和产值的增长，而对市场需求及与此相联系的农产品质量的提高关注不多；二是农业的种养、加工、流通相脱节，利益关系不紧密。形成了"农业第一车间千家万户，后续车间部门分割垄断"这样一种扭曲的产业格局。这种农业发展模式，加之农产品的强制低价收购制度，超小型的农业生产规模，以及因农业劳动力大量隐蔽性过剩，农业就业人数难以下降等因素结合在一起，提高农业的比较利益是极其困难的。而通过合作社组织实行产业化经营，延长农业加工链条，在农产品生产加工和销售间形成有机的联系，对于提高农业的比较利益、改善农业的弱质地位，具有至关重要的作用。

其三，合作社是解决农民小生产与大市场矛盾的主要载体。随着我国社会主义市场经济的发展，农民面临着小而散的农户生产与大市场的矛盾。这个矛盾的根源在于农户进入市场的交易成本过高、风险大、竞争力弱、利益难以保证。按照科斯的产权经济理论，当外部市场的交易费用太高时，形成一种组织便有了其经济上的必然性。按照利益关系和组织方式的不同，引导农户进入市场的中介组织可分为私营型、合作型和公司型。而农业合作社作为一种农民互助性质的经济组织，较私营型与公司型中介组织而言，显然是一种更好的引导农户进入市场并解决农民小生产与大市场矛盾的主要载体。

可能正因为如此，尽管我国目前尚未制定一部调整农村股份合作企业的立法，但2006年10月31日第十届全国人民代表大会常务委员会第二十四次会议通过了《中华人民共和国农民专业合作社法》。该法在确认传统的合作原则的基础上，又借鉴了欧洲一些发达资本主义国家的做法，对其有所发展，如在坚持"一人一票"的民主管理原则基础上，又规定出资额或者与本社交易量（额）较大的成员按照章程规定，可以享有附加表决权。本社的附加表决权总票数，不得超过本社成员基本表决权总票数的百分之二十。享有附加表决权的成员及其享有的附加表决权数，应当在每次成员大会召开时告知出席会议的成员。且章程可以限制附加表决权行使的范围。然而该法的规定至少存在以下问题：其一，尽管该法第3条规定了"盈余主要按照成员与农民专业合作社的交易量（额）比例返还"之原则，但第37条却只规定了一种按交易量（额）比例返还的盈余分配方式，这显然不利于调整社员投资的积极性；其二，合作社资金的构成仍主要限于社员的出资，排斥社会资金的进入，而这显然不能解决合作经济组织所普遍面临的资金短缺问题，不利于提高农村合作社的市场竞争能力，进而危及其生存。因此，在完善我国合作经济立法时，宜进一步借鉴西方国家关于股份合作社的一些成功立法经验。

（本文原载于《法学评论》2009年第5期）

农民专业合作社法律属性的经济学分析[*]

刘　勇^{**}

　　20 世纪 90 年代以来，我国农村开始出现一种新型的农业合作社，即农民专业合作社。但是，长期以来农民专业合作社的概念、基本原则、主体法律地位、法律人格、责任形式、治理结构、分配制度、内外部利益关系和立法体例等在法律上都得不到确认，造成农民专业合作社的运行和发展都很困难。2007 年《中华人民共和国农民专业合作社法》（以下简称《农民专业合作社法》）的颁布实施①，开启了我国农业合作社的立法进程，明确了农民专业合作社的基本内涵，解决了农民专业合作社的基本原则、主体法律地位、法律人格、治理结构、分配制度和责任形式等问题，极大地促进了农民专业合作社的有序发展。根据我国《农民专业合作社法》的相关规定，农民专业合作社具有以下四个法律属性：（1）社员所有，所有者与惠顾者身份同一；（2）自愿与开放的社员资格；（3）民主的社员控制；（4）按交易量（额）比例返还盈余，资本报酬有限。② 鉴于"在揭示合作社的法律属性上，我国《农民专业合作社法》比以往任何一部法律都更接近于正确"，本文应用法经济学理论，揭示我国农民专业合作社上述法律属性的经济学含义，这对处于动态发展中的农民专业合作社法律制度

　　* 基金项目：广东省哲学社会科学"十一五"规划项目（07GG01）；教育部人文社会科学规划项目（08JA790047）。

　　** 刘勇，华南农业大学人文与法学学院副教授。

　　① 《中华人民共和国农民专业合作社法》由第十届全国人大常委会第二十次四会议在 2006 年 10 月 30 日通过，自 2007 年 7 月 1 日施行。

　　② 详细规定参见《中华人民共和国农民专业合作社法》第 1 条、第 3 条、第 4 条、第 17 条、第 37 条。

的变革，应当具有一定的理论和现实意义。

一 社员所有，所有者与惠顾者身份同一

农民专业合作社主要是以其社员为主要服务对象，提供农业生产资料的购买，农产品的销售、加工、运输、贮藏以及与农业生产经营有关的技术、信息等服务。农民专业合作社的业务，如购买、销售、加工、运输、贮藏等，都与社员自己从事的经济活动存在着密切的分工和协作关系。在销售农产品方面，农民专业合作社可以满足社员销售产品的需求，在购买农业生产资料方面，农民专业合作社能够使社员购买到价廉物美的生产资料。以销售农产品为例，农民希望将其生产的农产品以较好的市场价格销售出去，但是单个农民又难以很好地把握农产品市场价格的波动和风险。因此，农民希望合作组建这样一种组织，这种组织能够以合理的价格收购他们的农产品，以较高的价格卖出去，并且所获得的盈余[1]仍属于他们。一般商人基于自身的盈利目的肯定不会组建这种组织。农民只有自己联合起来，组建农民专业合作社，解决农民个人无法解决或解决不好的市场价格的波动和风险等问题。这就决定了农民专业合作社社员既是合作社的所有者，又是合作社的惠顾者，有的还是合作社的经营管理者，在合作社社员的身份上所有者与惠顾者（patron）[2] 身份同一。社员所有，所有者与惠顾者身份同一决定了农民专业合作社的业务对内主要是与社员交易，并遵循成本原则，不以盈利为目的。如果农民专业合作社与非社员交易[3]的比例过大，大多数社员就得不到合作社提供的服务，这与合作社的本质背道而驰；如果完全是不同社员交易，那它就不是合作社，而是普通的投资者

---

[1] 合作社的收益称为盈余而不称为利润，是因为合作社与社员的交易行为并不完全按市场经济原则进行，获得的盈余也就与由市场经济原则决定的利润在性质和数量上有所差别。参见赵鲲、门炜《关于合作社基本特征的分析和思考》，《中国农村观察》2006 年第 3 期。

[2] 也有人称作"用户"、"顾客"、"利用者"。"用户"为产品或者某种服务的使用者，"顾客"为商品或服务的购买者，"利用者"在我国《农民专业合作社法》第 2 条中仅指"同类农业生产经营服务的利用者"，与"同类农业生产经营服务的提供者"并列。而在合作社的分配制度中，法律一般规定"合作社盈余按社员的惠顾额（比例）返还"，所以，采用"惠顾者（patron）"较为妥当。"惠顾者"是向合作社交售农产品或者购买农业生产资料的农业生产者。

[3] 非社员交易是指合作社将专门为社员提供的服务（内部交易），扩大到向非社员提供。

所有的企业。这些内容在相关的立法中已得以确认。①

社员所有，所有者与惠顾者身份同一，是农民专业合作社社员资格的要求。农民专业合作社的社员，既是合作社的投资者，又是合作社的惠顾者。如果只是单纯的投资者，那他就不是农民专业合作社的社员。美国农业合作社法在规范农业合作社性质时特别强调，只有"以农场主、种植者、畜牧和乳品生产者、干鲜果品生产者的身份从事农产品生产的人"才有资格成为农业合作社社员。② 各国合作社法也大多规定，与社员交易可以享受国家税收优惠，如果与非社员交易，则不得享受税收优惠。③ 但是，在市场激烈竞争的条件下，合作社为了自身发展的需要，也不能将与非社员交易绝对化。现代农业合作社大多冲破了不与非社员交易的限制，比如美国的《帕尔·沃尔斯太德法》规定，合作社可以与非社员交易，但每年与非社员的交易额不得超过与社员的交易额，德国相关合作社的法律规范也有类似的规定。我国不能绝对要求只有农民才能成为农民专业合作社的社员，非农业生产者绝对不能成为社员。其经济根源在于我国农业生产力比较落后，农户经营的土地规模较小，农民的异质性较大，自有资金匮乏。如果能够吸收外来资本如农村集体经济组织、专业大户、从事农产品加工和流通的企业等投资入股，不仅能增强合作社的实力，而且普通社员也会受益。为此，我国《农民专业合作社法》规定，企业、事业单位和社

① 如我国《农民专业合作社法》第 2 条第 2 款规定：农民专业合作社以其成员为主要服务对象。我国台湾地区《合作社法》第 3 - 1 条也明确规定，信用合作社、保险合作社以外之合作社，"除政府或公益团体委托代办之业务外，应受左列限制：（1）生产合作社社员应限于生产者，并不得经营非社员产品。（2）运销合作社不得经营非社员产品。（3）供给合作社、消费合作社不得以物品提供或售与非社员。（4）利用合作社、公用合作社不得以设备供非社员使用。（5）劳动合作社、运输合作社不得雇用非社员劳力。（6）合作农场应受第一款至第四款规定之限制"。

② 在美国，有过因社员资格不符合条件而认定该经济组织不是农业合作社的判例。1967 年美国最高法院审理了关于"桑其斯特生产者"是否符合农业合作社条件的案件。该组织成员中除了 80% 是农场主外，还有 5% 是公司生产者，15% 是合伙或公司形式的私营包装厂。美国最高法院最后判决该经济组织不符合农业合作社条件，因而不能享受《帕尔·沃尔斯太德法》的保护，理由是私营包装厂不是"农产品生产者"。1978 年美国高等法院审理了"全国肉鸡销售合作社"的法律诉讼案。"全国肉鸡销售合作社"是一家加工家禽的经济组织，但其中有的成员主要从事加工而非"家禽生产"，美国高等法院以此为由判决该经济组织不是农业合作社。

③ 韩长江：《正本清源，兴利除弊——对合作社立法的冷思考》，《中国合作经济》2004 年第 1 期。

会团体可以成为合作社社员。①

　　社员所有，所有者与惠顾者身份同一的经济合理性在于：（1）社员所有，所有者与惠顾者身份同一，可以使社员获得更有利的交易价格。② 社员通过拥有一个具有市场支配力的合作社可以规避两种成本：首先，当他们向合作社购买商品或服务时，不必再支付原来的垄断价格；其次，他们可以防止或消除因某种产品或服务价格居高不下而导致的消费不足的问题。同时，社员所有权还可以减少合作社利用信息优势损害社员利益的动机。③（2）社员所有，所有者与惠顾者身份同一，使社员之间相对容易就激励和约束事项达成合意，有效地降低了谈判成本和集体决策成本。④ 而且，社员所有，所有者与惠顾者身份同一，意味着委托人和代理人的利益高度（或完全）一致，管理层自利的条件对其经营管理好合作社是很强的激励，有效地降低（甚至消除）了代理成本。⑤（3）社员所有，所有者与惠顾者身份同一还可以降低农业生产中的监督成本。在农民专业合作社中，农业生产的质量直接反映在农产品的质量上，农产品质量对合作社的经济效益影响巨大。农产品质量监督难度较大（或者监督成本较高），因信息不对称，农民的机会主义行为会损害合作社的经济利益。因此，将合作社的所有权配置给合作社的社员，可以使合作社社员与合作社

---

① 我国《农民专业合作社法》第 15 条规定，农民专业合作社的成员中，农民至少应当占成员总数的百分之八十。成员总数二十人以下的，可以有一个企业、事业单位或者社会团体成员；成员总数超过二十人的，企业、事业单位和社会团体成员不得超过成员总数的百分之五。

② 例如同样是购买农业生产资料，同样是希望得到公平合理的交易价格，普通农户和商家之间不存在拥有和控制商家的关系，而农民专业合作社的社员作为惠顾者与合作社之间存在着惠顾者拥有和控制合作社的关系，合作社不仅让社员得到公平合理的交易价格，而且还将交易的盈余返还给惠顾者。

③ 亨利·汉斯曼：《企业所有权论》，于静译，中国政法大学出版社，2001，第 34、39 页。

④ 农产品营销合作社的一个最重要的优势就是其成员间利益的高度一致性，这些合作社一般只经营一种农产品，这种产品具有很高的同质性，合作社社员间有一个简单的共同目标——使其产品的价值最大化，而以这个共同目标为背景的合作社的集体决策成本也就因此可以获得最小化。参见亨利·汉斯曼《企业所有权论》，于静译，中国政法大学出版社，2001，第 201～207 页。

⑤ 亨利·汉斯曼详细探讨了在管理层监督方面，农产品营销合作社的农户所有人处于一个非常有利的位置，这使他们可以对管理层实施有效的控制，因此合作社的代理成本与投资者所有的企业相比通常都较低。参见亨利·汉斯曼《企业所有权论》，于静译，中国政法大学出版社，2001，第 199～201 页。

的收益一致，使外部性内部化，从而有效地降低了农业生产中的监督成本，增加了合作社的收益。[①]（4）社员所有，所有者与惠顾者身份同一能够激励社员同合作社交易，增加合作社的交易量，实现规模经济。大量购买或者大量销售在降低单位产品的交易成本，实现规模经济的同时，还能够提高合作社的市场谈判能力。因此，在合作社的所有权配置中，一般会更加重视社员（惠顾者）的权利。（5）社员所有，所有者与惠顾者身份同一可以提高社员投资于农业生产专用性资产的积极性。农民的专用资产投资使其在市场交易中面临被交易对方攫取"准租金"的风险。减少或消除资产专用性带来的风险是农民组建农业合作社的重要动机之一。农业生产周期长，资产专用性程度高，尤其是在市场信息不畅、农产品运输手段落后的情况下，农业投资的专用性程度会进一步提高，强调社员在合作社中的剩余控制权和剩余索取权对激励农户的投资积极性非常重要。另外，对于主要在产业链初级阶段活动的农业合作社来讲，合作社的业务主要集中在产品联合购销和初加工阶段，资本投资额较低，此时，强调合作社社员的剩余控制权和剩余索取权是更加节约交易成本的制度安排。[②]

综上所述，"社员所有，所有者与惠顾者身份同一"是农民专业合作社最本质的法律属性。它是农民专业合作社组建的基础，是农民专业合作社的产权结构、治理机制和分配制度等核心制度的决定性因素，是农民专业合作社区别于其他企业形式的最本质的属性。它决定了农民专业合作社对内与社员交易遵循成本交易原则，不以盈利为目的，但是，对外与非社员交易则是按照市场经济原则进行，以盈利为目的。因此，农民专业合作

---

① 在作物种植业，家庭农场至今仍然是最有效率的生产单位，农业生产通过加强劳动分工来实现规模经营的余地非常有限。美国早在 19 世纪晚期就有很多人实验经营大型公司化的农场，但这些现代企业在大部分主要作物的种植业中都无法与家庭农场竞争。营销合作社使农场主在规模经济最显著的地方——即市场营销——享受到集中经营的好处，同时也在一定程度上实现了纵向经济联合的经济效果。合作社的所有权形式在个体经济最有效的地方保持了个体所有权在利益驱动方面的优势。在向农户提供农业生产资料的供应合作社中，合作社的这种优势体现得更加明显。参见亨利·汉斯曼《企业所有权论》，于静译，中国政法大学出版社，2001，第 210 页、第 220～221 页。

② 马彦丽：《我国农民专业合作社的制度解析》，中国社会科学出版社，2007，第 96 页。

社在本质上应是一个追求利润最大化的营利性企业。①

二 自愿与开放的社员资格

国际合作社联盟（International Co-operative Alliance，简写为 ICA，1995）将合作社定义为：合作社是为了满足共同的经济、社会和文化方面的需求与抱负的人们，通过联合所有和民主控制的企业而自愿联合组成的自治性组织。② 国际合作社联盟对"自愿联合"的解释是：社员有加入或退出的自由，即入社自愿，退社自由。"自愿和开放的社员资格"的内涵是，合作社是自愿性组织，对所有能利用合作社服务和愿意承担社员义务的人开放。国际合作社联盟要求，不能强迫人们加入合作社，如果人们还没有认识到加入合作社的重要性和必要性，就应当创造条件让他们学习和了解合作社的知识和价值，当他们认识到加入合作社的必要性和重要性后，他们就会自愿加入。任何人只要能够利用合作社提供的服务并愿意承担社员义务，都可以入社，不受性别、社会、种族、政治和宗教信仰的歧视，并且合作社无权拒绝他人入社。

---

① 在学界，许多观点认为，合作社是非营利性组织。但是，马克思在分析合作社的二重性时指出，在资本主义所有制下，合作社是集体的资本主义企业，在合作社与其他企业交换中，同样要利润最大化，并参与资本主义企业平均利润率的分配。转引自蒋玉珉：《合作经济制度分析》，博士学位论文，中国人民大学，2003，第 59 页。亨利·汉斯曼认为，非营利性机构（nonprofit institution）与合作社在概念上有很大区别。非营利性机构最根本的特点是这类企业组织的控制人不得参与企业净收益的分配，这并不禁止非营利性企业从事营利性活动，而只是禁止它们向企业的控制人分配利润。所以，从概念上来说，非营利性企业是无人所有的企业。参见亨利·汉斯曼《企业所有权论》，于静译，中国政法大学出版社，2001，第 22 页。

② 唐宗焜认为，这个定义中的"联合所有"和"民主控制"是两个关键词。过去见到的中译文分别翻译为"共同所有"和"民主管理"，这样翻译不准确，容易引起人们对该定义的误解。"联合所有"的原文为"jointly-owned"，它是确认社员个人在合作社中的所有者权益的；过去译为"共同所有"一则不合原文含义，"共同所有"对应的英文词应为 common-owned；二则容易同集体所有制经济否定个人的所有者权益的所谓"共同所有"概念相混淆。"民主控制"的原文 democratically-controlled，此词的含义是指合作社的法人治理机制，即社员通过民主程序对合作社实施控制。过去将此词译为"民主管理"，就把"法人治理"概念弱化为"管理"概念了。而且，这样的译法也容易同集体所有制经济中含义很不确定的所谓"民主管理"混为一谈。其实，"民主管理"对应的英文词应为 democratically-managed。参见唐宗焜《国际合作社政策与立法导向问题》，《经济研究参考》2003 年第 43 期（总第 1715 期）。

　　我国《农民专业合作社法》第 3 条（三）规定了"入社自愿"的原则。但是，根据张晓山的调查，实践中农民专业合作社并不欢迎小规模的农户参加。热心组织和加入农民专业合作社的往往是市场竞争中处于不利地位的农产品生产者中的那些具有一定经济规模，农产品生产的市场化和商品化程度较高的专业大户。因为他们生产经营的规模大，承受的市场风险也大，因此，他们更愿意联合起来，形成一定的规模经济，从而增强在市场上的谈判能力，更有效地抵御市场风险。同时，由于他们具有一定的经济实力，能够承担包括创办成本和运作成本在内的合作社的组织成本。如浙江省临海市涌泉柑橘产业合作社分为 12 个社员小组，由 12 个发起社员各带 1 个社员小组，社员总数为 132 人。合作社规定，每个社员都要购买股份，每人入股股金最少 600 元，最高不得超过股金总额的 20%①，入社社员的橘园面积必须在 5 亩以上。制定这个标准是因为每亩柑橘的产量平均为 2000 公斤，合作社要收购的达到一定标准的柑橘占产量的一半，每户社员的 5 亩橘园可以保证 5000 公斤的最低交售量。浙江省温岭市绿牧草鸡产销专业合作社规定，年销售 30 万只鸡以上或年饲养量 5 万只鸡以上规模的农户才能入社。浙江省三门县绿石绿芦笋专业合作社，最初设置股权时，农户种芦笋一亩算 1 股，每股缴 100 元股金，社员最少要缴 1 股，最多不能超过 5 股，当时有社员 1012 户。后将章程加以修改，以 3 亩田为 1 股，合乎标准的社员降到 206 户。那些种 1 亩以及以下芦笋的社员，收入主要靠其他行业，种芦笋是为赚取生活费，这些农民被劝退社，他们种的芦笋可以按非社员的价格收购，他们的股金由合乎标准的 206 户收购。在当地，1 户农家一般有 4 亩田，如果有 3 亩用来种芦笋，就可保证以此为主业。实践证明，农民专业合作社主要是以从事该种农产品生产为主业的达到一定生产规模和商品量的专业农户的联合，合作社并不欢迎小规模的以农业为副业的兼业农户参加。

　　"自愿与开放的社员资格"还意味着社员退社自由。没有退社自由，"自愿与开放的社员资格"就不彻底。合作社是社员利用其服务的经济组织，社员加入合作社是为了利用合作社提供的服务，当社员不需要合作社

---

　　① 《浙江省农民专业合作社条例》第 13 条规定，单个社员或者社员联合认购的股金最多不超过股金总额的 20%。

的服务时，自然可以退社。林毅夫于 1990 年在美国《政治经济学杂志》上发表了《集体化与中国 1959—1961 年的农业危机》一文。该文应用现代经济学理论，即博弈论的逻辑和"可自我执行的协议"理论（self-enforcing agreement），对我国 20 纪 50 年代末期农业合作化运动的失败进行了分析，指出由于社员退社权（exit right）被剥夺和农业生产特点导致的高昂的监督成本，使得"可自我执行协议"无法维持，导致了农业合作社的低效运行。他提出了一个有关退出权的新假说，认为由于农民的退出权在公社化运动后被剥夺是引起 1959～1961 年中国农业生产崩溃和其后生产率低下的主要原因。因此，我国《农民专业合作社法》立法时，不仅规定了"退社自由"的原则，也规定了退社程序。[①]

　　然而，许多学者在研究农业合作社时，注意到了合作社的"自愿与开放的社员资格"制度的缺陷。国鲁来认为，在传统的"入社自愿、退社自由"原则下，社员资格开放意味着任何人都可以通过缴纳少量股金加入合作社，而且，他们向合作社出售农产品的数量不受限制，容易造成合作社产品供给过剩，最终导致合作社经营效率低下。社员退社自由，致使资本数量变化，不利组织发展，也降低了组织的资信水平。[②] 现代农业合作社已从生产导向型向市场导向型的战略转变，并以创造农产品的附加值为战略目标，因此，现代农业合作社如北美"新一代农业合作社"则实行封闭的社员资格制[③]。北美"新一代农业合作社"根据经营规模来确定资本总额和社员的数量，并按社员的持股额确定其交售农产品的限额，这样能够有效避免合作社的规模不佳和产能过剩或不足，保证合作社的高效运行。我国实践中，如浙江省三门县旗海海产品专业合作社也规定按各社员的生产规模（股额比例）下达产品交售额，社员超交不限，但必须是本社社员

---

① 我国《农民专业合作社法》第 19 条规定，农民专业合作社成员要求退社的，应当在财务年度终了的三个月前向理事长或理事会提出；其中，企业、事业单位或者社会团体成员退社，应当在财务年度终了的六个月前提出；章程另有规定的，从其规定。退社成员的成员资格自财务年度终了时终止。

② 国鲁来：《合作社制度及产业协会实践的制度经济学思考》，《中国农村观察》2001 年第 4 期。

③ 北美"新一代农业合作社"实行封闭的社员资格制只是相对的，因社员的交易权可以买卖，因此，社员可以通过卖出交易权退出合作社。所以，北美"新一代农业合作社"在本质上并没有剥夺社员的退出权。

自己的产品。低于应交产品的部分要缴纳 4% 的合作社积累金；如果是因为当时市场价格特高而销售给他人的，要按该社员产品不足部分加倍缴纳合作社的积累金。还有一些农民专业合作社对"退社自由"有所限制，主要是限制骨干成员的退出。如浙江省仙居县广度高山蔬菜专业合作社规定合作社的理事会成员及工作人员在职或任期内不能退社，合作社的发起人不能退社。这既保证了合作社核心成员和合作社组织的稳定性，又最大限度地调动了普通农民的广泛参与。①

对于现代农业合作社由"自愿与开放的社员资格制"向"封闭的社员资格制"的变迁，应用奥尔森的集体行动的逻辑理论能够得到深层次的解释。对于人们是否会采取合作的集体行动，通过创办合作社以实现其拥有的共同利益，奥尔森认为，"除非一个集团中人数很少，或者除非存在强制或其他某些特殊手段以使个人按照他们的共同利益行事，有理性的、寻求自我利益的个人不会采取行动以实现他们共同的或集团的利益"②。集体行动的达成意味着有不同利益的个人开始合作，奥尔森集体行动的逻辑实质上是一种"合作"逻辑。奥尔森从"理性经济人"假设出发，由个人行动的逻辑推导出合作的集体行动的逻辑：在个人利益最大化的原则指导下，当面对付费以获得合作和通过搭合作的付费者便车获得该合作的选择时，"理性经济人"往往会选择后者而非前者；当所有人或大多数人都依此逻辑行事时，能实现成员共同利益的集体行动便不会发生，因为每个人都想搭便车。这便是集体行动的"悖论"逻辑：由于追求利益最大化的个人参与集体行动的结果反而使个人利益受损。奥尔森同时指出了共同利益得以实现的可能：当拥有共同利益的个人数目很少，或当存在某种激励机制或强制性措施的时候，合作的集体行动则很有可能发生。现代农业合作社由"自愿与开放的社员资格制"向"封闭的社员资格制"变迁，在集体行动的逻辑视角下实质上是一个以强制性的封闭社员资格制度消除"搭便车"行为的过程。因此，并非所有愿意加入农业合作社的人都能加入，要成为社员，必须向合作社购买交易权。但是，社员的交易权可以买卖转让，其他人可以通过购买交易权成为社员。合

---

① 傅晨：《中国农村合作经济：组织形式与制度变迁》，中国经济出版社，2006，第 203 页。
② 曼瑟·奥尔森：《集体行动的逻辑》，陈郁、郭宇峰、李崇新译，上海三联书店、上海人民出版社，1995，第 2 页。

作社的交易权买卖保证了合作社的资金需求，把社员对合作社的"惠顾"和"投资"结合起来，极大地增强了合作社的稳定性。北美"新一代农业合作社"实行社员必须向合作社投入一定的成本，并采取有效的惩罚性措施①，使社员通过"搭便车"获得的潜在收益被抵消，采取机会主义行为的动机也就被大大削弱甚至被消除。北美"新一代农业合作社"正是凭借这一强制性措施获得了稳定的原料供应和来自社员的资金支持，从而在新的农产品市场环境下获得长足发展。②

三 民主的社员控制

"民主的社员控制"的内容是：合作社是其社员民主控制的组织，合作社的方针和重大事项由社员积极参与决定。社员拥有民主选举、民主决策和民主监督的权利，选举产生的机构和代表，都要对社员负责。在基层合作社，社员有平等的选举权，即社员的"一人一票"，其他层次的合作社组织也要以民主的方式组织。传统农业合作社一般采用"一人一票"的表决权规则，而现代农业合作社一般采用的是"一人多票，但有限制"的附加表决权规则和按股投票规则。农民专业合作社的组织机构由社员大会、理事会、监事会等构成。③ 社员大会是合作社的权力机构，社员大会主要行使修改章程；选举和罢免理事长、理事、执行监事或者监事会成员；决定重大财产处置、对外投资、对外担保和生产经营活动中的其他重大事项；批准年度业务报告、盈余分配和亏损处理方案；对合并、分立、解散、清算作出决议；决定聘用经营管理人员等。理事长或理事会决定合作社的日常事务，执行监事或监事会要对理事会进行监督。经营管理人员是合作社的雇员，对理事会和社员大会负责。因此，在农民专业合作社内有一套做出决策的集体决策机制，集体决策机制就是投票表决，表决权是按"一人一票"或

---

① 北美"新一代农业合作社"通常把发起资本的30%～50%作为社员权益（memberequity），社员必须出资才能成为社员。参见傅晨《中国农村合作经济：组织形式与制度变迁》，中国经济出版社，2006，第57页。

② 宫哲元：《集体行动逻辑视角下合作社原则的变迁》，《中国农村观察》2008年第5期。

③ 我国《农民专业合作社法》第22条规定，农民专业合作社成员大会由全体成员组成，是本社的权力机构；第26条规定，农民专业合作社设理事长一名，可以设理事会。农民专业合作社可以设执行监事或者监事会。

者社员的出资额或者社员与合作社的交易量（额）来配置。

根据企业契约理论，企业剩余控制权的配置，在很大程度上与专用性资产相关。在企业内部，拥有相对最稀缺资产（重要投资或重要人力资本）的所有者应当拥有企业的剩余控制权。[①] 传统农业合作社由生产规模和技术水平相同的农业生产者组成，社员的惠顾额和投资额差距不大，持股均匀。因此，在传统农业合作社中，将农业合作社的剩余控制权赋予投资者和惠顾者区别不大，实行"一人一票"和"一股一票"效果一样。而以市场为导向的现代农业合作社，如北美"新一代农业合作社"由于实行创造农产品附加值的战略，需要对生产和销售进行大量投资，因此农民必须购买大量股金，通常每个社员承购的股金额在5000美元至15000美元之间，并且股金额与交售农产品的数量相联系，社员必须承购与其交货量相应的股金。如果合作社经营规模要扩大，可以向社员发行新股，还可以对外发行优先股（没有投票权，有最高8%的利率限制）。如果经营规模不扩大而需要资金（如技术的更新改造等），则要求社员按其交货量比例增加股金。这对理性的农民来说，他们是愿意增加股金的，否则他们在合作社的股份比例会因稀释而下降。当然，为了避免合作社被某个社员或者少数社员控制，"新一代农业合作社"对某个社员或者少数社员的股金进行了限制。[②] 因此，在现代农业合作社中，社员的投资额和惠顾额出现了较大差异，导致了现代农业合作社的日益重视投资者的剩余控制权。投票方式也从"一人一票"向按股投票和"一人多票"的附加表决权转变。如美国的现代农业合作社，实行按股投票和一人多票，但有限制。有些规定一人投票权的份额最多不能超过20%，有些限定为3%或5%，有些要求最多不能超过5票或10票。[③]

德国合作社法也规定，在特殊情况下可以一人多票，但最多不超过3票。[④] 芬兰则实行按股投票表决。[⑤]

[①] O. 哈特、J. 穆尔：《产权与企业的性质》，载陈郁主编《企业制度与市场组织——交易费用经济学文选》，上海三联书店、上海人民出版社，2006，第302页。

[②] 杜吟棠、潘劲：《我国新型农民合作社的雏形——京郊专业合作组织案例调查及理论探讨》，《管理世界》2000年第1期。

[③] 杜吟棠：《合作社：农业中的现代企业制度》，江西人民出版社，2002，第143页。

[④] 国鲁来：《德国合作社制度的主要特点》，《中国农村经济》1995年第6期。

[⑤] Onno-Frank van Bekkum, Gert van Dijk, *Agricultural Cooperatives in the European Union: Trends and Issues on the 21st Century* (Van Gorcum Assen, 1997).

我国立法实行一人多票，但有上限的附加表决权制。[①] 在实践中，我国农民专业合作社又创新出了"多股一票"和"多人一票"的表决权方式。如浙江省临海市涌泉柑橘产业合作社章程规定：合作社的 12 个社员小组，每组设股份 50 股，股金 3 万元，平均承担合作社的柑橘交售量，全社共计股金总额 36 万元；社员代表大会是合作社的最高权力机构，每 10 股设置 1 个表决权，既可："一人多票"，也可"多人一票"（推选代表投票），但单个社员的表决权数不得超过总表决权数的 20%。[②] 浙江省三门县旗海海产品专业合作社的章程规定：社员按其海产品生产规模和经营、管理、科技效能来确定入股份额。每股 5000 元，每个社员要持有股份，也可持有若干股，但单个社员（含法人）持有股金不得超过本社股金总额的 20%[③]；生产规模不足 1 股或不愿认缴 1 股的可联合若干养殖户形成规模后入社，但其中每户的最少入股额不得少于 200 元。联合股的成员享有社员资格（联合股社员）。社员按每股设 1 个表决权，但单个社员的表决权数不得超过总表决权数的 20%。

四　按交易量（额）比例返还盈余，资本报酬有限

国际合作社联盟规定的"社员经济参与"的内涵是：社员对合作社公平地出资，并民主控制其资本。该资本至少有一部分通常是合作社的共同财产。社员对作为取得社员资格的条件而应募的资本通常收取有限的报偿。社员分配盈余用于如下某项或所有各项目的：提取公积金以保持合作社的可持续发展，公积金至少有一部分是不可分割的；按社员同合作社交易额的比例向社员返利；支持社员认可的其他活动。[④] 可见，按交易量（额）比例返还盈余和资本报酬有限，是合作社"社员经济参与"的重要

---

① 我国《农民专业合作社法》第 17 条规定，农民专业合作社成员大会选举和表决，实行"一人一票"制，成员各享有一票的基本表决权。出资额或者与本社交易量（额）较大的成员按照章程规定，可以享有附加表决权。本社的附加表决权总票数，不得超过本社成员基本表决权总票数的百分之二十。享有附加表决权的成员及其享有的附加表决权数，应当在每次成员大会召开时告知出席会议的成员。章程可以限制附加表决权行使的范围。

② 《浙江省农民专业合作社条例》第 17 条规定，单个社员票数最多不得超过总票数的 20%。

③ 《浙江省农民专业合作社条例》第 13 条规定，单个社员或者社员联合认购的股金最多不超过股金总额的 20%。

④ 唐宗焜：《中国合作社政策与立法导向问题》，《经济研究参考》2003 年第 43 期。

组成部分。合作社的盈余属于社员的权益，受社员支配，由社员大会决定其分配。按交易量（额）比例返还盈余是指按照社员与合作社交易量（额）的比例向其返还合作社全部或者部分盈余。

哈特和穆尔（Hart O. & Moore J.）认为，企业的所有权就是企业资产的剩余控制权，剩余控制权和剩余索取权是相对应的。谁拥有剩余控制权，谁就应该拥有剩余索取权，这样的权利配置是最优的。在市场经济条件下，合作社同其他形态的企业一样是营利的，但是，它不是以社员为营利对象，而是通过社员对合作社的惠顾去营利的，社员对合作社的惠顾是合作社生存和发展的重要条件，社员对合作社的惠顾量（额）越多，对合作社的贡献就越大。所以，在合作社企业中，惠顾社员拥有合作社的剩余控制权和剩余索取权，即按社员与合作社的惠顾量（额）比例分配合作社的盈余的权利配置是最优的。因此，各国（地区）的合作社立法中，按交易量（额）的比例分配盈余是合作社的基本分配规则。①

由于传统农业合作社注重的是惠顾社员而非投资者的剩余索取权，这给合作社的融资带来了很大的困难。为了获得更多的资金，扩大合作社的规模，提高合作社的服务能力，现代合作社的分配制度发生了较大变化，

---

① 如《欧盟合作社法》的序言第 10 款规定，合作社应当遵循的原则之一是合作社的盈余应当根据社员与合作社的交易额按比例分配或者留存于合作社内以满足社员的需要。第 66 条规定，在合作社章程中可以规定按社员与合作社的交易额比例或者社员对合作社的服务量比例来分配合作社的盈余。《澳大利亚合作社法》第 282 条第 1 款第 1 项规定，合作社可以将每年的盈余的一部分或合作社的公共积累的一部分，按社员与合作社的交易比例量（额）为基础分配给社员。《加拿大合作社法》第 155 条第 1 款和第 2 款规定，合作社董事可以根据社员向合作社购买或出售的货物的数量、质量、种类和价值以及社员为了合作社的利益提供的服务等，将合作社的年度盈余按比例分配给社员。美国《华盛顿州合作社法》RCW23.86.160 规定，董事可以根据社员与合作社交易量（额）按比例分配合作社的盈余。日本《农业协同组合法》第 52 条规定，合作社在弥补亏损、提取公积金后的盈余应当依据章程规定，按社员利用合作社业务的程度进行分配。我国台湾地区《合作社法》第 24 条规定，合作社盈余，在弥补损失以及付息，按法定标准提取公积金、公益金和员工报酬后，其余额之分配，以社员交易额之多寡为标准。我国《农民专业合作社法》第 37 条规定，在弥补亏损、提取公积金后的当年盈余，为农民专业合作社的可分配盈余。可分配盈余按照下列规定返还或者分配给成员，具体分配办法按照章程规定或者经成员大会决议确定：（1）按成员与本社的交易量（额）比例返还，返还总额不得低于可分配盈余的百分之六十；（2）按前项规定返还后的剩余部分，以成员账户中记载的出资额和公积金份额，以及本社接受国家财政直接补助和他人捐赠形成的财产平均量化到成员的份额，按比例分配给本社成员。

日益重视投资者的剩余索取权。[1] 包括国际合作社联盟、蒙得拉贡合作社、日本农协和北美"新一代农业合作社"都对合作社的分配制度做了大幅调整，已不仅仅局限于按惠顾量（额）比例返还盈余，按股分红在盈余分配中的比重不断上升。因此，按股分红的分配方式在各国的合作社立法中也得到了体现。但是，各国立法都对资本报酬（按股分红）比例进行了限制。如美国《卡帕—沃尔斯蒂德法》规定，在农业合作社中，对股金支付利率最高不能超过8%或州法定的最高股息，美国华盛顿州合作社法规定，资本报酬（按股分红）的比例不超过8%，纽约州合作社法规定，农业合作社的资本报酬比例不超过12%。一些国家的合作社立法中，对按股分红的比例限制，授权由合作社章程确定，如澳大利亚、德国、加拿大等。

我国农民专业合作社的实践倾向按股分红，按交易量（额）比例返还盈余的农业合作社所占的比例不高。据农业部的调查，江苏、四川、贵州的合作经济组织中，按交易量（额）比例返还盈余的比例分别为9%、6.18%和2.87%。在盈余分配中，按交易量（额）比例返还盈余的比例不如按股分红的比例高，按股分红的比例一般为30%～40%，按交易量（额）比例返还盈余的比例一般为20%～40%。[2] 根据韩俊2007年对全国75家合作社盈余分配的调查表明，按股分红为22.31%，惠顾返利为16.93%，按股分红高于惠顾返利（见表1）。

表1　农民专业合作社盈余分配表

项目	公积金	公益金	风险基金	惠顾返利	按股分红	其他
平均比例（%）	31.26	11.8	8.2	16.93	22.31	9.5

资料来源：韩俊：《中国农民专业合作社调查》，上海远东出版社，2007，第31页。

我国农民专业合作社实践中倾向按股分红为主，按交易量（额）比例返还盈余所占的比例不高，主要原因是在我国农民专业合作社中，社员异质性较大，存在控股社员和普通社员。根据黄祖辉等2006年统计，在农民

---

[1]　美国1998年农业合作社统计资料显示，1989年全国合作社社员人均股金为3217美元，到1998年已上涨到5952美元，平均每年增长约7%。

[2]　全国人大农业与农村委员会课题组：《农民专业合作组织法立法专题研究报告》，《农业经营管理》2004年第9期、第10期。

专业合作社较发达的浙江省，合作社成员结构多呈现出比较鲜明的少数核心社员（控股社员）与普通社员（使用者或惠顾者社员）并存的特征；在所有被调查的合作社中，有 63.64% 的合作社前十大股东的股本占合作社总股本的一半以上。[①] 就全国而言，15 万家合作组织中由农村能人、专业大户领办的比例已经达到了 69.2%。[②] 在农民专业合作社中，控股社员和普通社员投入的生产要素不同，各自的贡献也不同，因此，他们对剩余控制权和剩余索取权如何配置的要求自然不同。控股社员投入的是资本资源和人力资源，由于人力资源难以直接定价，但人力资源在农民专业合作社中又是极其稀缺和关键的生产要素资源，因此，控股社员通过股份化的所有权结构，通过占有合作社的多数股份，获得合作社的剩余控制权和剩余索取权。于是，控股社员必然要求资本在合作社的剩余索取权中发挥主导作用，而普通社员则希望以产品的交易量（额）在合作社的剩余索取权中发挥主导作用。但是在农民专业合作社中，控股社员贡献了合作社的稀缺的、关键性的资本资源和人力资源，并承担了经营合作社的大部分风险，因此，合作社的剩余索取权应当配置给控股社员。而普通社员参与合作社的目的是解决其产品销售难的问题，他们在确保其产品销售获利的同时希望尽可能参与合作社的盈余分配。因此，农民专业合作社的剩余索取权的安排必然是以资本为基础采用按股分红为主，而以产品的交易量（额）返还盈余为辅。资本投入变成了股权后，剩余索取权安排通过股份化的所有权结构安排予以体现。由此可见，农民专业合作社在财产所有权上的股份化态势，实际上是剩余索取权的外在体现。[③]

根据奥尔森的集体行动的逻辑理论，由股金数额或社员的交易量（额）决定的"附加表决权"、按股投票和按股分红制度的出现，可视为促成合作社内由少数控股社员构成的小集团的出现而采取的选择性激励措施。根据奥尔森的集体行动的逻辑理论，合作社的规模是合作行动能否产生的决定性因素。相对于人数众多的普通社员（大集团）而言，少数控股

---

① 黄祖辉、徐旭初：《基于能力和关系的合作治理——对浙江省农民专业合作社治理结构的解释》，《浙江社会科学》2006 年第 1 期。

② 苑鹏：《〈农民专业合作社法〉颁布后的新变化、新动向值得高度关注》，2007 年打印稿。

③ 黄胜忠：《转型时期农民专业合作社的组织行为研究：基于成员异质性的视角》，浙江大学出版社，2008，第 70～71 页。

社员能够更好地增进其共同利益。通过选择性激励被动员起来的人数众多的普通社员之所以会采取合作行动，其原因就在于合作社社员的异质性。由于选择性激励的存在，控股社员的利益与普通社员产生分化；附加表决权、按股投票和按股分红制度的激励措施会使控股社员从合作行动中获得的收益超过其成本，从而使采取合作行动比不采取合作行动对控股社员变得划算。此时，即使有普通社员"搭便车"行为的存在，合作社这一集体物品还是会被提供。传统合作社下的"一人一票"制和资本报酬有限以及按交易额返还盈余鼓励社员使用合作社而限制了投资合作社的动机，使合作社受到资金"瓶颈"的制约。附加表决权、按股投票和按股分红的出现使拥有资本较多的社员能够从合作社获得更多的收益，投资合作社的意愿被激发出来，他们比普通社员更希望合作社长期存在下去并发展壮大。这样，控股社员就形成了大集团中的小集团，他们是合作社这一集体物品的提供者；而集体物品的正外部性和非排他性所惠及的大集团中的普通社员就成为奥尔森所谓"少数剥削多数"中的少数。

五 结论及建议

通过以上对农民专业合作社法律属性的经济分析，可以得出如下结论。（1）我国《农民专业合作社法》所揭示的法律属性中，"社员所有，所有者与惠顾者身份同一"是农民专业合作社最本质的属性。社员拥有与控制农民专业合作社的正当性，渊源于"社员所有，所有者与惠顾者身份同一"的经济合理性。（2）"自愿与开放的社员资格"向"封闭的社员资格"的制度变迁，是一个以强制性的封闭的社员资格制度来消除农民专业合作社中"搭便车"行为的过程。（3）"一人一票"向"一人多票的附加表决权"和"按股投票"的制度变迁，以及"按交易量（额）比例返还盈余，资本报酬有限"向"按股分红"的制度变迁，是为促成农民专业合作社内由少数控股社员构成的小集团的出现而采取的选择性激励措施，少数控股社员构成的小集团是农民专业合作社这一集体物品的提供者。（4）控股社员在农民专业合作社中贡献了关键和稀缺的资本资源和人力资源，控股社员必然会采用股份化的所有权结构，通过占有合作社的多数股份，享有合作社的剩余控制权和剩余索取权。

因此，我国《农民专业合作社法》将以表决权为主的结构性规则和以盈余分配为主的分配性规则①作强制性规定不具有经济合理性，其正当性当然面临诸多责难，在实践中这些强制性规则也面临巨大挑战。《农民合作社法》中的结构性规则和分配性规则应作为赋权性规则或补充性规则②由合作社章程约定才具有经济合理性，进而获得正当性。

〔本文原载于《华南农业大学学报》（社会科学版）2001 年第 1 期〕

---

① 结构性规则（structural rules）主要是规范决策权在合作社机关（成员大会、理事会、监事会和经理人员）之间的分配以及不同条件下行使决策权的规则，在合作社机关之间分配控制权以及与合作社机关有关的信息流动规则，以形成运作有序的治理结构。分配性规范（distributional rules）主要规范合作社财产和收益的分配方式。以上对法律规则的分类，是爱森伯格（M. A. Eisenberg）在研究经济组织法（公司法）时的观点。这一划分方法比传统的"公法""私法"的划分更有说服力，为法学界广为接受。参见爱森伯格《公司法的结构》，《比较》第 14 辑，中信出版社，2004。

② 赋权性规则（enabling rules），这种规则授权合作社参与各方可以通过章程约定而自由订立规则，这些自由订立的规则同样具有法律效力。补充性规则（supplementary rules），这种规则只要参与各方不排除适用，即除非参与各方另有约定就发挥效力的规则。该规则又称为"缺省的"或"推定适用"的规则。

把握法律精神实质　促进农民
专业合作社健康发展

——访全国人大农业与农村委员会法案室主任王超英

李　程*

2006 年 10 月 31 日，第十届全国人民代表大会常务委员会第二十四次会议通过了《农民专业合作社法》，自 2007 年 7 月 1 日起施行。这部法律从 2003 年底 2004 年初起草工作启动，到 2006 年颁布，历经三年。2006 年 6 月、8 月、10 月，全国人大常委会第二十二次、二十三次、二十四次全体会议连续三次审议《农民专业合作社法（草案）》，最后高票通过，这是不多见的。《农民专业合作社法》的颁布实施，是社会主义法制建设的一件大事。这部法律赋予了农民专业合作社法人地位，填补了我国市场主体法律的一项空白，进一步完善了我国社会主义市场经济法律体系。这部法律以适度规范，在规范中促进发展，在发展中逐步规范为基本出发点，对农民专业合作社的设立、民主管理、财务制度等内容做出了符合当前我国农民专业合作社发展阶段的相应规定。这部法律还明确了国家对农民专业合作社提供支持与扶持的主要政策措施，充分体现了党和国家"多予、少取、放活"的惠农政策精神。

对于我们工商机关而言，准确把握这部法律的精神实质和主要内容，深刻理解农民专业合作社这一新型法人主体的主要特征，对于我们做好农民专业合作社准入登记工作、依法进行监督管理，以及发挥工商职能进行帮扶服务，促进农民专业合作社健康发展，有着极为重要的意义。为此，在《农民专业合作社法》实施之际，我们采访了本法的起草工作小组组长、全国人大农业与农村委员会法案室主任王超英。

* 李程，《工商行政管理》记者。

问：能否给我们简单介绍一下《农民专业合作社法》的特点？

答：好的。《农民专业合作社法》包括总则，设立和登记，成员，组织机构，财务管理，合并、分立、解散和清算，扶持政策，法律责任，附则等，共有9章56条，法律全文6000多字，从文字数量来说是《公司法》的1/4，是《合伙企业法》的1/2，是一部比较精练简明的法律，也是一部涉及亿万农民切身利益的法律。

这部法律的主要特点有两个。第一，这是一部市场主体法。改革开放以来，我国相继颁布了《公司法》、《合伙企业法》等市场主体法，但农民专业合作社既不同于以公司为代表的企业法人和合伙企业，也不同于不从事营利性经营活动的社会团体法人，原有的法律不能涵盖农民专业合作社这种特殊的市场主体。《农民专业合作社法》创设了一整套有别于其他市场主体的法律制度，明确了其作为市场主体的法律地位，填补了我国市场主体立法的空白。第二，这是一部促进农民专业合作社发展的法律。这部法律对农民专业合作社做了规范，是我国农业生产经营体制的重大制度创新。《农民专业合作社法》根据党和国家多年来支持农民专业合作经济组织发展的政策方针，总结了我国农民专业合作经济组织的发展经验，从维护广大农民的根本利益出发，从农民专业合作经济组织发展的实际情况和需要出发，支持农民按照"民办、民有、民管、民受益"的原则，成立专业合作社，为农民专业合作社提供了一个比较宽松、广阔的发展平台。这部法律的颁布实施，为提高农业生产和农民进入市场的组织化程度，为提高农业产业化经营的水平，为提高农业综合生产能力，为建立增加农民收入的长效机制，提供了一个崭新的法律制度保障。

问：您上面说到，本法创设了农民专业合作社这种新的市场主体类型。同时，法律也赋予这一新的市场主体以法人资格。这一创新的意义何在？

答：我们知道，法律是对现实经济关系的反映，法律来源于现实社会的需求。20世纪80年代以来，农民专业合作组织得到了很大的发展，但在发展中也暴露出一些问题和困难，迫切需要国家采取法律和政策措施，加以解决。其中，法律地位不明确是农民专业合作社发展的瓶颈。此前，没有一部法律、行政法规明确农民专业合作经济组织的身份。由于没有登记的依据，农民专业合作经济组织无法进行工商登记。此前进行了工商登记的农民专业合作经济组织，有些是以公司、合伙名义，有些是地方依据当地的"土政策"进行的"合作社登记"。进行了社会团体法人登记的，由于《社会团体登记管理条例》明确规定，社会团体不得从事营利性经营活动，所以许多组织又由成员另外投资注册公司，开展经营活动。而在农业部门进行"登记"的，则完全是一种没有法律效力的登记。其法律地位问题成为其设立和运行中的最大障碍，使其难以得到管理部门和其他市场主体的认可，导致交易主体双方担忧交易的安全性，实践中又使其难以获得主管部门的财产权利登记、产品的质量认证和信贷支持等。同时，因为法律地位不明确，许多组织内部运行机制不健全，不能真正实行民主管理，不利于保护农民成员的民主权利和经济利益。另外，法律地位不明确，也导致国家扶持政策难以落实，使农民专业合作经济组织无法享受或参与相应扶持项目的申报实施。

从实际情况来看，多数农民专业合作社是符合《民法通则》规定的法人应当具备的四个条件（依法成立；有必要的财产和经费；有自己的名称、组织机构和场所；能够独立承担民事责任）的。所以，本次立法可以说是在法律上对其法人身份进行了确认。农民专业合作社依照本法登记后即享有法人地位，从而可以在日常运行中，依法以自己的名义登记财产权利，如申请自己的字号、商标或者专利，从事经营活动，与其他市场主体订立合同，参加诉讼活动。并且可以依法享受国家专门对合作社的财政、金融和税收方面的扶持。赋予其法人地位，必将有力地促进农民专业合作社的发展，为解决我国"三农"问题提供一条新的途径。

问：我们注意到，本法起草时称《农民专业合作经济组织法》，最后通过的法律称为《农民专业合作社法》，为什么会发生这种变化？

答：关于本法的名称问题，实际上是和法律的调整对象相关联的。提交一审时，本法称为《农民专业合作经济组织法》，在后来的审议过程中，有些常委委员和地方、部门提出，从草案内容及"说明"看，本法的调整对象只是从事经营活动的实体型农民专业合作经济组织，而不适用于只为成员提供技术、信息等服务，不从事经营活动的农业技术协会和农产品行业协会等专业合作组织，实际上本法调整的对象是国际上通常所称的合作社；在农村改革实践中，不少地方已将这类专业合作经济组织称为"农民专业合作社"，有的地方性法规也已使用了"农民专业合作社"的称谓。为了使本法所调整的农民专业合作经济组织与其他类型的农民专业合作经济组织相区别，做到名副其实，在二审时本法名称修改为《农民专业合作社法》。

也就是说，农民专业合作社只是农民专业合作经济组织中的一部分，并不是所有农民专业合作经济组织都可以称为农民专业合作社的。本法第2条对农民专业合作社的定义就限定了本法的适用范围。本法所调整的农民专业合作社是在家庭承包经营基础上，同类农产品的生产经营者或者同类农业生产经营服务的提供者、利用者，自愿联合、民主管理的互助性经济组织。其中"农村家庭承包经营"这一基础，将其与传统的农村集体经济组织区分开来；"经济组织"一词，又将其区别于不从事营利性经营活动的合作组织。

在实际工作中，我们要注意本法的调整对象范围，对农民选择《农民专业合作社法》的组织形式，符合登记条件的，可以登记为农民专业合作社，农民选择其他组织形式的，我们也一样要热情地支持和欢迎。

问：与国际通行的合作社原则相比，我国的农民专业合作社有哪些特色？

答：1995年9月，国际合作社联盟通过了《关于合作社特征的宣言》，明确指出，合作社的基本价值是"自助、平等、公平和团结"，并据此宣示了合作社的七项原则：自愿和开放的社员；社员的民主控制；社员的经济参与；自治、自立；教育、培训和信息；合作社之间的合作；关心社区。同时，国际合作社联盟也认为，只要符合前三项核心原则精神的组织就可以称为合作社。

我国《农民专业合作社法》第3条规定了农民专业合作社应当遵循的五项原则，包括了国际合作社联盟的前三项核心原则精神，同时具有中国自己的特色。

我国的农民专业合作社是广大农民群众在家庭承包经营基础上创建的自我服务的经济组织。它的出现，源于家庭承包经营后广大农民群众获得生产经营服务的现实需求；它的发展和壮大，是组织起来的农民共同参与市场竞争的结果。本法第 2 条在定义农民专业合作社时，首先就指明"在农村家庭承包经营基础上"，这是我国农民专业合作社的一个特色。另外，法律规定成员以农民为主体（至少应当占成员总数的 80%），但同时也允许企业等工商资本进入合作社，成为合作社的成员。为促进农民专业合作社的发展，平衡普通成员和对合作社贡献较大的成员之间的利益关系，法律还规定农民专业合作社在一人一票的基本表决权基础上，可以设立附加表决权，在盈余分配时，也可以按资产比例进行返还（但返还总额不得高于可分配盈余的 40%）。这也是我国《农民专业合作社法》适应现阶段农民专业合作社发展需求而做出的具有中国特色的规定。

问：这是一部关系到亿万农民切身利益的法律，本法如何保障"民办、民有、民管、民受益"这一原则的实现？

答："民办、民有、民管、民受益"，实际上包含两个方面的内容，一是成员的民主办社的权利，二是成员的财产权利。在本法中，这主要体现在合作社章程和法律规定的合作社应当遵循的五个原则，以及法律规定的合作社财产制度上。

合作社章程是全体设立人一致通过的重要法律文件，可以称为合作社的小"宪法"。农民专业合作社的组织和行为，当然首先要遵守《农民专业合作社法》，但是法律具有稳定性，不可能满足所有农民专业合作社的要求。而现实中，作为特殊的市场主体，我国的农民专业合作社还处在不断发展和完善的过程中，几乎每个农民专业合作社都有自己的特殊性，因此，《农民专业合作社法》遵循宜粗不宜细和适度规范的原则，授予农民专业合作社章程较大的权力，能由章程决定的事项一律交给章程来办，不设置过多的法定条件，保证"民办、民有、民管、民受益"的实现。法律中提到章程的有 36 处，其中需要章程做出规定的有 20 多处。《农民专业合作社法》强调农民专业合作社自我管理的理念，在入社、退社、表决方式选择等关键问题上，都强调"按照章程规定"。同时，又通过详细规定社员的民主权利和社员大会职权、附加表决权比例上限、盈余分配比例等，不放松对农民专业合作社性质的维护。

本法第 3 条规定了以下五项原则：成员以农民为主体；以服务成员为宗旨，谋求全体成员的共同利益；入社自愿，退社自由；成员地位平等，实行民主管理；盈余主要按照成员与农民专业合作社的交易量（额）比例返还。这些原则充分体现了对农民民主办社权利和财产权利的维护。

农民专业合作社的财产制度可以说是整个合作社法的核心。《农民专业合作社法》第 4 条第 2 款规定，农民专业合作社对由成员出资、公积金、国家财政直接补助、他人捐赠以及合法取得的其他资产所形成的财产，享有占有、使用和处分的权利，并以上述财产对债务承担责任。这一规定没有赋予合作社对财产的"收益权"，合作社对其财产只有占有、使用和依法处分的权利，而成员则保留了出资财产的所有权和收益权。另外，本法第 36 条、第 21 条、第 37 条关于成员账户的设立及其作用的规定也充分体现了"民受益"的原则。

问：我国当前的农民专业合作组织的基本状况如何？《农民专业合作社法》是如何从制度设计上鼓励农民专业合作社发展的？

答：据农业部统计，截至 2005 年底，全国农民专业合作经济组织总数超过 15 万个，成员数量已达 2363 万户，占全国农户总数的 9.8%；带动非成员农户 3245 万个，占总农户的 13.5%，合计占农户总数的 23.3%。但从另外一个角度来看，全国 60 多万个行政村，平均每 4 个村还不到一个农民专业合作经济组织。因此，目前的主要矛盾还是发展相对滞后，发展仍是首要的任务。可以说，目前仍处在发展的初级阶段。

《农民专业合作社法》的立法指导思想主要有三个：一是立足于促进农民专业合作社发展；二是要有中国特色，借鉴国际经验和合作社理论，但是不照搬；三是规范要适度，在发展中规范，宜粗不宜细。在本法的很多制度设计上，都体现了促进发展的指导思想。

《农民专业合作社法》中对合作社成员的出资没有强制性规定，仅在第 10 条第 5 款规定"有符合章程规定的成员出资"。章程如何规定，则由合作社设立者自行约定，只要达成协议，就可以成立合作社，这是促进合作社发展的一种立法手段。

在成员结构上，立法允许企事业单位和社团加入农民专业合作社，主要是考虑到我国农民专业合作社处于发展初级阶段，规模较小、资金技术缺乏、基础设施落后、生产和销售信息不畅通，引入单位成员，有利于发挥它们的优势，促进合作社的发展和做大做强。

在合作社的治理结构上，也只规定了成员大会和理事长两个法定必设机构，以最简便的方式就可以运作。

本法第七章还规定了支持农民专业合作社发展的政策扶持措施，明确了农业和农村经济建设项目、财政扶持、金融支持、税收优惠四种扶持方式，充分体现了党和国家"多予、少取、放活"的惠农政策。

问：有一种观点认为，"管得越少，政府越好"，我们应当如何看待本法第9条关于农民专业合作社建设和发展中的政府责任的规定？

答：我国的农民专业合作社发展既呈现出多样性的特点，也有发展迟缓、区域和行业不平衡以及运行中的不规范等缺陷，客观上离不开政府的支持和引导。农民专业合作社的建设和发展，是一项政策性、群众性、敏感性、技术性很强的经常性工作。根据本法第9条的规定，政府在农民专业合作社建设和发展中的责任，就是围绕指导、扶持和服务，做好组织动员和督促落实工作。促进农民专业合作社的健康发展，不是哪一个政府职能部门的职责，而是政府应当承担起来的重要工作。由于指导农民专业合作经济组织建设是国务院依法赋予农业部的职责，因此，第9条特别指出"县级以上人民政府应当组织农业行政主管部门和其他有关部门和有关组织"。除了农业行政主管部门外，政府还要动员相关职能部门以及供销社、科协等组织，为农民专业合作社提供政策、技术、信息、市场营销等方面的扶持和服务。需要注意的是，任何部门、任何组织都不得借指导、扶持和服务的名义，强迫农民建立或者加入合作社，或者干预农民专业合作社的内部事务，改变农民专业合作社的"民办、民有、民管、民受益"的特征。

问：我们基层工商机关在学习、宣传、贯彻《农民专业合作社法》的过程中，需要重点把握哪些问题？

答：我认为，首先要准确把握《农民专业合作社法》的立法指导思想。这里面最重要的一点就是立足于促进发展，在工作中要以是否有利于其发展作为最重要的标准。农民专业合作社还处于起步阶段，刚刚开始发展和规范，实践中难免有这样那样的缺陷。我们规范要适度，在发展中规范，宜粗不宜细。

其次，要注意把握农民专业合作社的本质特征。发展农民专业合作社，一定要以农村土地家庭承包经营为基础，不是重新"归大堆"，不是搞"合作化"。要坚持市场经济原则，在农民自愿的基础上，推动农民专业合作社的"自主"发展，做到引导不强迫、支持不包办、服务不干预。

最后，切忌片面理解，僵化教条：认为颁布实施《农民专业合作社法》，就是要严格规范，于是采用固定的理想模式或所谓的经典合作社原则来套用处于发展初期的各类农民专业合作经济组织，求全责备；只认可专业合作社，忽略甚至排斥其他各类合作经济组织等市场主体的存在及发挥的重要作用。

（本文原载于《工商行政管理》2007 年第 7 期）

第三编　发展新阶段的合作社本质论争

合作社功能和社会主义市场经济

唐宗焜[*]

一 市场经济和社会平衡

1992 年中国共产党第十四次全国代表大会正式确定"我国经济体制改革的目标是建立社会主义市场经济体制"。十四大报告在提出"我国经济体制改革确定什么样的目标模式"时说："这个问题的核心，是正确认识和处理计划与市场的关系。"这意味着，那时所要回答的问题是，中国经济体制改革是不是要从计划经济转轨到市场经济，而不是"社会主义市场经济"的"社会主义"确切含义问题。报告对作为我国改革目标的市场经济所加的约束条件是"社会主义国家宏观调控"。它指出："我们要建立的社会主义市场经济体制，就是要使市场在社会主义国家宏观调控下对资源配置起基础性作用。"这就是十四大报告确定改革目标时对"计划与市场的关系"这个"核心"问题的概括性回答。

事实上，在中国渐进式改革过程中，经济改革目标的选择，20 世纪 80 年代就已逐步趋向市场化。1982 年中共十二大确定"计划经济为主，市场调节为辅"以后才两年，1984 年中共十二届三中全会《关于经济体制改革的决定》就提出将"公有制基础上的有计划商品经济"作为改革目标。接着，1987 年中共十三大确定要"逐步建立起有计划商品经济新体制的基本框架"，形成"'国家调节市场，市场引导企业'的机制"。十三大报告在肯定国有企业可以试行股份制改造的同时，正式宣布"允许私营经济的存

---

* 唐宗焜，中国社会科学院经济研究所研究员。

在和发展",并支持建立包括资本市场在内的市场体系,这些都是为市场经济奠定微观制度基础的重大决策。十三大报告不再提"计划经济"概念①,而"市场经济"概念则呼之欲出。

纵观 20 世纪 80 年代的经济改革,市场化改革取向是明确的。正因如此,邓小平十分看重十三大报告。在 1989 年国内政治形势转折的关键时刻,他于 5 月 31 日和 9 月 16 日曾先后两次提醒:"十三大政治报告是经过党的代表大会通过的,一个字都不能动。""十三大制定的政治路线不能改变,谁改变谁垮台。"②

然而,我国在 20 世纪 80 年代末和 90 年代初还是发生了对市场化改革方向的批判,重新提出计划经济是"社会主义经济的基本特征",宣称市场经济在中国是行不通的。正是在这样的背景下,才有邓小平 1992 年初的南方谈话,其中特别指出:"计划经济不等于社会主义,资本主义也有计划;市场经济不等于资本主义,社会主义也有市场。计划和市场都是经济手段。"③ 再次肯定了市场化改革方向。随后,社会主义市场经济体制改革目标通过 1992 年 10 月十四大正式确定。所以,当时关注的"核心",确是"计划与市场的关系",还不是"社会主义市场经济"的"社会主义"含义。

根据十四大确定的改革目标,1993 年 11 月召开的中共十四届三中全会通过《关于建立社会主义市场经济体制若干问题的决定》(以下简称《决定》)。《决定》规划了社会主义市场经济体制的基本框架。它指出:"社会主义市场经济体制是同社会主义基本制度结合在一起的。建立社会主义市场经济体制,就是要使市场在国家宏观调控下对资源配置起基础性作用。为实现这个目标,必须坚持以公有制为主体、多种经济成分共同发展的方针,进一步转换国有企业经营机制,建立适应市场经

---

① 1987 年 2 月 6 日,邓小平在同中央领导人谈到中共十三大报告起草问题时就说:"我们以前是学苏联的,搞计划经济。后来又讲计划经济为主,现在不要再讲这个了。"《邓小平文选》第 3 卷,人民出版社,1993,第 203 页。

② 《邓小平文选》第 3 卷,人民出版社,1993,第 296 页、324 页。

③ 《邓小平文选》第 3 卷,人民出版社,1993,第 373 页。其实,在 1992 年南方考察前一年,1991 年初,邓小平在视察上海时就说过:"不要以为,一说计划经济就是社会主义,一说市场经济就是资本主义,不是那么回事,两者都是手段,市场也可以为社会主义服务"(《邓小平文选》第 3 卷,人民出版社,1993,第 367 页),然而当时并未能引起应有的重视。

济要求，产权清晰、权责明确、政企分开、管理科学的现代企业制度；建立全国统一开放的市场体系，实现城乡市场紧密结合，国内市场与国际市场相互衔接，促进资源的优化配置；转变政府管理经济的职能，建立以间接手段为主的完善的宏观调控体系，保证国民经济的健康运行；建立以按劳分配为主体，效率优先、兼顾公平的收入分配制度，鼓励一部分地区一部分人先富起来，走共同富裕的道路；建立多层次的社会保障制度，为城乡居民提供同我国国情相适应的社会保障，促进经济发展和社会稳定。这些主要环节是相互联系和相互制约的有机整体，构成社会主义市场经济体制的基本框架。"按照这个"基本框架"，实现"使市场在国家宏观调控下对资源配置起基础性作用"目标的因素，涉及所有制结构、企业制度、市场体系、政府经济职能、分配制度和社会保障制度。可见，这个基本框架的重心在经济，而对社会主义市场经济的社会因素涉及不多，仅原则性提到社会保障制度。

十四大确定的改革目标经过 10 年实践以后，2003 年 10 月，中共十六届三中全会根据实践经验和当前形势制定了《关于完善社会主义市场经济体制若干问题的决定》（以下简称《决定》）。《决定》提出的"完善社会主义市场经济体制的目标和任务"是："按照统筹城乡发展、统筹区域发展、统筹经济社会发展、统筹人与自然和谐发展、统筹国内发展和对外开放的要求，更大程度地发挥市场在资源配置中的基础性作用，增强企业活力和竞争力，健全国家宏观调控，完善政府社会管理和公共服务职能，为全面建设小康社会提供强有力的体制保障。主要任务是：完善公有制为主体、多种所有制经济共同发展的基本经济制度；建立有利于逐步改变城乡二元经济结构的体制；形成促进区域经济协调发展的机制；建设统一开放竞争有序的现代市场体系；完善宏观调控体系、行政管理体制和经济法律制度；健全就业、收入分配和社会保障制度；建立促进经济社会可持续发展的机制。"可以看出，这个《决定》在肯定继续推进市场经济发展即"更大程度地发挥市场在资源配置中的基础性作用"的同时，突出地提出了统筹协调、社会平衡，或者说市场经济和社会发展平衡的问题，以"建立促进经济社会可持续发展的机制"。相应地，关于政府职能，不再像 10 年前那样只是要求"转变政府管理经济的职能"，而着重提出了"完善政府社会管理和公共服务职能"的目标。这是针对改革开放以来，特别是 20 世纪 90 年代以来市场化改革中形成的社会矛盾做出的抉择。

完善社会主义市场经济体制，"建立促进经济社会可持续发展的机制"，就必须在坚持深化市场化改革，发展市场经济的同时，加强社会功能建设。借用《论语》一句话："君子务本，本立而道生。"对"社会主义市场经济"的"社会主义"含义来说，社会功能建设就是"务本"。在回答什么是社会主义建设，怎样建设社会主义或建设什么样的社会主义问题前，首先要观察是否形成了功能正常的社会。如果没有功能正常的"社会"，那么，"社会主义"也就无从谈起。关心社会主义，就应该更重视建设功能正常的社会。所以，本文拟暂存"主义"，专论社会功能建设，而且仅限于其中一个侧面，就合作社问题来探讨社会功能建设对社会主义市场经济的含义。我们不妨通过合作社在我国的命运，举一反三，思考社会功能建设在完善社会主义市场经济体制的过程中该占怎样的位置。

二 合作社和社会功能建设

世界各国正反两方面的历史经验都表明，一个平衡的社会不仅必然有公共部门（政府部门）和私营部门（企业部门）的发展，而且还必然有社会部门的发展。① 这样，公共部门、私营部门和社会部门各种组织功能互补、三足鼎立的社会才会是平衡的、稳定的、可持续发展的社会。而中国的现状是：公共部门臃肿且功能有待改革，私营部门有长足发展但功能发育尚不成熟，社会部门则严重短缺。因此，鼓励和支持社会部门发展和社会功能建设，是实现社会和谐的当务之急，也是完善社会主义市场经济体制不可忽视的目标。

合作社是兼具企业部门和社会部门功能的组织。它们首先是企业，同

---

① "自主的社区组织作出的最大贡献是，它成了一种新的有意义的公民身份的中心。巨型国家几乎摧毁了公民身份。为了恢复公民身份，后资本主义的政治体制需要一个'第三领域'，来补充企业的'私人领域'和政府的'公共领域'这两个已经得到公认的领域，即需要一个自主的社会领域。"参见彼得·F. 德鲁克《德鲁克文集》第 3 卷《社会的管理》，上海财经大学出版社，2006。国际劳工组织 2002 年将合作社列入社会部门，然而它又肯定合作社是企业。这反映了合作社在三部门分类上的困难。其实，合作社在企业部门和社会部门之间不是非此即彼的。应该说，合作社是具有社会功能的企业形态。

时具有社会功能，因而是具有社会功能的企业形态。它们的社会功能是通过企业经济活动实现的。合作社对经济增长和社会发展的作用是其他任何部门或企业形态不可替代的。对于当前我国突出存在的"三农"问题、就业问题、消费者权益保护问题、边缘化人口问题、环境保护问题等诸多紧迫社会问题的解决或缓解，合作社都大有用武之地。反过来说，市场化改革过程中合作社建设的长期滞后，事实上已经对这类社会问题的难以解决产生了消极影响。

合作社功能由合作社本性所决定。合作社是由它的成员自愿联合组成的为满足他们共同的需求服务的自助经济组织。它立足于相互的自助（mutual self-help），也就是，自助基础上的互助，互助支持下的自助。它的根本出发点是人们自愿联合起来，依靠联合的力量，自力更生，克服他们面临的经济困难，提高他们的生活水平和生命质量，促进社会进步。

合作社之所以在世界上出现，就是因为人们需要它们提供的服务。合作社之所以在市场经济中形成，就是因为市场交易中存在着产生合作社的动因。那么，究竟谁需要合作社的服务？为什么恰恰在市场经济中产生了他们对合作社服务的需求？在我国，市场经济的形成，是不是同样产生了对合作社服务的现实需求？在市场化改革进程中形成了各种利益集团的现实体制中，合作社又遭遇了怎样的命运？政策和立法对此有没有给予应有的关注？这些都是应该认真思考的问题。

世界经济史表明，市场经济是能够有效配置资源的经济体制。我国经济体制改革从计划经济向市场经济转轨是必然的、正确的选择，反对市场化改革、回到计划经济是没有出路的。但是，市场经济在有效配置资源、提高生产效率的同时，也不可避免地会形成不同人群的利益冲突。市场经济的基本元素是交易，而交易条件的确定取决于交易双方的博弈。博弈的结果首先依赖于交易双方各自拥有的资源，即实力，其中既包括资本、人才、技术、产品等物质资源的硬实力，也包括组织化程度、营销渠道、社会网络等资源的软实力。交易双方的实力对比决定他们各自在市场交易中的谈判地位或谈判权力。在交易双方实力悬殊的情况下，决定交易条件的权力事实上往往为强势一方所垄断，弱势一方只能被动地甚至被迫地接受交易对手单方面设定的交易条件，没有或几乎没有谈判权力。

合作社就是市场交易中的弱势群体不能忍受这种状况而形成的。在市场交易中，交易双方谈判权力悬殊导致利益落差过大时，利益过于受损的弱势群体，只有联合起来形成合力才能对抗强势群体对谈判权力的垄断，使其接受较为平等的竞争条件。合作是他们能够利用的组织资源，是增强他们的谈判实力的必由之路。所以，合作社就是在市场交易中本来没有或者缺乏谈判权力的群体争取和创造自己的谈判权力的一种有效的组织形式。合作社是对市场交易中谈判权力垄断者的抗衡力量。

这个原理完全适用于我国市场经济形成的现实。下面拟就我国当前存在的若干突出问题对此略作分析。

三 合作社和农民问题

在我国，20 世纪 90 年代以来出现了一个新的概念，叫作"三农"问题，即农业、农村和农民问题的合称。[①] 其实，所谓"三农"问题，归根结底是农民地位问题。它的根子要追溯到计划经济时代。20 世纪 50 年代中国实现了全国范围的"农业合作化"，这是在"合作化"名义下推行的以土地"归公"[②] 为特征的集体化，与合作社本性背道而驰。土地名义上归集体所有，然而所谓"集体"完全受行政权力控制，集体中的农户对土地没有任何事实上的权力。不仅如此，随着农民赖以为生的土地被剥夺，农民也失去了支配自己的劳动和生计的权力。农村人民公社化和粮食等主要农产品的统购统销，加上城乡隔离的户籍管制，更强化和固化了农民对所谓"集体"的依附地位。

20 世纪 70 年代末农民为摆脱饥饿而自发实施的对集体土地的"包产到户"、"包干到户"，即家庭承包经营，在 20 世纪 80 年代初得到了党和政府的认可，并在全国农村推行，进而废除了农村人民公社制度。家庭承

---

① 上海法律与经济研究所：《"三农"问题与市场经济》，《学术活动纪要》2003 年第 6 期。
② 我国"农业合作化"一开始，毛泽东 1953 年 10 月 15 日在同中共中央农村工作部负责人谈话时就说："个体所有制必须过渡到集体所有制，过渡到社会主义。合作社有低的，土地入股；有高的，土地归公，归合作社之公。"参见《毛泽东选集》第 5 卷，人民出版社，1977，第 119 页。

包经营使农民获得了对集体土地的使用权，从而获得了支配自己的劳动、自主经营的权力。正是在这样的对农民束缚有所松动的基础上，80 年代农业生产力得到长足发展，并在农村出现了完全出乎决策层意料的被称为"异军突起"的乡镇企业的蓬勃发展，[①] 农民就业和收入显著增加，开始享有某种程度的自由择业和积累财产的机会。所以，80 年代的农村改革，本质上是农民权力复归的过程，就是通过农村制度改革，使农民被剥夺了的权力开始重新回到农民手里。

然而，本应后续的农村制度改革在 20 世纪 90 年代停滞不前，致使这个刚刚开始的农民权力复归过程未能继续推进。一方面，对农业、农村和农民的行政控制依然严重存在，另一方面，农民自愿、自主、自助的组织的生长与发育受到重重抑制，从而使农民在市场交易中的谈判权力难以形成。结果是，在经济市场化改革进程中各种利益集团纷纷兴起的同时，没有自己的组织的农民在市场交易中被边缘化。

所以，所谓"三农"问题的实质是农民问题。"三农"问题突出表现在农民收入增长缓慢，城乡居民收入差距持续扩大，农村经济、社会发展明显滞后。然而，这只是表象，表象后面的症结却是农民在市场交易中的谈判权力问题。经济体制市场化改革的进程将农民卷入了市场经济的旋涡，可是农民在进入市场时却被压抑在无组织的分散状态，再加上对农村和农民的由来已久的根深蒂固的种种政策歧视，这就让农民犹如赤手空拳的个人去同全副武装的有组织的对手搏斗，分散的农民同交易对手处在完全不对称的谈判地位。这种谈判地位的极端失衡状态，不仅存在于商品交易中，而且存在于土地承包、征用、流转和税费征缴等过程中。

分散进入市场的农民在商品交易中贵买贱卖的状况是显然的，而合作社正是改变这种状况的有效组织形式。据 21 世纪初吉林省梨树县调查，养

---

① 1987 年 6 月 12 日，邓小平在接见外宾时说："农村改革中，我们完全没有预料到的最大的收获，就是乡镇企业发展起来了，突然冒出搞多种行业，搞商品经济，搞各种小型企业，异军突起。这不是我们中央的功绩。乡镇企业每年都是百分之二十几的增长率，持续了几年，一直到现在还是这样。乡镇企业的发展，主要是工业，还包括其他行业，解决了占农村剩余劳动力百分之五十的人的出路问题。"参见《邓小平文选》第 3 卷，人民出版社，1993，第 238 页。

猪农户买一袋 25 公斤的饲料，各家各户向零售点分散购买要 130 元，组成合作社以批发价联合购买只要 108 元，一袋饲料就省 22 元，养一头猪用两袋饲料可节支 44 元；一个养 50 头猪的农户，每个饲养周期就能节省饲料成本 2200 元。对农业生产者来说，节支就是增收。这样的养猪农户一个饲养周期单从饲料这一项成本节支就能增加收入 2200 元。① 此外，还有种子、农药、化肥。这种情况具有普遍性，尽管各地的具体数据不同，但有一点是共同的，联合购买能给农民挽回数量不小的经济损失。这是农民最容易算的账，因而农业生产资料购买合作社往往可以成为农民跨入合作社门槛的第一步。

农民分散购买农业生产资料，不仅价格上吃亏，而且质量难保证。不法商家卖假种子害得农民颗粒无收之类的坑农事件屡屡发生，受害农民往往还状告无门。通过合作社联合购买饲料、种子、化肥、农药等生产资料，有可能选择比较可靠的供应商；特别是合作社之间合作组成联合社以后，联合社更有条件从农业生产资料的生产者那里直接进货，并进行严格的检测，从源头上控制质量。

农产品销售也是农民的一大难题，是他们的利益极易受损害的环节。农民在完全分散状态下同其他市场主体进行交易，不可能有真正的谈判权力。即使面对走乡串村的商贩，他们也往往难以对付其压级压价的收购，你不卖给他，他就让你的瓜果蔬菜烂在地里。更不用说面对实力强大的大企业、大公司，农民个人只能被动甚至被迫接受交易对手单方面设定的交易条件。20 世纪 90 年代我国在农村流通体制的政策导向上提倡"公司 + 农户"模式。② 这种模式对分散、孤立的农户来说固然可以在一定程度上解决农产品销路问题，在某些情况下也可以增加农民收入，但它不可能避免商业资本对作为独立劳动者的农户的控制。在"公司 + 农户"模式下，农民不可能真正拥有谈判权力，成为市场交易的平等主体，因而农民增加收入也肯定是很有限的。公司和农户有不同的利益追求。而合作社是农民

---

① 青旭：《梨树新型农民合作社全扫描》，http://www.chinajilin.com.cn。
② 时任国务院总理朱镕基卸任前夕即 2003 年 3 月 5 日在全国人大十届一次会议上所做的《政府工作报告》中总结任期五年的政绩时说："我们坚持把加强农业、发展农村经济、增加农民收入，作为经济工作的重中之重，下了很大功夫。一是……大力推广'公司加农户'、'订单农业'等方式，发展农业产业化经营，带动千家万户农民进入市场。"

利益的共同体，通过合作社作为市场主体联合销售农产品才能确保农民的谈判权力。

除了解决农民贵买贱卖问题，合作社还能够成为种植业和养殖业的产业升级的重要途径。一方面，它能对家庭经营农户的农业生产过程提供各种社会化的专业服务，另一方面，它有可能对农产品进行深加工，使农产品增值。通过合作社对家庭经营的种植业和养殖业提供专业化服务的支持系统，既能保障农民支配自己的劳动、自主经营的权力，解决农业生产劳动计量与监控成本过高的问题，又能由合作社办理农民一家一户办不了、办不好或办起来不经济的事务。例如，合作社给养殖户社员供应仔猪雏鸡、配方饲料和提供育种、防疫、检测和屠宰等服务，农户就可以集中精力于禽畜的育肥，这样既提高了劳动生产率，也保证了产品质量。合作社对家庭种植户可以提供改良种子、新产品开发、土壤分析、合理施肥用药、农机耕地收割、植物保护、农产品检测和质量控制等服务，在充分发挥农民精心的田间管理的主动性的同时，促进农业生产的标准化、社会化和现代化。

有些人看不到农民家庭经营可以通过合作社在农业生产不同环节上提供各种专业化服务实现农业社会化、现代化的事实，把家庭经营和农业社会化、现代化对立起来，不顾我国农村人口众多、人多地少的国情，盲目鼓吹集中耕地的所谓"规模经营"。这样的"规模经营"无非是两种模式，不是回到行政控制的"集体经济"，就是让农民放弃土地，变成受雇于资本的雇佣劳动者。这两者都是以农民失去自主支配权力为前提的。前者的低效率和农民的依附地位已为历史所证实，后者则将使农民面临巨大的失业风险。

在交易中，农民和交易对手在谈判地位上的失衡，不仅表现在流通领域中，同样表现在土地的承包、征用和流转过程中。20 世纪 80 年代通过承包，农民获得了土地使用权。然而，集体所有的农村土地制度的基本框架并未改变。行使土地集体所有权的仍然是基层行政机构，而且往往是掌握基层行政权力的个人。由此就引发出对农民的种种侵权行为。按照法律规定，农民对家庭承包经营的土地享有长期使用权、经营自主权、流转选择权、收益获得权和法定处分权。可是，法定的权利往往难保农民事实上的权力。乱征滥用耕地屡禁不止，随意缩短承包期或调整收回承包地的现象时有发生，农民在土地流转中被迫接受指定的流转对象和价格的事例也不鲜见。尤其不公平的是，农村土地名义上集体所有，而国家规定集体土地不得进入市场，动用农村土地要由政府征用，然后由政府出让给开发商，征用补偿是政府单方面规定的低价，出让则按市场价，价差归政府所有。在这种土地征用、出让过程中，官商勾结、中饱私囊的腐败现象已是公开的秘密。土地征用的低价补偿还往往到不了农民的手，而被村里掌权者克扣、截留或滥用。如此等等侵害农村土地的集体所有权和农户使用权的事实，有一个总的根源，就是农村土地集体所有的产权主体含糊不清，农民在土地征用、承包和使用权流转中没有谈判权力，土地征用由政府强制执行，土地发包或改变承包状况的权力掌握在农村基层党政机关甚至个别实权干部手里。

通过按国际通行的合作社原则组建的合作社的推广和发展，或许是逐步改变农村基层这种权力结构的一个可行途径。然而，在农民谈判权力受压抑情况下已经形成的利益结构和权力结构的现实中，这种改变显然是十分艰难的。它需要高层有魄力的推动，这将是对决策智慧和战略勇气的考验。

至于农村乱收费、乱摊派、税费负担过重问题，同样和农民谈判权力缺失有关。面对名目繁多的税费，农民只有照缴的义务，没有任何谈判的余地。农民税费负担过重有多重原因，治理需要多管齐下。农村基层的财权和事权不对称，逼得基层政权设立种种名目征收税费，这自然要通过公共财政改革来解决。基层机构臃肿，公款养人过多，要靠基层体制和机构改革来解决。此外，还有一个非常重要的原因是未能适应计划经济向市场经济转轨的要求转变政府职能，政府还在包揽许多政府办不好的事情。其中相当大部分的事，完全应该而且可以让农民自己的合作社来办，这样既可提高效率，又能使农民得到实惠。

四　合作社和就业

当前，中国就业形势面临着城市经济体制转轨和农村剩余劳动力转移的双重压力。而且，就业供求总量上的需求不足和就业供求结构上的高素质劳动力供应不足同时并存。①

改革开放以前，我国劳动就业实行城乡隔离政策，严格控制农村劳动力向城市转移。而城市中的就业资源都由政府垄断，政府有限的财力又远远不足以保证城市适龄人口充分就业，于是在"上山下乡，接受贫下中农再教育"的政治口号下将城市"知识青年"成批成批地推向劳动力本已严重过剩的农村。从 1962 年至 1979 年末，城市下乡知青累计 1776 万人。1976 年"文化大革命"结束后，在国民经济尚未从濒临崩溃的危机中走出来的情况下，1977 年、1978 年广大下乡知青潮涌般自发返城，要求政府安置就业岗位，就业问题顿时形成爆炸性形势。情急之下，高层决定改变国有经济一统天下的垄断局面，有限度地开放非国有的就业渠道。当时，由于私营企业早已消灭，个体经营也几近绝迹，能够立即见效的只有在国有单位以少量资源扶持下恢复和兴办集体企业，因此各行各业都大办集体企业，安置本系统、本单位员工的子女就业。而持续已久的短缺经济，也为这些企业提供了可以填补的市场空间，使之得以存活。然而，在计划经济体制下形成的集体经济，从来都是国有部门的附庸，产权不清、政企不分，工资福利待遇低，而被侵权的制度性风险高。20 世纪 70 年代末 80 年代初为安置就业应急所办的集体企业沿袭了原有体制，不久就显现出活力不足的弊端。在新生的内外资私营部门的市场竞争和既有的国有部门垄断资源的双重挤压下，20 世纪 80 年代中期城镇集体经济就开始出现停滞现象，进入 90 年代后更趋向绝对萎缩。大多集体企业陷入困境，而少数效益较好的集体企业却又往往成为国有部门利用所谓"挂靠"、"主办"关系和人事控制权力无偿吞并其产权的侵权对象。于是，集体企业渐渐丧失就业创造功能，而且它们本身往往成为形成失业人员的源头之一。

当然，在体制改革和结构调整过程中，就业人数减少最多的是国有部门。城镇就业人数，2005 年和 1996 年相比，国有部门减少 4756 万人，非国有部门增加 12165 万人。2005 年城镇就业人数中，国有部门所占比重已

---

① 中国拥有世界四分之一的劳动力，排名世界第一，但是，据瑞士管理发展研究所对 30 个国家 2003 年竞争力调查，按熟练劳动力排序，中国竟列第 28 位，具备 IT 技能的劳动力列第 29 位。劳动和社会保障部：《中国就业论坛专题报道》，http：//www.labournet.com.cn，2004。

下降到 23.7%。[①]

农业剩余劳动力转移就业的主渠道在 20 世纪 80 年代是乡镇企业，而自 20 世纪 90 年代以来，农民离乡进城务工经商人数迅速增加。截至 2003 年底，乡镇企业吸纳劳动力 1.36 亿人，占农村劳动力的 27.8%，农村劳动力到乡以外地方流动就业的人数已超过 9800 万人。[②]

纵览就业结构的变化，值得注意的一个问题是，合作社至今仍被排斥在我国就业战略的视野之外。所以，很有必要探讨市场经济中合作社的就业创造和就业保障功能。

合作社作为一种企业形态与经济组织，和其他形态的企业和经济组织同样具有生产性就业创造的功能。同时，合作社由于其特性又具有其他企业形态和经济组织不具备的特有的就业创造和就业保障功能。据国际合作社联盟统计，全世界在一切类型和形式的合作社工作的员工总数，超过跨国企业的员工总数。[③] 这个数据不包括不是合作社员工的合作社社员。

世界上多种多样的合作社，按社员身份区分，大体可以概括为两大类：一是使用者合作社，二是员工合作社。使用者合作社是以合作社服务的使用者为社员的合作社，由作为社员的使用者联合所有、民主控制、分享合作社服务与收益。合作社服务的使用者包括需要合作社提供生活服务的消费者和需要合作社提供生产服务的生产者（主要是农业生产者）。员工合作社是以合作社的员工为社员的合作社，社员与员工身份合而为一，他们是合作社的联合所有者、共同劳动者、民主控制者和合作社经营成果的享有者。使用者合作社和员工合作社都有就业创造功能。

使用者合作社对就业创造的贡献包括两个方面。一方面，合作社为社员服务的经营活动本身就需要各种从业人员；另一方面，通过合作社服务也可以为社员创造更好的就业条件。就后者而言，如果使用者是农业生产者，合作社为他们开拓了农产品销售市场，或提供了各种生产性服务，他们就有可能从农业的深度和广度上开辟更多生产门路，使农业生产容纳更

---

① 中华人民共和国国家统计局：《中国统计年鉴 2006》，中国统计出版社，2006。
② 国务院新闻办公室：《中国的就业状况和政策》，http：//www.labournet.com.cn/ldnews/fikview.asp？fileno=27521，2004。
③ Statistical Information on the Cooperative Movement，http：//www.ica.coop.

多的劳动力。如果使用者是消费者，那么，合作社提供了家务劳动的社会化服务，包括例如照料婴幼儿或缺乏自理能力的老人，或者供应安全、卫生、新鲜、合乎营养标准的日常餐饮等服务，这些消费者家庭有劳动能力的人就能更放心地去从事他们的职业，并有更好的休闲活动，进而更有效率地工作。

至于员工合作社，它们更是以就业创造和就业保障为首要目标的企业，为社员创造和保障就业岗位是它们的天职。员工合作社就业创造和就业保障的功能是由合作社的本性产生的。自助、自担责任、平等、公平和团结是合作社的基本价值。合作社不是慈善组织或救济机构，而是由其成员自愿联合起来自助的企业。员工合作社适合多种不同情况的人员创业和就业。失业人员或就业困难人员，通过筹集少量资本就有可能为自己创造就业岗位，实现生产自救。但是，员工合作社不只是适用于困难人群。例如，刚走出校门的大学毕业生，通过员工合作社形式联合创业，也是不错的选择，这个途径能够增强他们自我创业、自担责任的自信和能力，而且合作社民主治理的实践，以及合作社本性所蕴含的信奉诚信、开放、社会责任和关怀他人的伦理价值传统的熏陶，也是他们学习民主、培育成为对社会负责任的公民的大学校。某些国有企事业的专业人员因受体制束缚不能充分施展他们的才能而辞职，几个人出来联合创业，员工合作社也是一种可行的选择；其实，早在一二十年前，就有人想这样做，可是由于法律缺失，合作社无法注册登记，政府只准合作社注册登记为"集体所有制企业"，而且政策还迫使它"挂靠"在国有企事业单位，结果造成企业产权混淆、体制紊乱、屡遭侵权的后患，如果当时没有这种政策误导和政策歧视，这些企业现在的状况就会大不一样。此外，在现代市场经济国家，濒临倒闭的企业由员工买断产权，改组为员工合作社，使企业复活，员工避免失业，也有不少成功的案例。在我国，国有小企业改制也有员工买断产权后改组为所谓"股份合作制"企业的，但是，它在政府干预下未能按国际通行的合作社原则规范，而是掺入了某些缺乏科学依据的出于权宜之计的制度安排，以致在员工的所有者权益保护和社会保障基金补偿等方面给改组后的企业遗留下不少难题，而政府在应该调整的相关政策上又久拖不决，这种状况亟待改变。

创办小企业和微型企业是劳动者自谋职业的有效途径。它们本身不一定是合作社，然而，它们需要合作社服务的支持。南非有一家名叫"Ye-bo"的合作社，属于"分享服务合作社"（shared services cooperative）类型，由各种自助组、小企业或小合作社等作为成员自下而上联合组成。它给成员企业的经营活动提供他们所需要的多方面的支持性服务。成员企业通过分享服务合作社能够增强他们在同大供应商做生意时的谈判地位。例如，Yebo 合作社组织乡村社区联合购买玉米面可以降价 28%；组织面包房批量购买面粉可以降价 24%。Yebo 品牌在市场上打响后，成员面包房可以用 Yebo 品牌出售面包，因而面包销量也增加了。Yebo 还对成员企业与组织提供咨询、培训、金融、会计等服务。同时，通过合作面包房给失业者进行烘烤技术培训，帮助他们开办自己的面包房。① 据德国合作社专家评价，分享服务合作社适用范围很广；在德国，有 1400 个分享服务合作社，25 万名成员，年营业额总计约达 800 亿欧元，手工艺人的 60%、零售小店主的 75%、面包房的 90% 参加了分享服务合作社。②

无论合作社或非合作社企业的创业都需要金融支持，金融合作社通过对企业创业的支持创造就业机会的功能不可忽视。尤其值得注意的是，金融合作社在具有特定的激励、约束机制的制度安排下，以微型金融扶持创办微型企业，让它们通过"鸡生蛋、蛋生鸡"的循环逐步成长，帮助贫困人口脱贫，也有不少生动的成功故事。

残疾人等脆弱群体的就业是需要社会特别关注的问题。目前我国残疾人人数约占全国人口总数的 5%，有 6000 万人左右；其中处于劳动年龄段的有 2400 万人，据 2003 年底统计，城乡合计残疾人就业率为 83.9%。③就是说，还有 16.1% 的失业率。我国政府通过举办集中安置残疾人就业的"福利企业"和对招工中吸纳一定比例残疾人的企业给予补贴的政策是有成效的，但是也存在着不容忽视的缺陷。由于政府对安置残疾人就业的财

---

① Yebo 合作社提交给联合国经济社会事务部、国际劳工组织和国际合作社联盟 2006 年 5 月在上海联合召开的"合作社与就业专家组会议"的报告"Development of Shared Services Cooperatives and Informal Economy in South Africa。"
② 德国合作社专家 Jurgen Schwettmann 在上述专家组会议上的发言"Shared Service Cooperatives: Introductory Remarks"。
③ 国务院新闻办公室：《中国的就业状况和政策》，http://www.labournet.com.cn/ldnews/fikview.asp? fileno =27521，2004。

政补贴是补给企业，而不是直接补给个人，实践中就发现有些企业骗取或挪用残疾人就业补贴的情况。如果就业补贴直接补给个人，让残疾人以此作为出资办员工合作社，并由他们对企业实施民主治理，也许经济效率会更高，而且更能尊重他们的人格尊严，有利于增进他们的心理健康。现代市场经济国家有不少通过员工合作社解决残疾人就业问题的成功经验。意大利社会工作者首创的"社会合作社"（social cooperative），更将志愿者的社会工作和包括残疾人在内的脆弱群体的自助结合起来，走出一条社会工作志愿者通过合作社企业帮助脆弱群体就业的路子。这类社会合作社按员工合作社框架组建和运作，但是有从事社会工作的志愿者参与。

员工合作社既有就业创造的功能，又有就业保障的功能。当代世界最大的也是最成功的员工合作社——西班牙蒙德拉贡合作社公司（Mondragón Corporación Cooperativa，MCC）是杰出的典范。[①] 它包含工业、商业、金融三个集团，120个合作社。经过半个多世纪的探索，它的就业创造已经制度化、社会化。蒙德拉贡在1956年创立了第一个工业生产合作社，到1959年有3个工业合作社和1个消费合作社时，它们就联合创立了合作银行，通过合作银行将各个合作社联结起来。这个合作银行除了开展金融业务，对成员合作社提供金融支持外，还专门设立了一个约有100名包括各类专业人员的合作社创业部，成为新的合作社的孵化器和已有合作社的管理顾问，能够为合作社的创办和管理提供成套服务。20世纪90年代成立蒙德拉贡合作社公司后，合作社创业部从银行分离出来，改组设立若干专业化的功能性合作社，包括教育培训、研究开发、会计审计等合作社，为蒙德拉贡所有合作社提供支持性服务。

蒙德拉贡合作社的就业保障功能在西班牙经济危机时期表现尤其突出。20世纪80年代初期西班牙经济危机最严重时全国失业率超过20%，蒙德拉贡所在的巴斯克地区更高达27%，而蒙德拉贡合作社虽然未能幸免于危机的袭击，但是它终于保住了就业岗位，失业率最高时仅0.6%。它

---

① MCC：《蒙德拉贡合作社公司现行规则汇编》（中文本），蒙德拉贡合作社公司驻中国代表处提供，1991。MCC. 2007. "The History of an Experience." http：//www. mcc. es. MCC, The Cooperation the New Century（Paper Represented at the Expert Group Meeting on Cooperatives and Employment, Shanghai, 2006）. 布鲁诺·罗兰兹：《蒙德拉贡合作制历史分析》（中文本），蒙德拉贡合作社公司驻中国代表处印发，2000。

采取了多种反危机的就业保障措施。第一，合作社的每个社员都有个人资本账户，历年盈余的劳动分红都资本化，记入个人资本账户，账户中积累的资本要待社员退休才兑现。经济危机期间，社员可以决定让合作社局部亏蚀他们的资本账户，以保证合作社债务的清偿，保护合作社免于破产和社员免于失业。第二，由于合作社的员工本身就是社员，市场销售状况恶化时，他们首先要保就业，宁愿为此实行弹性工作时间或者暂时减少工资，等危机过后再把损失补回来。第三，通过合作银行和保险合作社的功能，开展合作社之间的援助，当时生产出口产品的合作社境况稍好，就吸收困难合作社的社员工作，共渡难关。第四，合作银行通过免息以至减免债务支持个别濒临破产的合作社进行财务重组，帮助其摆脱破产的厄运。

蒙德拉贡合作社的社会保障功能也非常值得重视。20 世纪 50 年代合作社刚起步时，政府以它们的员工属于社员"自我雇佣"为由，不准他们享受社会保障待遇。于是蒙德拉贡各个合作社不得不联合成立保险合作社，为社员提供合作保障。后来，法律承认工业合作社（员工合作社）的员工社员享有和其他类型企业的员工同等的社会保障权利。这样，合作保障加上社会保障，蒙德拉贡合作社的员工社员就有了双重保障。不仅如此，我们在上面谈到的社员个人资本账户其实对社员退休养老也有重要的保障功能。合作社在个人出资入社时就为每人设立个人资本账户，然后，合作社除按账户中的资本每年给社员现金支付利息作为使用资本的成本以外，税后利润中的分红基金都按各人的劳动贡献分红，并实现红利资本化，逐年记入该账户。而且，每年都按通货膨胀率对账户进行调整，使账户中的资本保值。这样，社员在合作社工作几十年后退休时，个人资本账户中积累了相当大一笔财富可以兑现，这比现代市场经济国家中任何公司的养老金计划都有更强的养老保障功能。

合作社创造和维持就业机会的贡献受到国际社会的关注。联合国秘书长两年一度有关于合作社问题的报告，2007 年的报告《合作社在社会发展中的作用》，主题就是"合作社如何在促进充分就业和生产性就业方面发挥作用"。[①]

---

① 联合国秘书长报告《合作社在社会发展中的作用》（中文版），http：//www.un.org/zh/documents/view_ doc.asp？symbol = A/62/154&Lang = C。

五　合作社功能和社区发展

合作社能够为社区发展做出独特的贡献，已是国际公认的事实。在我国，社区通常被理解为只是指居民点的小范围地区。其实，中文"社区"一词对应的英文 community 是个多义字。仅就本节所论问题而言，对它至少可以有两种理解，一是将它理解为居民聚居点的地域概念，二是将它理解为具有共同的利益、文化、伦理、习俗或信仰等集合因素的社会群体概念。合作社是草根组织，扎根于社区，无论对地域概念的社区还是社群概念的社区的发展都能做出它们特有的贡献。

就地域概念的社区来说，多种形式的消费者合作社能为社区居民和他们的社区服务。以下举例说明。（1）设在社区的零售合作社为居民提供购物便利，在现代市场经济中，零售合作社通常都有批发合作社为其提供商品配送服务，连锁经营，这样不仅能节约社员的消费支出，而且能从进货源头上控制商品的品质，尤其是保证食品安全。合作社和社员的关系不同于一般商店和顾客的单纯买卖关系，社员民主控制的机制约束着合作社管理层必须对社员负责，就在机制上预防欺骗、坑害消费者的行为。所以，对消费者权益的保护，如果说消费者协会只能在消费者受损投诉后才被动予以保护，那么合作社依靠自身的制度安排有可能做到事先主动保护。（2）住宅合作社或建房合作社可以使社员避免房地产开发商的暴利盘剥，并可按社员意愿设计更适合他们居住需求的住房和改善物业管理。目前在我国各地出现的"集资建房"或购房者的"砍价联盟"、"团购"等松散的自发结合形式，虽然离住宅合作社或建房合作社还很远，但是也确实反映了购房者试图通过合作同房地产开发商暴利行为抗衡的意愿。国家的政策导向应该是为这类自发结合形式向住宅合作社或建房合作社演化提供便利，而不是设置障碍。（3）社区保健合作社可以使居民就近获得小病简易医疗和预防保健服务，或者给病人提供家庭护理服务，并促进社区卫生环境改善。（4）家政服务合作社可以使需要雇人料理家务的家庭和家政服务人员在合作社内建立经常的、密切的联系，彼此有更多的了解，并可按社员家庭的需求更有针对性地加强对家政服务人员的培训。这样，有可能做到使雇主和被雇者双方都放心和满意，建立更融洽的关系。现在城市家庭雇用保姆或"钟点工",在雇用前大多都不了解,彼此难免会有点不放心,或者雇用后产生一些事先未能预料的矛盾。家政服务合作社则可能减少这类问题。此外,居民生活需要的其他社区服务事业,只要居民愿意,也可以采用合作社形式来办。

就具有共同利益和特征的社会群体而言的社区概念来看,国人可能比较陌生,但是国外也不乏合作社促进社区发展的成功经验。世界闻名的加拿大 Desjardins 集团(Desjardins Group)就是突出范例。①它创立于 1900年,经历了百余年的发展,已经形成为拥有银行业、保险业、信托业、基金业、证券经纪业和投资顾问业等全能银行业务的合作社金融集团。据2006 年底数据,它的总资产达 1351 亿加元,成员合作社 549 个,社员 582万多人,员工近 4 万人。它是加拿大最大的合作社金融集团,也是全国第六大金融机构。而在魁北克省,它对全省经济、社会发展的贡献更是举足轻重,甚至可以说,魁北克省近一个世纪以来的历史是和 Desjardins 密不可分的。

Desjardins Group 因它的创始人 Alphonse Desjardins 而得名。他出生于魁北克省的穷苦家庭,当过记者、办过报。魁北克省是法语加拿大人聚居的地区。19 世纪末该省百余万人口大多居住在乡村,此前几十年的一系列歉收使许多农民负债累累,高利贷异常猖獗。1892 年 Desjardins 在下议院当法语速记员以后,听到议会辩论中一位议员说起一个利率竟高达 3000%的高利贷案例,十分震惊。于是他决心寻求根除高利贷的有效途径。他在研究中读到 Henry W. Wolff(1896)②所著《人民银行:一个社会与经济成就的纪录》(*People's Banks*:*A Record of Social and Economic Success*)一书,使他茅塞顿开。书中描述了欧洲的人民银行和乡村信贷合作社,那里所说的人民银行是合作银行,不是中国人民银行那样的国家银行。Desjardins 通过该书作者的帮助,到欧洲进行了实地考察。他发现社员自己的储蓄与信贷合作社正是能够使他的社区摆脱高利贷恶魔的经济组织手段,就在他的家乡找了一些志同道合者,于 1900 年 12 月 6 日创立了他们第一个法语叫

---

① 参阅 Desjardins Group."About Desjardins:Company Profile."http://www.desjardins.com。
② Henry William Wolff(1840—1930),英国人,曾任 1895 年在伦敦召开的国际合作社联盟第一次代表大会(成立大会)筹备委员会主席。

作 caisse populaire 的储蓄与信贷合作社。Caisse populaire 的语义就是"大众银行",以区别于一般银行。他为这个新的组织形式赢得公众信任和立法支持而坚持不懈地奔走,在游说联邦立法几年未果的情况下,他转向魁北克省政府,该省终于在 1906 年通过合作社法。此时他已经创立了 4 个 caisses populaires。魁北克省立法后,caisse populaire 获得了法律地位,发展进程大大加速,从 1907 年到 1914 年,Desjardins 又创立了 146 个 caisses。1920 年 10 月 31 日 Desjardins 逝世的时候,已经有 220 个 caisses populaires,其中 187 个在魁北克省,24 个在安大略省,9 个在美国。仅魁北克省就有约 3 万名社员,近 600 万加元总资产。

Desjardins 逝世之前,就曾提出将已有的 caisses 组合建立联合社的计划纲要。他的继承者继续完成并发展了他未竟的事业。他们先是分别建立若干地区协会,1932 年在地区协会基础上成立了魁北克省 Caisses Populaires Desjardins 联合社。它经受了 30 年代大危机和第二次世界大战的严峻考验,不仅没有停滞,反而将 caisses 作为拯救魁北克省走出危机和缓解战争影响的经济改革途径,使 caisses 得到了长足发展,覆盖魁北克全省。到 1944 年,已有 caisses 877 个,比 1920 年 Desjardins 逝世时几乎翻了两番;总资产增加到 8800 万加元。

自 20 世纪 40 年代起,在 caisses 继续增长的同时,Desjardins 集团开始向银行业以外的金融服务领域拓展。1944 年和 1948 年先后成立了为 caisses 及其社员提供财产保险和人身保险的保险合作社。20 世纪 60 年代以来,通过一系列对私营金融公司的收购,逐步向信托、投资基金、证券经纪、实业投资等领域延伸,实行合作社金融多元化经营,而且创造了优异的业绩。Desjardins 金融安全人寿保险公司(Desjardins Financial Security Life Assurance Company)成为位列加拿大全国第八的人寿与医疗保险公司,它通过分布在各地贴近社员的 caisses 出售人寿与医疗保险系列产品,呵护着 500 多万社员的金融安全。Desjardins 信托公司(Desjardins Trust)以营销 Desjardins 基金系列的非凡业绩居于加拿大最佳投资基金销售者之列,同时,在全国 301 家管理年金的公司中,它的管理服务和保管服务的质量位居第一。

Desjardins 集团无论怎样成长和扩张,万变不离其宗,始终忠于它的合作社宗旨。它的业务范围包含一般金融机构的几乎所有现代金融业务，然而它的经营具有一般金融机构不可能具备的特性和功能。社员所有、民主控制、社员享有合作社的服务和惠顾返还，是合作社的制度基础。正是在这样的制度基础上，Desjardins 集团提出了"金钱为人民运转"（money working for people）的响亮口号。它业绩优异，但盈利本身还不是它的最终目标，只是实现它的真正目标的手段，它的目标是给它的社员提供高质量的金融服务和支持社区发展。Desjardins 集团百年历程证明，金融服务合作社是社员能够将他们的金融未来掌握在自己手里和帮助他们的社区变迁的道路。它经久不衰的秘密就在于坚持从社员的利益出发，为社员服务，满足他们的需求，并办成对社会负责任的企业。它作为经济组织，是在现代市场经济中有竞争力的金融企业；它作为对社会负责任的企业，又是具有社会功能的经济组织。

Desjardins 集团主动履行企业社会责任，不仅表现在它的服务业务对社员负责，而且它在经营中倡导和实践"负责任的投资"和"负责任的消费"。负责任的投资就是投资有益于环境和社会的金融产品。例如，Desjardins 风险资本公司管理的地区合作资本是投资于魁北克全省的合作社和其他企业的地区发展基金，社员通过投资这个基金能对魁北克省的成长和壮大直接做贡献。Desjardins 发行和销售的"伦理基金"和"环境基金"投资于经认真筛选的履行社会责任和维护与改善环境的企业。它通过微型信贷支持个体劳动者和微型企业的创业活动，通过年轻人合作社教育基金帮助年轻人合作创业，通过在老年人中推行"照管你的生命和你的财产"计划，减少老年人遭受财务剥削。作为地球日计划的组成部分，Desjardins 提出使用生态友好型单据的倡议，鼓励社员利用网上对账单替代纸面对账单，以节约纸张；同时它承诺将节约的成本用于造林，仅最近四年就植树约 20 万棵，它们每年可吸收约 2000 吨温室气体，并保护生物多样性。

Desjardins 集团以其经营活动的盈余回馈社区。2006 财政年度税后利润 9.88 亿加元的 55.36% 回馈社区，合计 5.47 亿加元，其中 4.83 亿加元用于社员惠顾分红，6400 万加元用于对社区的捐献、资助和奖学金。

企业社会责任不是只有合作社才应该履行的，事实上，当代各种类型的企业中进入履行社会责任的企业公民行列的企业正在逐年增多。然而，非合作社企业履行社会责任，往往难免夹杂有自身商业利益的动机。合作社将企业社会责任置于它们日常经营活动的中心位置，则是合作社价值与原则使然；否则，它们就会背离合作社本性。

Desjardins 集团案例给我们的启示是多方面的。主要有以下几个方面。

第一，合作社在现代市场经济中是能够成长壮大为举足轻重的有竞争力的现代大型企业的，同时又保持合作社本性。

第二，千里之行，始于足下。没有 1900 年创立的小型 caisse，就不会有如今深刻影响着魁北克全省发展的拥有 500 多万社员的金融服务业务全面发展的 Desjardins 集团。可见，社会功能建设不应轻视任何"微小"的起步，关键不在起步的规模，而在它的功能和可持续性。

第三，政府应该尊重民间对社会功能建设的制度创新探索。没有探索自由，就不可能有制度创新。试想，Desjardins 当年创立 caisse 时，如果就被扣以"非法集资"的罪名下狱，哪来今天世界闻名的 Desjardins 集团。

第四，合作社的创业不同于一般私营企业的创业。一般私营企业，任何有私利动机的人只要有能力都可以办。而合作社凡能办成百年老字号的，通常都同它的创始人的奠基密不可分，而这样的创始人要既有为大众谋取利益的动机，又真正懂得合作社的真谛。Alphonse Desjardins 就是这样的创始人。

第五，Alphonse Desjardins 办合作社，不是靠个人权威来维系合作社的运作，而是靠合作社功能的制度化，因此，他逝世后，他的志同道合者和后继者仍然都能坚持合作社价值和原则，并使之适应不断变化着的新形势，保证合作社发展的可持续性，使 Desjardins 集团长命百岁。

第六，中国现实社会存在着对合作社服务的广泛的潜在需求，也不乏有能力创建合作社百年基业的有志之士，严重缺失而亟须营造的是支持合作社发展的制度、立法和政策环境。

参考文献

[1] 唐宗焜：《中国合作社政策与立法导向问题》，《经济研究参考》2003 年第 43 期。

[2] 《中共中央关于建立社会主义市场经济体制若干问题的决定》，中共十四届三中全

会 1993 年 11 月 14 日通过。

[3]《中共中央关于完善社会主义市场经济体制若干问题的决定》，中共十六届三中全会 2003 年 10 月 14 日通过。

[4] Henriques, Michael, 2007. "Sustainable Enterprise and Social Responsibility." Presentation at the ICA General Assembly in Singapore, 18 October. http：//www. ica. coop.

（本文原载于《经济研究》2007 年第 12 期）

农民专业合作社发展辨析：一个基于国内文献的讨论

徐旭初[*]

一　引言

如今，《农民专业合作社法》实施已届五载。

一方面，农民专业合作社发展势头强劲，覆盖范围扩大，合作水平提升。截至 2012 年 3 月底，全国依法注册登记的农民专业合作社超过 55 万家，其中，近 5 年的发展量相当于之前 28 年各类合作经济组织总量的 3.7 倍。全国合作社数量平均每月增加约 1 万家，已经覆盖了全国 91.2% 的行政村；实有入社成员 4300 多万，覆盖了全国 17.2% 的农户；每个合作社平均有近 80 名成员。目前，农民专业合作社正从横向合作向纵向合作深化，从单一功能向多种功能拓展，从传统合作向新型合作演变，从农户间合作向社际协作迈进。①

另一方面，在农民专业合作社蓬勃发展的形势中，也乱象杂呈，公议纷纷：合作社内部运行亟待规范、合作社领导人亟待培育、农民合作意识亟待提高、政府扶持政策亟待落实、各种所谓"假合作社"或"翻牌合作社"亟待引导等问题诸多。不仅如此，当兴办合作社成为一种任务（特别是地方政府考核的任务）、一种时髦（特别是彰显所谓益贫偏好的时髦）、一种手段（特别是可以比较轻松地套取政府直接财政扶持的手段，以及相关主体参与寻租的手段）时，人们面对的必然是一片莽莽的"合作社丛

---

*　徐旭初，浙江大学中国农村发展研究院教授。

①　参见《国务院副总理回良玉在全国农民专业合作社经验交流会上的讲话"全面提升农民专业合作社的发展水平和质量"》，《农民日报》2012 年 7 月 6 日。

林"，数量众多，类型繁杂，良莠难辨。而对于具有共同体属性（甚至可以说是意识形态色彩）的农民专业合作社，社会各界无疑格外关注其现实形态的合意性。诚然，"处于社会主义初级阶段的合作社在实践中必然呈现异质性和多样性的特点，它们只有在发展中才有可能逐步规范。关键是合作社朝什么方向发展？"①

农业经济研究必然是问题导向的。正是在上述现实背景下，当今凡是关注农民专业合作社发展的人都在以不同形式进行着自己的思考，理论工作者更是如此。笔者以为，就当下的公议和争论而言，其核心大致可归结为这样几个问题：农民专业合作社的质性规定究竟是什么？中国农民专业合作社发展的现实约束究竟有哪些？如何阐释中国农民专业合作社现实的制度安排？如何评价中国农民专业合作社显著的异化现象？为此，本文力图结合近年来国内已有的农民合作社理论研究成果，深入辨析这些理论和实践问题，进而提出今后中国农民合作社研究的可能路径。

二　农民合作社的质性规定和制度边界

近年来，时隐时现地贯穿在诸多合作社研究中的核心问题是合作社的质性规定（制度特性）问题，即究竟什么是使合作社有别于其他组织形式的——成为这种而非那种组织形式的——质的规定性？更加有趣的是，每当该问题凸显的时候，往往就是合作社实践特别多元、合作社类型特别丰富，而人们又难以辨识其质性的时候。不难发现，大约在 2000 年及随后几年中，围绕合作社发展的必要性和法律地位，学界曾有一个对合作社质性的讨论比较集中的阶段②；而 2011 年以来，随着各地农民专业合作社的迅

<hr />

① 张晓山：《农民专业合作社的发展趋势探析》，《管理世界》2009 年第 5 期。
② 参见张晓山《合作社的基本原则与中国农村的实践》，《农村合作经济经营管理》1999 年第 6 期；杜吟棠、潘劲《我国新型农民合作社的雏形——京郊专业合作组织案例调查及理论探讨》，《管理世界》2000 年第 1 期；林坚、王宁《公平与效率：合作社组织的思想宗旨及其制度安排》，《农业经济问题》2002 年第 9 期；苑鹏《中国农村市场化进程中的农民合作组织研究》，《中国社会科学》2001 年第 6 期；国鲁来《合作社制度及专业协会实践的制度经济学》，《中国农村经济》2001 年第 4 期；应瑞瑶、何军《合作社的异化与异化的合作社——兼论中国农业合作社的定位》，《江海学刊》2002 年第 6 期；徐旭初《合作社的本质规定性及其它》，《农村经济》2003 年第 8 期；廖运凤《对合作制若干理论问题的思考》，《中国农村经济》2004 年第 5 期。

猛发展以及各色合作社的涌现，特别是各种所谓"假合作社"、"翻牌合作社"、"精英俘获"、"大农吃小农"等不合理现象的存在，对合作社质性规定和制度边界的讨论又一次活跃起来，而且不少人质疑"合作社原则，最后还能坚守什么？"① 中国农民合作社又走到了一个新的十字路口。

在经济学意义上，合作社是社员共有资产的剩余决策权和所有权的治理结构。黄祖辉指出，合作社与社员的关系既不是完全外包的市场交易关系，又不是完全内化的科层治理关系，而是介于两者之间的科层与市场相结合的产业组织关系。② 不过，通常人们更关注的是合作社在意识形态层面的质性规定。在这方面，国际合作经济界的基本共识是：合作社是一种兼有企业和共同体双重属性的社会经济组织。该共识一方面强调了合作社的商业组织性质，另一方面强调了合作社民主控制、经济参与的原则。事实上，许多学者从合作社的价值理念以及国际合作社联盟确定的七项原则出发来讨论合作社的本质和内核。一些学者认为，合作社的制度特征有自己特定的适用范围，因而主张严格遵守"合作制的本质就是要限制外部资金进入企业并分割企业利润，如果允许大量外部资金进入企业并分享其收益，它就不是合作制而是股份制企业了"。③ 但是，更多的学者则主张灵活把握。例如，应瑞瑶、何军认为，在合作社的诸原则中，社员民主管理原则、社员经济参与原则两项是根本性的，但社员民主管理也不必拘泥于"一人一票"。④ 牛若峰认为，在一人多票的情况下，为防止大股东控制合作社，要规定社员持股额度和股金投票权的比例；合作社可以吸纳社会资金参股，投资持股者可以参与按股分红，但不干预合作社的经营业务。⑤

林坚、王宁指出，合作社天然地具有追求社会公平与经济效率的双重

---

① 潘劲：《中国农民专业合作社：数据背后的解读》，《中国农村观察》2011 年第 6 期。
② 黄祖辉：《中国农民合作组织发展的若干理论与实践问题》，《中国农村经济》2008 年第 10 期。
③ 廖运凤：《对合作制若干理论问题的思考》，《中国农村经济》2004 年第 5 期。
④ 应瑞瑶、何军：《合作社的异化与异化的合作社——兼论中国农业合作社的定位》，《江海学刊》2002 年第 6 期。
⑤ 牛若峰：《论合作制的演进与发展——纪念罗奇代尔先锋公平社诞生 160 周年》，《牛若峰工作室通讯》2004 年第 12 号（总第 48 号）。

目标，相应地，二者之间的矛盾也成为合作社与生俱来的矛盾。[①] 苑鹏认为，尽管合作社千差万别，但其制度安排的本质是一样的，即社员的所有权、控制权和收益权是建立在其对合作社使用的基础上的。[②] 徐旭初也认为，合作社与其他经济组织的根本区别在于社员身份的同一性，即社员既是合作社的所有者（投资者），又是合作社的惠顾者（使用者）。他还指出，合作社可能出现若干种偏离"理想型"合作社制度的制度形态，特别是在合作社进入追求附加值阶段，这种偏离几乎是必然的。[③] 黄祖辉、邵科认为，随着时代的变革，合作社的本质规定性正在发生漂移，这种情况对中国农民专业合作社发展也有重大影响。为此，既要充分认识合作社有别于其他组织的本质规定性及其漂移的不可避免性，也不必强制干预这种漂移的发生，而应鼓励社员按照章程自主选择是否允许以及在多大程度上允许这种漂移的发生。同时，政府部门则可以通过相关法规合理引导这种漂移。[④]

围绕纷繁的农民专业合作社发展现状，张晓山提出："在今后合作社的发展进程中，作为社员的农民（从事农产品专业生产或营销的农户）能否成为专业合作社的主体？他们在合作社中的经济利益是否能得到维护，民主权利能否得到保障？他们获取的剩余能否增加？合作社的资产所有权、控制决策权和受益权是否能主要由他们拥有？这应是农民专业合作社未来走向健康与否的试金石，而这必须由实践来检验。"[⑤] 任大鹏、郭海霞则具体讨论了"合作社的真伪之辨"，认为自《农民专业合作社法》实施以来，评定一个合作社的真伪，首先，需要在法律框架下根据《农民专业合作社法》确立的合作社原则进行对照与辨析；其次，工商部门的登记注册环节也是程序上一个重要的认定指标；最后，还要在现实中认真分析合作社的运作方式和功能，尤其要看它在治理机制、盈余分配两个环节中是

---

① 林坚、王宁：《公平与效率：合作社组织的思想宗旨及其制度安排》，《农业经济问题》2002 年第 9 期。

② 苑鹏：《试论合作社的本质属性及中国农民专业合作经济组织发展的基本条件》，《农村经营管理》2006 年第 8 期。

③ 徐旭初：《中国农民专业合作经济组织的制度分析》，经济科学出版社，2005。

④ 黄祖辉、邵科：《合作社的本质规定性及其漂移》，《浙江大学学报》（人文社会科学版）2009 年第 4 期。

⑤ 张晓山：《农民专业合作社的发展趋势探析》，《管理世界》2009 年第 5 期。

否真正体现了合作社的特征。① 潘劲则提出了鲜明的质性疑问："百分之八九十的股权掌控在单个成员手中，在这样的合作社中，还能有真正的民主吗？如果说合作社是低成本运作，没有多少盈余，从而不能按交易额比例返还盈余，人们对此还可以理解；那么，没有按交易额比例返还的盈余，却有按股分配的利润，这利润又是从何而来？如果合作社盈余全部按股分红，与交易额没有任何关联，这又与投资者所有的企业有何区别？"②

有关合作社的质性规定和制度边界的研讨，还间接地反映在这些年来关于究竟应该发展哪一类型合作社组织的讨论中。一方面，温铁军、仝志辉、杨团等态度鲜明，他们不仅主张在中国发展类如日本农协的综合性合作社组织，而且一直难能可贵地坚持着相关实验性社会实践③；但另一方面，坚持专业化合作思路的学者却并未与前者有什么交锋，这或许是由于《农民专业合作社法》的实施意味着专业化合作社组织的发展思路已然成为主流，很多学者视其为既定的研究前提，而非需要研判的主题。

此外，近年来许多新兴类型的农民合作组织的出现和发展，例如土地股份合作社、社区股份合作社、资金互助合作社、农机合作社、手工业合作社、劳务合作社、旅游合作社等，令不少人难辨其质性，连叹合作社泛化。

在笔者看来，探讨合作社的质性规定与制度边界，实际上应有三个层面：一是合作社的本质规定性，这是核心问题；二是合作社的基本原则，这是本质规定性的具体体现；三是合作社的质性程度，亦即每个合作社在多大程度上符合合作社的本质规定性及其基本原则。一般说来，合作社的本质规定性是服务社员、民主控制，这是不可动摇的，如果动摇了，合作社就失去了这种制度形式的独特性；合作社的基本原则以国际合作社原则和中国法律规定原则为准，这也是基本稳定的，但并非不可改变；而合作

① 任大鹏、郭海霞：《多主体干预下的合作社发展态势》，《农村经营管理》2009 年第 3 期。
② 潘劲：《中国农民专业合作社：数据背后的解读》，《中国农村观察》2011 年第 6 期。
③ 参见温铁军《部门和资本"下乡"与农民专业合作经济组织的发展》，《经济理论与经济管理》2009 年第 7 期；温铁军《综合性合作经济组织是一种发展趋势》，《中国合作经济》2011 年第 1 期；仝志辉、温铁军《资本和部门下乡与小农户经济的组织化道路——兼对专业合作社道路提出质疑》，《开放时代》2009 年第 4 期；杨团《借鉴台湾农会经验建设大陆综合农协》，《社会科学》2009 年第 10 期。

社的质性程度则因时、因地、因社而异，但也有一个大致的却又常常缺乏共识的质性底线。当下所谓真假合作社之辨（辩），表面上是对质性程度的界定，实际上是对质性底线的辨识，而本质上则是对本质规定性和基本原则的研判。尽管学界对合作社质性底线缺乏共识，但大致的质性底线应是自愿进出、社员使用（为主）、直接民主（为主）、惠顾返还（为主）。因此不难发现，在中国农民专业合作社的现实实践中，对质性底线的漂移大多体现为未必以社员使用为主，未必以直接民主为主，未必以惠顾返还为主，而且越来越可能出现若干种偏离"理想型"合作社制度的制度形态，越来越趋于股份合作制色彩，特别是在合作社进入追求附加值阶段。当然，那些主要从事农村社区生活服务的、内敛性的，或者在贫困地区带有显著的益贫性的合作社，可能还是以经典的、传统的居多。

事实上，在世界合作社运动 160 多年的历史进程中，合作社的质性规定和制度边界（特别是国际通行的合作社原则）一直发生着微妙但深刻的嬗变，总体上向着有利于提高合作社竞争力、凝聚力、吸引力的方向发展。一种折中的态度就是试图在对理想的坚持和对实践的体认之间求得一种平衡。国际合作社联盟（ICA）在阐述 1995 年国际合作社原则时就坦承："合作社总是在不同的、丰富的信仰体系中发展的，包括世界上所有大的宗教和意识形态。既然合作社领导人和不同集团深受其影响，那么关于合作社价值的任何讨论就不可避免地打上相关道德行为的烙印。因此，尽管非常有必要规范合作社的价值，但要达成共识总是很困难的。""合作社是建立在'平等'基础上的。事实上对获得和保持平等的关心是所有合作社不断遇到的一个问题。总之，平等应更多地作为处理业务的方法，而不是一个简单的规定。""在合作社如何实现'公平'也将是长期面临的问题。"[①] 应瑞瑶曾经总结了现代合作社制度演进中五个方面的变化：从入社退社自由向合作社成员资格不开放变化；从绝对的"一人一票"制向承认差别发展；从公共积累的不可分割性向产权明晰化发展；从对资本报酬率的严格限制向对外来资本实行按股分红方向发展；社员管理合作社被拥有

---

① 管爱国、符纯华：《现代世界合作社经济》，中国农业出版社，2000。

专业知识的职业经理管理所取代。[①]

三　中国农民专业合作社发展的现实约束

与对合作社质性研究相对应的，必然是对合作社环境及约束的研究，因为合作社无非是一种处于一定组织环境中、具有一定质性规定的组织形式。回顾近年来的有关研究不难发现，关注制度环境及约束的较多，考虑技术环境及约束的较少[②]；关注当前的较多，考虑既往历史因素动态演化后续影响的较少；关注合作社环境适应性的较多，关注其能动性的较少。然而，这些研究的偏重是可以理解的，由于所研究的对象是一种"环境适应性"组织，对农民专业合作社现实活动的阐释必然侧重于其所处环境的现实约束。

可以确认，当前中国农民合作社的发展既源起于农业产业特性之必然，也迫于近30年来中国势不可当的工业化、市场化、城市化、全球化的复合型现代化进程，更深深地嵌入在中国社会经济结构的多重现实约束中。中国农民合作社发展的多重嵌入性是独特的、显著的，更是深刻的。

首先是基于农业生产经营主体异质性的"结构嵌入"。在当今中国，农民分化日益加剧，农业生产经营主体异质性的问题极为突出。农民分化的情势在很大程度上决定着农村产权主体的异质性，而正是这种产权主体的异质性深刻地影响着合作社产生和发展中的成员动机、产权结构、治理结构乃至文化取向等。换言之，与西方发达国家相比，中国农民合作社在发展中呈现出显著的成员异质性。[③] 社员不仅生产规模可能大小不一，而且经济实力、技术水平、经营能力乃至风险偏好都大不一样。合作社的本意是通过社员内部的横向一体化去应对外部的纵向一体化，而中国合作社则不然：社员们并非利益同质的共同体，很可能在共同应对外部市场竞争

---

①　应瑞瑶：《论农业合作社的演进趋势和现代农业合作社的制度内核》，《南京社会科学》2004年第1期。

②　其实，农业合作社与技术环境（特别是产品生产技术特性）的相关性远比人们想象的要大。

③　邵科、徐旭初：《成员异质性对农民专业合作社治理结构的影响——基于浙江省88家合作社的分析》，《西北农林科技大学学报》（社会科学版）2008年第2期；黄胜忠：《农业合作社的环境适应性分析》，《开放时代》2009年第4期。

的同时，其内部也形成某种购销关系，即一部分社员赚另一部分社员的钱。显然，这并不符合传统的、理想的或标准的合作社范式。

其次是基于农产品供应链管理态势的"市场嵌入"。自 20 世纪 80 年代以来，农业产业处于具有深远意义的结构变革之中，农民合作社面临以纵向协调为主要特征的农业纵向一体化与供应链管理趋势，不得不尽快由以成员利益为导向向以市场需求为导向转变。而且，中国异于欧美国家通常路径（先合作化或横向一体化，而后产业化或纵向一体化）的先产业化（纵向一体化）后合作化（横向一体化）的农业经济发展路径，造成中国农民专业合作社的发生和发展目标、方式、走向的独特性。[①] 同样，这种市场嵌入困境也迫使中国农民合作社必须在战略、组织和业务等诸多方面及时、深刻地变革和创新，以适应环境变化。这些变革和创新意味着：合作社的组织关注点将越来越转向市场和合作社自身发展，而非只是社员收益；合作社的运营战略由内敛趋向开放，趋向融入供应链；合作社面临对传统的利益原则及机制的调整，参与构建具有新的合理性的内外部利益协调机制。在一定程度上，合作社内部的纵向一体化是对外部纵向一体化的应对；换言之，"市场嵌入"在一定程度上导致了"结构嵌入"。

再次就是基于中国社会政治结构的"制度嵌入"。中国政府从来就是政治、法律和行政的合法性的强势赋予者。近年来，各级政府对农民专业合作社发展期望日重，介入颇深，影响甚大，这既有利于促进合作社快速发展、规制合作社内部管理，同时也容易使合作社勉为其难地去承载政府的某些经济或社会功能，甚至破坏合作社应有的独立性。[②] 不少人认为，政府对合作社的干预使得合作社的边界有泛化的倾向。实际上，不少地方政府及其官员在很多时候就是以经济发展为导向，从一开始就把合作社视为一种微型企业甚至中小企业，当作一个可以带动当地农村经济发展的主体，而对其民主管理、文化内涵关注不多。所以，他们更强调的是合作社对社员和非社员的带动，而不注意对合作社运作规范性的监管。这就不难

---

① 徐旭初：《中国农民专业合作经济组织的制度分析》，经济科学出版社，2005。
② 郭红东：《当前我国政府扶持农村专业合作经济组织发展的行为选择》，《农村合作经济经营管理》2002 年第 5 期；任大鹏、郭海霞：《多主体干预下的合作社发展态势》，《农村经营管理》2009 年第 3 期。

理解为什么很多龙头企业参与合作社经营，因为他们都是追随着政策而来的。在一定程度上，政府部门并不是迎合龙头企业，而是诱导龙头企业。由此可见，未来中国农民合作社发展的核心问题在很大程度上就转化为如何寻求合作社自治与政府规制之间的合理平衡的问题。

最后就是基于村社结构和乡土文化的"村社嵌入"。中国农民合作社从一开始就根植于农村基层，其理念、制度及具体实践与农村乡土社会的村社结构、文化土壤、社会记忆及非正式制度是否契合是至关重要的。然而，中国农村传统的价值观念和文化规范中，似乎比较缺乏市场机制下那种经常要求人们以平等关系、一般信任为大"道德保障"的文化资源。[①]而且，20世纪50~60年代的合作化运动似乎更多地构成了一些偏于负面的社会记忆。更何况在当前农村社区、基层组织以及集体土地资源发生深刻变化的情形下，合作社与社区组织如何建构合理的互动关系，合作社社区化究竟是强化还是弱化了其质性程度，更是农民专业合作社发展中值得关注的基本背景之一。实际上，有无相宜的合作社文化土壤的问题核心还是平衡问题，即合作社如何平衡适应内外部组织环境变化与坚持合作社文化内核的问题。如果合作社益贫性的逐渐扬弃势在必行，则对合作社民主性的一定坚持无疑是合作社变革的底线所在。

所有这些无疑意味着，中国农民合作社的发展形势更加严峻，面临的约束更加复杂，合作社企业家更加稀缺，成员禀赋差距更大，政府介入更加频繁，更导致中国农民合作社相较于国外合作社的差异性更加显著。如果把中国农民专业合作社放在这个多重嵌入性的框架里来看，合作社嵌入程度越深，就越不像传统的、理想的或标准的合作社。在此意义上，中国农民专业合作社的发展将是超越经典的、反映中国特色的、体现时代特征的。

四 农民专业合作社的制度安排与运行机制

不难想见，近年来，面对蓬勃发展、生动活泼的农民专业合作社的制度实践，特别是以东部沿海地区为代表的具有鲜明股份合作色彩的合作社

---

① 孙亚范：《合作社组织文化探析》，《农业经济》2003年第1期；赵泉民：《"经纪"体制与政府强制性制度变迁绩效——20世纪前半期中国乡村社会权力格局对合作社影响分析》，《江海学刊》2009年第2期。

实践，以及《农民专业合作社法》实施以来农民专业合作社的发展迅猛与乱象杂呈，关于农民专业合作社的制度安排和运行机制的研究将是合作社研究的重中之重，也是研究最为集中的热点、焦点和难点，更是能够反映人们对合作社发展的合意性与合宜性的轻重缓急的研判。

在这方面，张晓山①、黄祖辉和徐旭初②、温铁军③给出了各自的实践观察和理论阐释。而徐旭初④、马彦丽和孟彩英⑤、黄胜忠⑥等则试图提出各自的建构性理论阐释。徐旭初以新制度经济学为主要分析工具，以浙江省农民专业合作组织为主要例证对象，就中国农民专业合作组织发展给予了一个比较系统的、富有阐释力的制度理论解说。⑦ 马彦丽、孟彩英主要基于委托代理理论等进一步探讨了农民合作社的制度特性、产权安排、治理结构等现实问题。⑧ 黄胜忠以成员异质性为研究视角，对农民专业合作社的组织结构、治理机制、组织认定和成员承诺等进行了深入研究。⑨ 张晓山、苑鹏则较为详尽地对各种功能的农民专业合作社进行了描述和分析。⑩

在合作社产权研究方面，近年来，对中国农民专业合作社产权（所有

---

① 参见张晓山《促进以农产品生产专业户为主体的合作社的发展——以浙江省农民专业合作社的发展为例》，《中国农村经济》2004 年第 10 期；张晓山《农民专业合作社的发展趋势探析》，《管理世界》2009 年第 5 期；张晓山《当前中国农村经济社会发展需要关注的几个问题》，《中国老区建设》2010 年第 5 期。

② 参见黄祖辉、徐旭初《基于能力和关系的合作治理——对浙江省农民专业合作社治理结构的解释》，《浙江社会科学》2006 年第 1 期；黄祖辉《中国农民合作组织发展的若干理论与实践问题》，《中国农村经济》2008 年第 10 期；黄祖辉、邵科《合作社的本质规定性及其漂移》，《浙江大学学报》（人文社会科学版）2009 年第 4 期。

③ 参见温铁军《部门和资本"下乡"与农民专业合作经济组织的发展》，《经济理论与经济管理》2009 年第 7 期；温铁军《综合性合作经济组织是一种发展趋势》，《中国合作经济》2011 年第 1 期。

④ 参见徐旭初《中国农民专业合作经济组织的制度分析》，经济科学出版社，2005。

⑤ 参见马彦丽、孟彩英《我国农民专业合作社的双重委托—代理关系——兼论存在的问题及改进思路》，《农业经济问题》2008 年第 5 期。

⑥ 参见黄胜忠《转型时期农民专业合作社的组织行为研究——基于成员异质性的视角》，浙江大学出版社，2008。

⑦ 参见徐旭初《中国农民专业合作经济组织的制度分析》，经济科学出版社，2005。

⑧ 参见马彦丽、孟彩英《我国农民专业合作社的双重委托—代理关系——兼论存在的问题及改进思路》，《农业经济问题》2008 年第 5 期。

⑨ 参见黄胜忠《农业合作社的环境适应性分析》，《开放时代》2009 年第 4 期。

⑩ 参见张晓山、苑鹏《合作经济理论与中国农民合作社的实践》，首都经济贸易大学出版社，2009。

权）结构普遍带有股份化色彩进行合理的阐释，几乎是唯一的主题。徐旭初基于对浙江省农民专业合作社发展现状的剖析，提出了一个新的基于组织能力的阐释视角，认为各类合作主体的利益和能力的异质性和耦合性，直接决定了合作社产权安排的多样性和复杂性，而普通农民往往不得不让渡其部分（甚至全部）控制权，实现与关键性生产要素所有者的利益均衡。① 林坚、黄胜忠认为，在异质性社员结构下，少数核心社员拥有农民专业合作社的主要剩余控制权和剩余索取权，其外在体现就是核心成员拥有合作社的多数财产所有权。由于在集聚生产要素和避免代理问题上有优势，合作社当前的所有权安排存在合理性。② 周春芳、包宗顺则以江苏省为例进行实证研究，认为在当前中国农村地区人力资本、物质资本极度匮乏的情况下，农民专业合作社呈现出由少数农村精英控制、普通社员依附的产权结构具有一定的合理性，却背离了合作社的初衷。造成这种状况的根本原因在于合作社对公平与效率的兼顾使其陷入理想与现实的两难。③ 周应恒、王爱芝认为，人力资本产权的资本化是利益各方通过博弈以股份化的形式实现的，企业家人才的稀缺性是农民专业合作社股份化的根本原因。④

潘劲强调指出，持有股份是合作社成员身份的重要标志，也是成员行使民主权利的基础。合作社由成员所有并控制，农户成为合作社所有者的前提是投资入股，获得使用合作社服务的权利，从而实现所有者与使用者的身份统一。如果将合作社服务的所有农户都视作其成员，那也就无成员交易与非成员交易之别了。因此，应该创造条件实现潜在成员持股，使其能在使用合作社服务的同时，承担起对合作社的义务，成为真正意义上的合作社成员。⑤

---

① 徐旭初：《农民专业合作：基于组织能力的产权安排——对浙江省农民专业合作社产权安排的一种解释》，《浙江学刊》2006 年第 5 期。
② 林坚、黄胜忠：《成员异质性与农民专业合作社的所有权分析》，《农业经济问题》2007年第 10 期。
③ 周春芳、包宗顺：《农民专业合作社产权结构实证研究——以江苏省为例》，《西北农林科技大学学报》（社会科学版）2010 年第 10 期。
④ 周应恒、王爱芝：《我国农民专业合作社股份化成因分析——基于企业家人力资本稀缺性视角》，《经济体制改革》2011 年第 5 期。
⑤ 潘劲：《中国农民专业合作社：数据背后的解读》，《中国农村观察》2011 年第 6 期。

  然而，尽管所有权结构是合作社治理结构比较根本的影响因素，而且可以想见，股份化（资本化）倾向愈显著，所有权结构对合作社治理结构的影响就愈明显。但笔者始终认为，从本质上讲，合作社既非财产关系，也非分配关系，而是治理关系。这是因为对于经典合作社而言，所有权与治理是无关的。换言之，经典合作社是不存在股权问题的，至少是不计较股权问题的；当合作社开始在乎股权时，它已经开始偏离经典了，或者是不标准、不合意了。所以，社员持股或股权结构并不是合作社最关键的问题，治理结构和治理机制才是。

  在合作社治理研究方面，文献甚多，这不仅是因为合作社从本质上讲就是一个治理结构，或许还是因为人们深感当下合作社发展的纷繁芜杂，觉得治理研究更加迫切、更加现实。尽管合作社强调民主控制，但应瑞瑶认为，随着合作社的发展，社员管理合作社将逐渐被职业经理管理合作社所取代。这样，以生产为导向的社员如何监督和激励职业经理，使其为社员利益服务，便成为合作社治理的主要问题。① 黄胜忠认为，由于合作社的剩余索取权既不可转让，也不可分离，它们不能市场化，这样就会在合作社内部形成许多代理或控制问题，主要表现为普通成员与核心成员之间的委托代理关系。② 马彦丽、孟彩英认为，合作社内事实上存在着"双重"的委托代理关系：一种是全体社员与经营者之间的委托代理关系，另一种是中小社员与骨干社员之间的委托代理关系，其中，后者是矛盾的主要方面，在实践中表现为对中小社员利益的侵害以及合作社整体价值的损失，而问题的症结在于表面健全的治理结构实际上流于形式。③ 张晓山认为，在公司兴办的合作社中，公司与农户的关系从本质上说仍然是不平等的，在利益分配过程中，公司往往获得更多的利益，剥夺了农户的利益。④ 张晓山还认为，原有的农业产业化经营中"公司＋农户"的形式正在内部化

---

① 应瑞瑶：《论农业合作社的演进趋势和现代农业合作社的制度内核》，《南京社会科学》2004 年第 1 期。
② 黄胜忠：《转型时期农民专业合作社的组织行为研究——基于成员异质性的视角》，浙江大学出版社，2008。
③ 马彦丽、孟彩英：《我国农民专业合作社的双重委托—代理关系——兼论存在的问题及改进思路》，《农业经济问题》2008 年第 5 期。
④ 张晓山：《促进以农产品生产专业户为主体的合作社的发展——以浙江省农民专业合作社的发展为例》，《中国农村经济》2004 年第 10 期。

于合作社之中，大户领办和控制的合作社在一些地区成为合作社的主要形式。他提出，农民社员能否成为专业合作社的主体？合作社的资产所有权、控制决策权和受益权是否能主要由他们拥有？这应是农民专业合作社未来走向健康与否的"试金石"，而这也必须由实践来检验。① 李玉勤指出，农民专业合作组织作为一种经济载体是要赢利的，在这个过程中它可能异化，可能会被某些人控制，可能出现对普通社员不利的走向。② 邵科、徐旭初分析了成员异质性对合作社治理结构的影响。他们认为，应该确保理事会、监事会成员的相对同质性，使合作社形成一个团结有效的领导核心，同时使理事会、监事会在社员大会的领导下，从而实现有效的制衡，不产生"一会独大"现象。③ 孔祥智、蒋忱忱认为，由于人力资本要素拥有量不同，合作社的治理机制将偏向于确保人力资本要素拥有量作用发挥的制度安排。④ 从"帕累托改进"和"激励相容"的角度来看，这种基于成员异质性的制度安排是合理并且有效率的。崔宝玉、李晓明则认为，随着合作社外部社会关系和市场经济环境的变迁，合作社有典型的资本化倾向和趋势。进入合作社后，成员会根据收益、成本和风险的边际水平和风险偏好来选择股权的合作程度，并利用退出权对成员利益形成一定程度的保护。⑤

特别值得提及的是"建设社会主义新农村目标、重点与政策研究课题组"⑥，全志辉、温铁军对部门和资本"下乡"以及对专业合作社道路提出了批评和质疑。他们认为，资本和部门化的资本下乡，成为联结小农户和大市场的中介，这给当今农民合作化带来了重大影响，即合作社往往容易发展成"大农吃小农"的合作社。单纯靠规范合作社治理结构无法解决此

① 张晓山：《农民专业合作社的发展趋势探析》，《管理世界》2009 年第 5 期。
② 李玉勤：《"农民专业合作组织发展与制度建设研讨会"综述》，《农业经济问题》2008 年第 2 期。
③ 邵科、徐旭初：《成员异质性对农民专业合作社治理结构的影响——基于浙江省 88 家合作社的分析》，《西北农林科技大学学报》（社会科学版）2008 年第 2 期。
④ 孔祥智、蒋忱忱：《成员异质性对合作社治理机制的影响分析——以四川省井研县联合水果合作社为例》，《农村经济》2010 年第 9 期。
⑤ 崔宝玉、李晓明：《资本控制下的合作社功能与运行的实证分析》，《农业经济问题》2008 年第 1 期。
⑥ 温铁军：《部门和资本"下乡"与农民专业合作经济组织的发展》，《经济理论与经济管理》2009 年第 7 期。

问题，应该走以加强国家介入、发展多层次综合合作体系为目标的农民合作化的新道路。① 还有一些学者对公司领办型合作社进行了解剖，例如，郭晓鸣、廖祖君认为，公司领办型合作社将成为中国农民专业合作社未来一段时间内发展的主要趋势，但应对这种不稳定的过渡形态加强政策引导，使其朝着具有经济实体功能、基于劳动合作的独立性合作社的方向演变。② 而王军则认为，在合作社中，公司与农户之间的关系是不断变化的，两者关系中始终存在着合作与竞争两种力量，而何种力量占主导地位则取决于公司与农户的谈判力量和谈判地位。③

关于合作社分配问题的研究相对较少。米新丽从法学视角探讨了农民专业合作社的盈余分配制度。④ 夏冬泓、杨杰探讨了合作社的收益及其归属，认为明确合作社的各种收益及其归属是保持合作社服务社员与获取盈利平衡、体现公共利益政策的必然要求。应区别对待合作社实际存在的对内盈利、对外盈利及混合盈利，同时也要考虑合作社接受国家补助与社会捐助、享受税收优惠及豁免待遇等其他获取收益的不同情形来合理划分盈利的归属。⑤ 曾明星、杨宗锦构建了交易额返利率基本模型，分析了影响交易额返利率的主要因素，为合作社制定收益分配方案提供了理论依据。⑥ 何安华等则以典型的农民专业合作社为例，认为资源禀赋对合作社成员合作利益的分配具有深刻的影响。⑦ 在此，应该深思的是，人们很容易

---

① 仝志辉、温铁军：《资本和部门下乡与小农户经济的组织化道路——兼对专业合作社道路提出质疑》，《开放时代》2009 年第 4 期。

② 郭晓鸣、廖祖君：《公司领办型合作社的形成机理与制度特征——以四川省邛崃市金利猪业合作社为例》，《中国农村观察》2010 年第 5 期。

③ 王军：《公司领办的合作社中公司与农户的关系研究》，《中国农村观察》2009 年第 4 期。一个有趣的现象是，相关研究大多围绕"企业 + 合作社 + 农户"形式，却很少围绕"大户 + 合作社 + 小户"形式。这里可能反映出一个重要问题，就是在对合作社评价时，人们往往本能地去关注其合意性。那么多研究很少讲"大户 + 合作社 + 小户"，隐含的意思仿佛是"企业 + 合作社 + 农户"里面问题比较大，而"大户 + 合作社 + 小户"里面问题就小些。这对吗？

④ 米新丽：《论农民专业合作社的盈余分配制度——兼评我国〈农民专业合作社法〉相关规定》，《法律科学（西北政法大学学报）》2008 年第 6 期。

⑤ 夏冬泓、杨杰：《合作社收益及其归属新探》，《农业经济问题》2010 年第 4 期。

⑥ 曾明星、杨宗锦：《农民专业合作社最优内部交易价格模型与应用研究》，《开发研究》2010 年第 6 期。

⑦ 何安华、邵锋、孔祥智：《资源禀赋差异与合作利益分配——辽宁省 HS 农民专业合作社案例分析》，《江淮论坛》2012 年第 1 期。

辨识合作社分配的不合意和不规范，然而为什么对分配研究较少呢？是大家忽略了吗？是难以获得相关资料吗？非也。笔者认为，这更多地因为分配是制度设计和治理结构的结果，讨论分配更多的只能或是呈现其不合意性，或是呈现其合宜性。

此外，还值得一提的有孔祥智和史冰清①、孙亚范和王凯②关于当前农民专业合作组织运行机制的研究，王曙光③关于农民合作社全要素合作、自主能力与可持续发展的观点，徐旭初④关于新情势下中国农民专业合作社制度安排的论述，等等。

无论如何，目前，中国农民专业合作社的制度安排和运行机制呈现出一些日益显著的特点：①组织旨趣上，益贫性不再显著；②组织目标上，逐步从"互助益贫"走向"合作共赢"；③组织战略上，逐步从成员导向走向市场导向；④组织制度上，更多地具有要素合作的性质，而且是多要素合作。这也与当今世界农民合作社所处的被动而深刻的制度变革趋势相吻合：①不再单纯追求社员导向，而是更多地注意消费者导向；②不再简单地强调传统意义上的人的联合，而是更多地实现现代意义上的要素联合；③不再粗放地通过产能规模化赢利，而是更多地谋求提高附加值；④不再单一地立足于与其他经营主体竞争，而是更多地寻求与其他经营者合作与协调；⑤不再仅仅关注上游业务活动的社员控制，而是更多地关注下游业务活动的社员控制；⑥不再简单地着眼于同类农业生产者的横向联合，而是更多地强调整个供应链中诸主体之间的纵向协调；⑦不再无节制地追求合作社的市场支配力，而是更多地与其他供应链参与者公平地分担风险、分享报酬；⑧当然，必然还包括，不再机械地恪守国际合作社的基本原则，而是更为灵活地在对国际合作社基本原则的尊重与对各地现实的

---

① 孔祥智、史冰清：《当前农民专业合作组织的运行机制、基本作用及影响因素分析》，《农村经济》2009 年第 1 期；何安华、孔祥智：《农民专业合作社对成员服务供需对接的结构性失衡问题研究》，《农村经济》2011 年第 8 期。

② 孙亚范、王凯：《农民生产服务合作社的发展和运行机制分析——基于江苏省的调查》，《农业经济问题》2010 年第 10 期；孙亚范：《农民专业合作社运行机制与产权结构：江苏 205 个样本》，《改革》2011 年第 12 期。

③ 王曙光：《农民合作社的全要素合作、政府支持与可持续发展》，《农村经济》2008 年第 11 期。

④ 徐旭初：《新情势下我国农民专业合作社的制度安排》，《农村经营管理》2008 年第 12 期。

农民合作实践的认同之间寻求平衡。

五 简要的结论与展望

从上述对中国农民合作社理论研究的述评，不难得出以下结论。

一方面，中国已在农民合作社发展的必要性与总体思路、质性规定和制度边界、制度变迁与成长机理、制度安排与运行机制、制度环境与制约因素、绩效评价与现实问题、国外经验借鉴与比较研究、合作社立法研究等方面取得了比较可观的成果。目前，理论界已进入深入研究农民合作社的制度安排、环境应对、组织变革等问题的新阶段。

另一方面，由于中国农民合作社尚处于发展的初级阶段，虽然上述研究成果表明中国农民合作社研究已经具有一定的理论价值和应用价值，但就总体而言还存在着明显的缺陷和不足，譬如：相对缺少对其制度安排、制度绩效等问题的深入探讨；相对缺少对国外合作社运动在新形势下的困境及其应对的认真讨论及前瞻性借鉴；对中国农民合作社发展状况的研究，面上调查的，往往抽样随意，缺乏科学性，案例分析的，往往就案例谈案例，缺乏理论提炼；相对缺乏理论层面的深入分析和前瞻性的趋势分析；分析方法和工具相对简单化；等等。

无疑，中国农民合作社的发展前景是远大的，农民合作社研究的未来空间是宽广的。而农民合作社研究的未来，关键在于研究者们如何深入合作社看合作社，如何跳出合作社看合作社；如何将合作社真正置于演化进程中来研究，如何将合作社真正置于时代背景中来研究；如何提炼出具有普遍阐释价值的合作社理论体系，并将其落实到合作社的具体运营中去。

当前，中国农民合作社发展已经进入一个新的历史阶段，中国农民合作社研究也进入一个新的阶段。从发展的眼光看，中国农民合作社的进一步研究或许相对集中于以下问题领域。

（1）如今，中国农民合作社研究需要深入的具体研究，也需要创新的理论建构。迫切需要一些研究者致力于建构一个符合中国实际的、富有阐释力的农民合作社理论体系。可以相信，在西方合作社理论研究和具体实践日益边缘化的今天，具有中国特色的农民合作社理论体系将为世界合作社运动及合作社理论界增添新内涵、新意境和新篇章。

（2）随着当前农民专业合作社发展中问题丛生，部分农民专业合作社走向综合化、企业化，农村集体经济组织产权改革势在必行，土地产权日益与合作社相结合，关于中国农民合作社进一步的发展路径或制度演变——专业化抑或综合化——的争论将继续下去，甚至可能在未来合作社联盟化契机出现时更加凸显出来。

（3）可以预见，随着一些农民专业合作社股份化、企业化，供应链色彩日益浓厚，农民异质性及农产品供应链管理环境对合作社的影响日益显著，农民专业合作社规范化建设的实践要求也将日益高涨。相应地，对合作社的质性规定及制度边界的再认识将再次浮出水面。而且，伴随着形形色色的合作社形式的出现和发展，这种对制度特性的研究将与合作社类型学研究日益紧密结合。譬如，众多具有股份合作制色彩的合作社中存在着内部一体化交易关系，那么，究竟应如何考量其质性底线？在土地股份合作社中，许多社员仅以土地承包经营权入股获利，这是否动摇了合作社的使用者组织的属性？农机合作社的农机手们在何种情况下与服务对象构成合作关系？资金互助合作社如何在业务范围扩大的需求下维护合作社性质？手工业合作社、旅游合作社、劳务合作社等究竟应在什么意义上具有合作社性质？总之，人们在加强对各类农民合作社制度形态研究的同时，将愈加审视其合作社性质，进而反思合作社质性的嬗变。

（4）可以确认，至少到目前为止，相关研究对农民合作社的内部结构还缺乏深入的揭示和分析。甚至可以说，虽然花了不少力气，但它依然是一个"灰箱"。今后，社员与合作社的依存关系、合作社成员资格及其开放性与退出权、核心成员与普通成员间的异质性及其影响、对核心成员或普通成员机会主义行为的约束机制、法人机构不同的实现形式及其影响、所谓资本控制或部门下乡的后果、合作社治理中的信任与承诺等问题，都将更加占据中国农民合作社研究的主流。当然，在这些研究中，对相关概念（特别是成员资格、治理结构与机制、绩效、信任与承诺等）的廓清将直接决定研究的质量。

（5）基于实践驱动的农民合作社研究将得以不断拓展。农民专业合作社的实践发展非常迅速，促使研究者不断从实践中发现和拓展研究主题，譬如，合作社的功能实现及其影响因素，合作社资本控制对其功能的影响，具有中国特色的公司领办型合作社组织以及公司主导合作社参与的农业产业化模式，融入供应链后合作社与其他利益相关者的关系和博弈（例如农超对接问题），等等。

（6）农民合作社与农村社会发展及村社的关系将得到空前的重视，而这也将极大地依赖于社会学、历史学、政治学等相关学科研究视角（例如社会资本、关系网络、群团主义、多中心治理、政治参与、生命历程事件等）的介入。由此，合作社文化及其与中国农村文化土壤的匹配也将得到进一步重视。这些将意味着人们将日益关注合作社的社会意蕴，而非只瞩目其经济价值。

（7）农民合作社的绩效问题将进一步接受审视。这可能会有三方面工作：一是合作社效率评价；二是合作社综合绩效评估；三则是最重要的，即合作社与其他经济组织形式（特别是 Investor-Oriented Firms，IOF）绩效的比较。可以预见，未来的绩效研究将更多地注重比较组的介入及其测评。

（8）农民合作社进一步发展中诸多具体约束将继续伴随着实践发展而得到研究，例如土地问题、融资问题、规模经营问题、合作社企业家问题、政府的合理规制问题等。

（9）无疑，更为科学的质的研究和量的研究，将越来越与上述问题领域相结合，进而产生出更为优秀的、对实践活动更具指导价值的农民合作社理论研究成果。

参考文献

［1］苑鹏：《部分西方发达国家政府与合作社关系的历史演变及其对中国的启示》，《中国农村经济》2009 年第 8 期。

［2］夏英：《我国农民专业合作经济组织发展中的政府行为与相关政策法规》，《农村经营管理》2008 年第 10 期。

［3］张晓山、苑鹏：《合作经济理论与中国农民合作社的实践》，首都经济贸易大学出版社，2009。

（本文原载于《中国农村观察》2012 年第 5 期）

合作社的"理想类型"及其实践逻辑

黄祖辉　吴　彬　徐旭初[*]

一　引言

自 2007 年我国《农民专业合作社法》正式颁布实施以来，我国农民专业合作社步入了加速发展的新阶段。[①] 据国家工商总局统计，全国历年实有农民专业合作社的数量：2008 年底为 11.09 万家、2009 年底为 24.64 万家、2010 年底为 37.9 万家、2011 年底为 52.17 万家、2012 年底为 68.9 万家、2013 年底为 98.24 万家，五年间增长了近 9 倍，平均年增 58%。[②] 另据最新统计，截至 2014 年 4 月底，全国实有农民专业合作社的总数已突破百万大关，达 110.27 万家，出资总额则突破了 2 万亿元关口，达 2.23 万亿元。[③] 此外，各级示范性农民专业合作社已超过 10 万家，联合社也达到了 6000 多家，合作社在农业、林业、水利、供销等领域竞相发展，大大

---

[*] 黄祖辉，浙江大学中国农村发展研究院院长，浙江大学求是特聘教授；吴彬，杭州电子科技大学人文与法学院讲师；徐旭初，浙江大学中国农村发展研究院教授，浙江大学中国农民合作组织研究中心执行主任。

[①] 需要指出，自 2013 年中央一号文件开始，政府文件中便纷纷以更具包容性的"农民合作社"一词替代了"农民专业合作社"。不难看出，对于合作社提法的改变意味着政府开始倾向于倡导发展多元化、多类型的合作社，而《农民专业合作社法》也将做出相应调整。但是，一则，可以肯定的是，专业合作社仍然是主流，其他类型的农民合作社若要进一步发展壮大，也必须要实现专业化、必须面向市场；二则，在现有法律框架下，即还未实现修法之前，"农民专业合作社"依旧是统一的法定名称。基于此，本文仍坚持以"农民专业合作社"作为直接意指的研究对象。

[②] 据国家工商总局办公厅统计处于各相应年度发布的《全国市场主体发展总体情况报告》。（详见：http://www.saic.gov.cn/zwgk/tjzl）

[③] 国家工商总局：《2014 年 4 月全国市场主体发展报告》，http://www.saic.gov.cn/zwgk/tjzl/zhtj/xxzx/201405/P020140512381873057203.pdf，2014 - 05 - 12。

激发了农业的发展活力。① 然而，也正是因为合作社发展之快、数量之多，且类型繁杂、质量难辨，尤其是出现了种种所谓的"假合作社"、"空壳合作社"、"翻牌合作社"，以致近年来公议纷纷。而来自社会各界的种种质疑，最终又归咎于"什么是合作社"、"什么样的合作社才是合作社"、"我国的合作社是什么样的合作社"等指涉合作社质性规定（或本质规定性）的界别问题。②

与此同时，在国际上，始于1844年罗虚代尔公平先锋社的合作社原则在合作社事业近170年的发展过程中也是几经变更，从最初的12条原则精简为当前的7条原则，尽管如此，仍恪守着一些最为基本的原则。③ 这些历久弥坚的"基本原则"主要包括："成员民主控制"（Democratic Member Control）、"资本报酬有限"（Limited Return on Equity）以及"按惠顾额返还盈余"（Net Income is Distributed to Patrons as Patronage Refunds），这三大基本原则分别从控制权（或治理权）、所有权以及收益权三个方面确保着合作社的质性底线。在Barton看来，这些基本原则可以统称为传统合作社的"硬核原则"（Hard-core Principles）。④ 但需要意识到，随着合作社的实践和发展，其质性规定正悄然发生着不可避免的漂移⑤，这在我国更为明显。

由此，在我国农民专业合作社事业处于快速发展的同时，理论的诠释和操作指导就显得极为必要。本文通过对合作社"理想类型"及其治理结构的建构，力图通过现实比照对我国农民专业合作社的本土性实践与发展给出有说服力的阐释。

---

① 农业部新闻办公室：《全国农民合作社发展部际联席会议第二次全体会议强调促进农民合作社健康快速发展》，http://www.moa.gov.cn/zwllm/zwdt/201402/t20140213_3762438.htm，2014年2月13日。

② 所谓质性规定（qualitative provisions），就是"排除了那些……就没有一个组织能称为合作社"的制度特性。徐旭初：《中国农民专业合作经济组织的制度分析》，经济科学出版社，2005，第56，66，76，263~264页。

③ 注意，是恪守（谨慎地遵守），而非刻守（刻板地遵守）。

④ Barton指出的传统合作社硬核原则包括：成员民主投票（一人一票）（即成员民主控制——作者注）、成员资格平等、在成本运行基础上按惠顾额分配盈余、限制权益资本分红（即资本报酬有限——作者注）。本文之所以未单列"成员资格平等"原则，是认为可以将这一原则视作"成员民主控制"内化的前提条件。Barton D. Principles, *Cooperatives in Agriculture* (New Jersey: Prentice-Hall, Inc., 1989), p. 27.

⑤ 黄祖辉，邵科：《合作社的本质规定性及其漂移》，《浙江大学学报》（人文社会科学版），2009年第4期。

二 合作社"理想类型"的建构

首先，何谓"理想类型"？"理想类型"（Ideal Type，德文原文为 Ideal Typus）是社会学巨匠韦伯（Max Weber）[1] 积极倡导的重要概念工具，也可译为纯粹类型（Pure Type）。"理想类型"并不是对经验现实的真实描述，只是用以表示某种现象是接近于典型的，例如物理学中的"真空"和经济学中的"经济人"等典型化概念一样。当然，"理想类型"作为现实的某种抽象形式，与现实本身必然保持一定的距离。

从一定意义上讲，所有的现实类型都与"理想类型"存在差异性（"接近或离开现实的程度"）。[2] 通过比照合作社的现实类型与"理想类型"的接近或离开的程度，可以较好辨析现实合作社的类型及其质性问题。徐旭初曾将合作社的"理想类型"描述为："①成员完全同质；②成员均等持股；③成员自愿进出；④一人一票，理事会成员和监事从成员中选出；⑤成员的资本金不享受分红；⑥提取一定量的公共积累；⑦完全根据惠顾额来返还盈余。"可以看出，他是以罗虚代尔原则为基础，在传统合作社原则中抽离了部分重要原则，并将其进行了理想化。本文认为，这些理想化原则还可以进一步抽象并予以模型化，由此，本文提出一个新的"三位一体"的"理想类型"合作社，即成员资格的同质性（Homogeneity of Membership）、成员角色的同一性（Identity of Member Roles）以及治理结构的耦合性（Coupling of Governance Structure），详见图1。

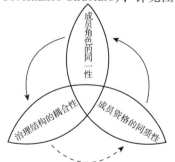

图1　"三位一体"的"理想类型"合作社

---

[1]　Max Weber, *The Theory of Social and Economic Organization*（New York：Oxford University Press，1947），p. 90.

[2]　为方便区分，本文暂将徐旭初的前一描述改称为合作社的"经典类型"抑或"经典型合作社"。

（一）成员资格的同质性

在现实中，合作社作为一种组织，其自然特性往往被忽视了，那就是合作社的准公共物品特性。一般而言，纯公共物品（如空气、国防）和纯私人物品（如个人的衣物）为数极少，更多的物品介于两者之间。而这种介于纯公共物品和纯私人物品之间的多数派即准公共物品（Quasi-public Goods），或者更准确地说即 Buchanan① 所谓的俱乐部物品（Club Goods）。无疑，合作社就是一个典型的与准公共物品相关的俱乐部物品，或者更准确地说是一个典型的生产型"俱乐部"②，因为合作社的产品和服务只限于其成员享受，其内部具有非竞争性，对外则具有排他性。

因此，作为俱乐部物品的合作社之所以能够形成，前提条件就是其潜在成员具有同质化的禀赋（包括个人所具有的各种资本，如经济资本、人力资本、社会资本）和偏好（既可以是经济利益的偏好，也可以是兴趣爱好的偏好）。而国际合作社原则在关乎成员资格方面自始至终也一直在强调，"对于只要有能力使用合作社提供的服务并有意愿承担成员资格的相应责任的个人，合作社都将予以接纳"③。成员资格的同质性确保了各个成员都有同等的能力和意愿支付等额的俱乐部费用，相应也就能享受到同等的俱乐部提供的产品和服务。所以，成员的同质性对于合作社运行的流畅性至关重要。

整体而言，一则，从合作社的企业属性面来看，成员禀赋和偏好的同质性不仅可以有效降低合作社的内部交易成本，成员间可以达成高度一致的集体行动，而且作为一个同质整体的合作社，对外一个"声音"，利益耗散降至最低，可以大大降低合作社的市场交易成本；二则，从合作社的共同体属性来看，共同的禀赋和偏好决定了一致的价值观、组织精神和关注倾向等，有利于建立团结一致的形象，进而能达成成员经济需求满足之上的对社会、文化的更高需求与抱负的组织宗旨，使合作社成为其乐融融

---

① Buchanan J M., "An Economic Theory of Clubs," *Economica*, 1992, 32 (125): 1-14.
② 张靖会：《同质性与异质性对农民专业合作社的影响——基于俱乐部理论的研究》，《齐鲁学刊》2012 年第 1 期。
③ 详见国际合作社原则第 1 条"自愿和开放的成员资格"（Voluntary and Open Membership）的官方解释，http://ica.coop/en/whats-co-op/co-operative-identity-values-principles。

的大家庭。①

成员资格的同质性还体现在成员在加入合作社之时或之后的出资的同质性以及从业产品的同质性。从最初版的罗虚代尔原则开始,"限制性"的成员出资或入股就一直是国际合作社原则列表上的常客,而到了最新的1995 年版的修订中,对于资本分红的严格限制被删除了,合作社应对资本和劳动都给予合理的补偿。而在我国的《农民专业合作社法》中,虽未明确要求成员出资是入社条件,但无疑,"持有股份是成员身份的重要标志,也是成员行使民主权利的基础"。② 确实,作为"使用者"的联合体,成员若要享受合作社的使用权,基本条件是先要出资。伴随着合作社对资金需求日益增加的趋势,成员出资不仅可以成为合作社筹集资金和抵御风险的重要来源,而且可以有效增加合作社与成员之间的利益黏性,以此提高合作社的组织稳定性。当然,如果成员的资源禀赋和利益偏好存在较大差异,那么是否出资和如何出资将变成一个复杂的问题。因此,只有在成员禀赋和偏好的同质性基础上才能达成成员出资的一致性。

合作社的形成和发展对成员的投入品和产出品的同质性也提出了严格的要求。在《农民专业合作社法》中,对于成员的界定就是"同类农产品的生产经营者或者同类农业生产经营服务的提供者、利用者"。③ 可以看出,成员所交付的产品或服务应该是同质的,这是合作社得以创建并获得发展的基础条件之一,也是为什么要给合作社冠以"专业"两字的原因。

简言之,基于俱乐部物品理论对合作社成员同质性的基本假设,一种理想类型的合作社,其成员在禀赋、偏好、出资及产品等基本方面应维系高度同质化的成员资格。

(二) 成员角色的同一性

在与合作社的关系中,作为使用者的成员 (User-member) 实际上时刻扮演着多种角色。一般认为,成员主要扮演着四类角色,分别是顾客 (Cus-

① Ouchi W G., "A Conceptual Framework for the Design of Organizational Control Mechanisms," *Management Science*, 1979, 25 (9): 833 – 848.

② 潘劲:《中国农民专业合作社:数据背后的解读》,《中国农村观察》2011 年第 6 期。

③ 详见《农民专业合作社法》第二章第 2 条之规定。

tomer)、惠顾者（Patron）、所有者（Owner）和控制者（Controller），[①] 而每种角色均代表着一种特殊的商业关系或特性。

具体而言，顾客是那些通过使用合作社来采购投入品或售卖产品的人；惠顾者是那些有资格分享合作社收益（一般表现为惠顾返还）的人；所有者是那些对合作社进行投资并享有一定股份的人；而控制者则是那些拥有投票权来行使合作社治理权和控制权的人，这些投票权主要体现在选举理事、采纳章程以及表决事项，诸如并购、解散等重大事项。一般来说，合作社的使用者往往具有这些角色的各种组合方式，例如，许多使用者可能只是单纯的顾客，但不是惠顾者、所有者或控制者；再比如，一些使用者可能是顾客、惠顾者和所有者，但不具备投票权，他们就被称为非成员顾客或非成员惠顾者。此外，由于惠顾者角色可等同于使用者角色，因而视同于内部顾客角色，因此，在合作社语境下，"顾客"这个术语可以被内含于"惠顾者"中。由此，合作社成员的主要角色分别是惠顾者、投资者[②]和控制者，而理想类型的合作社，其成员角色必定是此三大角色的高度一致的体现，即角色的同一性。[③] 换言之，合作社与其他经济组织的本质区别在于成员角色身份的高度同一性，他们既是合作社的投资者（所有者），又是合作社的惠顾者（使用者），也应当是合作社的实际控制者。

（三）治理结构的耦合性

在新制度经济学的努力下，企业逐步从"阿罗—德布鲁"（Arrow-Debreu）[④] 的一般经济均衡体系中析离出来，不再被视为一个在预算约束下单纯吸收各种要素投入并进行着利润最大化行为的"黑箱"，而是被重新概念

---

① Barton D. Agricultural Cooperatives: An American Economic and Management Perspective: International symposium on Institutional Arrangements and Legislative Issues of Farmer Cooperatives. Taizhou, Zhejiang, China, 2004.

② 为便于在各角色之间进行清晰比较，本文倾向于将一般化的"所有者"概念改换为更具针对性的"投资者"概念。

③ 对于这几种成员角色的详细介绍详见前作《合作社治理结构：一个新的分析框架》，《经济学家》2013 年第 10 期。

④ 阿罗—德布鲁模型（Arrow & Debreu，1954）是一个关于对瓦尔拉斯一般均衡存在性的数学证明（瓦尔拉斯自己所做的数学证明有误），指出在一些特殊条件得到满足的情况下，市场能够达到一般均衡状态，即瓦尔拉斯的一般均衡方程组在某些特殊假设下有解。

化为一种治理结构,即与"市场"相对应的"科层"结构。① 而对于合作社,作为一种将农户外部交易内部化,以避免加工企业或其他农产品购买者机会主义行为的治理结构,其归属于兼具"市场"和"科层"属性的混合形态(Hybrid)的治理结构。因此,"合作社治理结构"实际上包含着两层意思,一是指"合作社作为一种特殊的混合形态的治理结构",二是指"合作社具有特殊的治理结构",具体地说,合作社具有"特殊的内部治理结构"。在"理想类型"合作社的建构中,着重的是其第二层含义,即要回答一个"理想类型"的合作社的内部治理结构是如何可能的。

在一定意义上,合作社的内部治理结构表现为合作社成员的权力关系,或者说是成员(行使内部控制)的权力过程,而理想化的"成员民主控制"权力过程,从逻辑关系上讲,必须既与前向的成员财产关系又与后向的成员分配关系保持严格的耦合性。

因此,在"理想类型"合作社的内部治理过程中,其在纵向上必须确保与合作社的财产关系及分配关系相互耦合,主要特征表现如下。

第一,合作社以谋求、维护和改善成员自身利益为目的,主要以劳动联合为基础,"资本只是合作社的'仆人'而非'主人'"。②

第二,合作社由惠顾者成员均衡持股(即使股份有所差异),不允许非成员持股。重要的是成员的股份不能随意转让,也就是说,合作社要对既有的成员剩余索取权进行严格限定。

第三,合作社的公共积累(一般表现为公积金形式)不能用于分配。国际合作社联盟强调指出,"社员盈余可以用于建立公积金来发展他们的合作社,而公积金至少有一部分是不可分割的",③ 换言之,合作社必须要有一部分完整的共有财产(或集体资产)。

第四,合作社盈余依据成员的惠顾额或交易量进行分配,而不是根据成员的投资额。这意味着,成员的惠顾者身份而非其投资者身份才是合作

---

① WILLIAMSON O E., "Comparative Economic Organization: The Analysis of Discrete Structural Alternatives," *Administrative Science Quarterly*, 1991, 36: 269 – 296.

② 详见国际合作社原则第 3 条"成员经济参与"(Member Economic Participation)的官方解释,http://ica.coop/en/whats--o-op/co-operative-identity-values-principles。

③ 详见国际合作社原则第 3 条"成员经济参与"(Member Economic Participation)的官方解释,http://ica.coop/en/whats-co-op/co-operative-identity-values-principles。

社剩余索取权的持有主体。

第五，成员的入股份额（即股金）不享受分红，但成员旨在提升合作社未来发展所贡献的额外资本金可以获得一定的利息（但不高于同期银行利息率）。

可见，成员角色的同一性必然会带来合作社内部治理结构的耦合性。然而在现实情况下，作为"成员民主控制"代名词的"一人一票"制已存在某些嬗变。例如，在美国的《帕尔·沃尔斯太德法》中曾指出，"一人一票"与"股息率不得超过8％或州法定股息率"是可以相互替代的。① 换言之，如果合作社坚持"一人一票"，那么股息率可以高于"8％或州法定股息率"，如果合作社不坚持"一人一票"，那么"股息率不得超过8％或州法定股息率"。而《加拿大合作社法案》则更为明确，在坚持"一人一票"的同时，"任何成员的贷款利息"、"任何成员的红利"、"成员提供合作社要求的资金，按资本返还利润"，都"不得超过章程中规定的最大比例"，② 即服从章程规定，不硬性做出法律规定。这些说明至少在北美地区，合作社作为一个约定的共赢制度，只要坚持"一人一票"式的"成员民主控制"，资本报酬也就能够服从合作社自身的约定。因而，既然"按惠顾额分配盈余"是确保合作社治理结构耦合性的核心设计，那么，合作社内部治理结构（核心是决策结构）的基本特征或许就不应是"一人一票"的决策方式，而是同样基于成员惠顾额进行投票权的分配。换言之，"一人一票"制只是在成员资格同质性前提下按惠顾额确定投票权的一种特例罢了。

综上所述，并从图1可以看出，就"理想类型"的合作社而言，成员资格的同质性、成员角色的同一性以及治理结构的耦合性是相辅相成的，三者形成了递进的环状结构。首先，成员资格（禀赋、偏好、出资、产品）的同质性状况是其角色身份（惠顾者、投资者、控制者）同一性状况的基础，如果成员资格的同质性降低，那么成员角色的同一性也将降低；其次，成员角色身份的同一性是内部治理结构（即成员权力过程）耦合性

① The Copper-Volstead Act: An Act to Authorize Association of Producers of Agricultural Products. Public – No. 146 – 67th Congress, (42 Stat. 388) 7 U. S. C. A., 291 – 192, February 18, 1922.

② 详见"合作社基础"第7（1）节，http://laws – lois. justice. gc. ca/eng/acts/c – 1. 7/page – 3. html#h – 6。

的基础,而差异性的角色结构将导致非耦合性的治理结构;最后,耦合性的治理结构将反作用于成员资格,以促其同质性程度进一步提升。

三 合作社"理想类型"的实践逻辑

如前所述,"理想类型"合作社所隐含的制度核心是合作社成员身份的高度同一性。换言之,合作社的成员首先是作为合作社的惠顾者(行使使用权),然后作为合作社的投资者(行使所有权),同时也是合作社的决策者(行使控制权)。因此,合作社的现实形态或类型衍化就在于其与"理想类型"成员身份同一性的差异。基于此,在既有合作社产权类型分析框架基础上①,笔者从合作社成员三种身份同一性的视角出发,构建了一个能反映理想与现实差异的合作社治理结构的分析框架(见图2)。

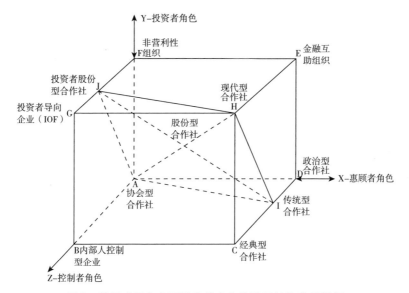

图 2　基于成员角色匹配度的合作社治理结构分析框架

注:原图详见:吴彬等(2013),有修正。

---

① Cook, M. L., Chaddad, F. R., "Redesingning cooperative boundaries: The emergence of new models," *American Journal of Agricultural Economics*, 2004, 26(3): 348 – 360. Nilsson J., "Organisational Principles for Co-operative Firms," *Scandinavian Journal of Management*, 2001, 17(3): 329 – 356. 徐旭初:《中国农民专业合作经济组织的制度分析》,经济科学出版社,2005,第56、66、76、263~264页。

（一） 多元化的合作社治理结构何以形成

马歇尔在其《经济学原理》中谈及不同企业制度的特征时曾指出，合作制度可以有效避免私人合伙组织和股份公司组织这两种企业管理方法的弊端。他认为最理想的组织是合作社，股东即雇员，具有努力工作的良好动力，便于监督和协作。那么，作为一种理想类型，在治理结构上具有特殊优势的合作社是如何发生的呢？从组织发生学的角度看，其形成原因（至少在中国语境下）大致包括三大决定因素，分别是合作需求、合作策略及合作环境（见图3）。

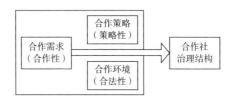

图3　合作社治理结构的发生学路径

从图3可以看出，潜在成员之间的合作性（即存在合作需求）是合作社产生的原始推动力，而通过合作社企业家的介入和普通成员的追从（即各自选定合作策略），以及与合作环境的互动（主要指合法性的获取①），引发了合作社治理结构的演进，合作社治理结构的演进又对合作社成员的行为约束产生影响，进而对合作社成员的合作性和策略性行为以及组织合法性的环境耦合产生影响，并最终决定或改变合作社的治理结构。具体而言，可以体现在如下方面：

首先，合作需求如何产生？农业生产不仅是经济再生产的过程，而且也是自然再生产的过程，这使农业生产呈现出时间上的非连续性（季节性、周期性）和空间上的分散性（地域性）以及农业生产者的努力程度时常与农业产出的不对称性等特点，农业生产的这些特点使得农业生产者的相对独立性和自主性具有必要性。

---

① 合法性（Legitimacy），也可译为正统性、正确性、合理性或正当性。

农业生产的集体劳动被证明是效率低下的劳动形式①，而作为经济社会基本构成单位的家庭组织，由于其内在关系紧密，利益诉求相对一致，其内部的监督成本最低，因而成为最适宜农业生产的组织形式。尽管家庭经营在农业中具有独特的效率，但从整个农业产业链来看，家庭经营在农业生产资料供应、农产品购销及加工、农业技术推广、农业基础设施建设等方面并不具备优势，此外，单个的农业家庭经营在规模扩张和市场谈判与竞争方面也具有局限性。如何既发挥家庭经营在农业中的独特优势又克服其局限性，合作组织是唯一的选择。也就是说，只要农业生产中一些最为基本的特点——生产的生物性、地域的分散性以及规模的不均匀性存在，农民的合作就具有内在的必然性。②

在家庭经营基础上通过互助与合作，可以实现包括规模经济、市场进入、减工降本、产品增值、集体归属感等合作的"红利"。农民为了有效应对自然及市场风险并改善自身状况，势必会产生强烈的合作需求。

其次，合作策略如何寻求？农民产生了合作需求之后并不意味着就能够产生合作社，合作社付诸实现的必然前提是两个方面的成员合作策略行为。一方面，合作社企业家，这是成员中具备一定社会活动能力并富有奉献精神的发起人，其寻求的是旨在寻租（经济租）的合作策略（行为）。有学者甚至认为，"建立合作社的可能性不会自发地转变为现实性，没有合作社企业家就不会有合作社"。③ 因为相比普通农户，专业大户、村组干部等潜在的关键成员（或称村庄精英），不仅自身存在合作需求，而且具备领办能力。因此，作为关键要素（经济资本、政治资本、人力资本、社会资本）的拥有者，他们自身的经济实力就直接构成了合作社的规模边界以至业务边界。由于我国合作社企业家相对稀缺，使得与政府相关的涉农机构（如供销社、农技站、经管站等）和农业龙头企业等，为了寻求自身的发展出路或寻求原材料的稳定供给，积极扮演着准合作社企业家的角色。另一方面，对于普通成员而言，其合作策略更多的是依附或追

---

① 在此问题上，Alchian 和 Demsetz（1972）有着著名的分析，而林毅夫（1990、1993）则基于类似的认识对 1959～1961 年中国农业危机进行了著名的研究。
② 黄祖辉：《农民合作：必然性、变革态势与启示》，《中国农村经济》2000 年第 8 期。
③ 转引自国鲁来《合作社制度及专业协会实践的制度经济学分析》，《中国农村观察》2001 年第 4 期。

从作为企业家的合作社发起人。在 Cook 看来，作为抵御市场失灵的应激性组织，合作社在本质上就是一种"集体企业家精神"的体现，是一种通过由分散的农业生产者所组成的正式群体来展现寻租行为的方式，它融合了投资者驱动的股份公司和惠顾者驱动的集体行动这两大制度性框架。①

最后，合作环境如何适应？March 等很早就指出，由于受技术发展的影响，我们现在的生活环境已经不再是单纯的市场经济，而是组织经济。②由于合作社深深嵌入在社会政治结构之中，③ 作为一种经济组织而出现的合作社，其首要任务是获得组织的合法性（或者说是外部合法性），得到权威机构的认知和许可。高丙中曾将社团的合法性分解为社会（文化）合法性、法律合法性、政治合法性和行政合法性四大类。④ 因此，在合作环境中，一方面，合作社必须努力获得社会认可的合法性基础，包括文化制度、观念制度、社会期待等⑤；另一方面，如果说合作社赖以维系的社会合法性得益于市场经济"天然"赋予其的经济合理性，那么，合作社就必须获得其法律合法性、政治合法性及行政合法性，而这些合法性（尤其是法律合法性）更多的是要从政府那里获得。

我国政府一直以来都是包括政治合法性、法律合法性和行政合法性的强势的赋予者。⑥ 我国是整体型社会，实行的是强势政府的全面治理体制，因此，一个新生组织获取来自政府的合法性支持尤为关键。近年来，无论是中央还是地方各级政府，农民专业合作社在其眼中都成为肩负农业农村经济发展重任的重要载体。尤其是《农民专业合作社法》正式赋予农民

---

① Michael L. cook ok, Brad Plunkett, "Collective Entrepreneurship: An Energing Phenomenon in Producer-Owned Organizations," *Journal of Agriculture and Appiled Economics*, 38 (2), 2006.

② March, J. G., Simon, H. A., *Organization* (NY: John Wiley & Sons, 1958).

③ 徐旭初:《新情势下我国农民专业合作社的制度安排》,《农村经营管理》2008 年第 12 期。

④ 高丙中:《社会团体的合法性问题》,《中国社会科学》,2000 年第 2 期。作为人的组合, 合作社与公司、各类协会或学会一起通常被视为社团法人（Corporation Aggregate）。

⑤ Meyer J W, Rowan B., "Institutionalized Organizations: Formal Structure as Myth and Ceremony," *American Journal of Sociology*, 1977, 83 (2): 340 – 363.

⑥ 苑鹏:《中国农村市场化进程中的农民合作组织研究》,《中国社会科学》2001 年第 6 期; 夏英:《我国农民专业合作经济组织发展中的政府行为与相关政策法规》,《农村经营管理》2008 年第 11 期。

专业合作社以法律合法性之后，各级政府介入日深，影响很大。政府的强势介入，虽然有利于合作社的顺利组建和快速扩展并对其内部管理进行规制，但也很容易将政府的一些经济或社会功能强加给合作社，以此破坏了合作社的独立性和自主性。① 实际上，政府扶持合作社的初衷是将其视为小型或微型企业，希望借助它们带动当地农村经济社会的发展，而对合作社的成员资格、民主控制等内部合法性问题关注并不多，因此，只要合作社确实具有一定的带动能力，即便不甚规范，与法律有些出入，政府也会采取容忍的态度。

综合上述分析，可以认为企业家寻租、普通成员的策略性参与以及政府的策略性容忍是当前我国多元化合作社治理结构的重要成因。

（二）多元化的合作社治理结构何以演化

正如前文所提出的那样，成员资格的同质性是成员角色身份同一性的基础，而合作社的治理结构与成员的角色结构则互为映衬，实为一体两面。成员资格同质性的逐渐弱化或异质性的逐渐增长，是当前多元化合作社治理结构演化的根本驱动因素。

涂尔干（Emile Durkheim）在其博士论文《社会分工论》中曾指出，随着工业化和社会分工的逐步发展，社会成员之间的共同生活形态将逐步从"机械团结"走向"有机团结"，两者的不同之处在于，机械团结通过强烈的集体意识将同质性的个体结合在一起，而有机团结则建立在社会成员异质性和相互依赖的基础上。②

就农民而言，在传统的封闭社会中，阡陌交通的小小村庄就是他们的

---

① 郭红东：《当前我国政府扶持农村专业合作经济组织发展的行为选择》，《农村合作经济经营管理》2002 年第 5 期；任大鹏、郭海霞：《多主体干预下的合作社发展态势》，《农村经营管理》2009 年第 3 期。

② 涂尔干关于社会团结的二分法与同期的另一位社会学大家滕尼斯（Ferdinand Tönnies）所提的"共同体"（Gemeinschaft，译为 Community）与"社会"（Gesellschaft，译为 Society）概念具有异曲同工之妙，差别之处在于涂尔干更关注从实证主义出发看待个人对于社会整合与社会秩序的功能和作用，而滕尼斯偏向于浪漫主义，更加关注的是个人的情感和意志。

整个世界，但进入现代社会后，全世界却开始变成了一个村庄。^① 农村在向现代社会过渡过程中，往往难以得到强有力的外部支持，即便能够得到支持，大多是滞后支持，这也是农民产生集体合作的原因之一，只有这样，他们才能同舟共济、共渡难关。一般来说，外部世界施与的压力越大，群体内部的合作性就越强。不过，作为一种封闭的同质性集体合作，这一合作过程并不能够生长和发育新的要素，因此其发展终点只能是一种低水平的均等化社会^②。

随着经济社会的发展，农民群体逐步分化分层，合作社成员的异质性程度日益增加并开始出现区隔化的现象。所谓成员的区隔化是指合作社内部沿着产业链或价值链进行分工，在对接市场的具体过程中，逐步从"一致合作"走向了"非一致合作"（见图4）。

图4 合作社成员的区隔化现象

从图4可以看出，作为农民对接市场的中介，合作社内部分工存在"一致合作"和"非一致合作"两种情况。在"一致合作"中，合作社成员的身份和权力均等，都同时身为生产者和经营者，合作社中只存在职位分工；而在非一致合作中，成员分化为生产者成员（主要为规模化农户）与经营者成员，合作社出现具有内部利益区隔的职能分工。很显然，在我国目前许多合作社中，作为普通成员的生产者成员与作为核心成员的经营

---

① 在麦克卢汉（Marshall McLuhan）看来，"地球村"并不单纯是指发达的传媒技术使地球变小了，更重要的是指人们的交往方式以及社会和文化形态发生了重大变化。（Marshall McLuhan et al., *War and Peace in the Global Village* (New York: Bantam Books, 1968).
② 徐勇：《如何认识当今的农民、农民合作与农民组织》，《华中师范大学学报》（人文社会科学版）2007年第1期。

者成员之间，在合作社的任务分配和功能承担上已具有明显的差异性，合作社经营者（即实际的控制者）已经逐渐从纯粹的务农者（Farmer）转变为营农者（Agri-businessman）。合作社成员的异质化、区隔化最终表现为合作社与成员间"利益距离"（Interests Distance）的差异化。"利益距离"是本文新创的概念，旨在说明，作为地域性或区域性组织的合作社，成员与合作社之间的时空距离固然不一，但在作为最终落脚点的"利益"（包括但不限于经济利益）中心点周围，呈现出不同半径的利益圈层①，成员之间的利益和利益配置就具有鲜明的差异性。

事实上，成员异质性问题已经成为一个公认的影响合作社发展的前置要素，这不仅撼动了经典合作社的成员同质性前提，而且这种异质性将长期存在，并左右合作社治理结构的演化。这意味着，成员异质性问题的走向已成为合作社治理结构演化的一个关键。

四 结论

本文构建了一个"三位一体"的合作社"理想类型"，通过比照合作社的现实类型与"理想类型"的接近或离开的程度，对合作社的类型及其质性问题进行辨析。如果在一个完全自愿进出和没有外部规制的情境中，那么成员资格条件的不同质，其内部治理结构就不可能建立在"一人一票"的基础上；而如果成员身份不同一，其收益分配也不可能建立在"按惠顾额返还盈余"的基础上。换言之，任何现实类型接近或偏离"理想类型"的可能，都源于成员的同质性和同一性在不同程度上的松弛、消解和漂移。

从本质上说，作为一种"理想类型"的合作社的治理结构，其效率或特殊性在于其成员资格的同质性所带来的成员身份的同一性，即成员既是惠顾者，又是投资者，还应是控制者。而合作社成员身份同一性状况的松弛、消解和漂移所带来的合作社内部治理结构的失合，最终会诱致"大治理结构"，即合作社类型谱系的不断演变，这实际上也是合作社努力适应新情势、新环境的必然。

可以认为，由同质成员所组成的成员角色系，进而能确保耦合性的合

---

① 此处借鉴了费孝通先生的"差序格局"概念，参见费孝通《乡土中国与生育制度》，北京大学出版社，1998，第24~30页。

作社治理结构，旨在表征合作社的形式凝聚力。可以想象，在同质、同一的适宜土壤中，理想的合作社治理结构是可以自然生长出来的，然而，这种"理想类型"的合作社治理结构的土壤在现实中已经难以找到。

参考文献

［1］ Alchian A A, Demsetz H., "Production, Information Costs, and Economic Organization," *The American Economic Review*, 1972, 62 (5)：777 - 795.

［2］ Arrow K J, Debreu G., "Existence of an Equilibrium for a Competitive Economy," *Econometria* (S1468 ~ 0262?), 1954, 22 (3)：209 - 265.

［3］ Lin J Y., "Collectivization and China's Agricultural Crisis in 1959 ~ 1961," *Journal of Political Economy*, 1990, 98 (6)：1228 - 1252.

［4］ Lin J Y., "Exit Rights, Exit Costs, and Shirking in Agricultural Cooperatives：A Reply," *Journal of Comparative Economics*, 1993, 17 (2)：504 - 520.

［5］ March J G, Simon H A., *Organizations* (New York：John Wiley & Sons, 1958), p. 119.

［6］ Mcluhan M, Fiore Q, Agel J., *War and Peace in the Global Village* (New York：Bantam books, 1968).

［7］ Röpke J. Cooperative Entrepreneurship：Entrepreneurial Dynamics and their Promotion in Self-Help Organizations. Marburg：Marburg Consult for Self-Help Promotion, 1992.

［8］ 阿尔弗雷德·马歇尔：《经济学原理（上卷）》，朱志泰译，商务印书馆，1964，第 316 页。

［9］ 爱弥尔·涂尔干：《社会分工论》，渠敬东译，生活·读书·新知三联书店，2000。

［10］ 斐迪南·滕尼斯：《共同体与社会》，林荣远译，商务印书馆，1999。

［11］ 国鲁来：《合作社制度及专业协会实践的制度经济学分析》，《中国农村观察》2001 年第 4 期。

［12］ 黄祖辉：《农民合作：必然性、变革态势与启示》，《中国农村经济》2000 年第 8 期。

［13］ 潘劲：《中国农民专业合作社：数据背后的解读》，《中国农村观察》2011 年第 6 期。

［14］ 吴彬、徐旭初《合作社治理结构：一个新的分析框架》，《经济学家》2013 年第

10 期。

[15] 张靖会:《同质性与异质性对农民专业合作社的影响——基于俱乐部理论的研究》,《齐鲁学刊》2012 年第 1 期。

(本文原载于《农业经济问题》2014 年第 10 期)

不稳定的边界

——合作社成员边界游移现象的研究

李琳琳　任大鹏[*]

一　成员边界研究的价值

所谓边界，分为地理边界和人为边界，是指不同地区之间、群体、物种的界限和阻碍。边界的形成实质上是人类的主观分类，涂尔干在《原始分类》中提出，人们把事物、事件以及有关世界的事实划分成类和种，使之各有归属，并确定它们的包含关系或排斥关系，归根到底，意味着在我们的类别概念中存在着一种划分的观念，它的界限是固定而明确的。[①] 成员是人类社会组织的基础，成员边界的确定决定了成员在组织内部的权利和义务。合作社的成员是合作社内基本的权利享有与行动单位，而在我国农民专业合作社（以下简称合作社）的发展实践中，出现了一种被扭曲的成员边界关系，合作社成员身份的模糊、合作社对成员分层等方式使得部分成员被边缘化，多数成员不能有效地参与合作社的治理，甚至普通成员很难参与分红环节，尤其是在我国合作社实践中出现了一种游移的成员边界现象，如"谁是成员"、"什么时候是成员、什么时候不是成员"等影响合作社发展过程的最基本问题，使得合作社成员受具体情境的影响变成了一个可以伸缩的单元，并以这种可以伸缩的成员边界构成了合作社的成员结构甚至组织结构和治理结构，是合作社核心成员逃避风险、获得最大收

* 李琳琳，浙江农林大学经济管理学院讲师；任大鹏，中国农业大学人文与发展学院法学系教授、农业与农村法制研究中心主任。

① 爱弥尔·涂尔干、马塞尔·莫斯：《原始分类》，汲喆译，渠东校，上海人民出版社，2000。

益的策略，但是也直接影响合作社团结弱势群体的固有价值，使得合作社内部形成了权力和资源的固定格局，弱势群体因此受到阻隔，难以借助合作社的平台改变其弱势地位。

学界对合作社成员的关注，多集中于对合作社成员异质性的研究，如林坚、黄胜忠认为不同产业主体的资源禀赋、参与目的以及角色的差异导致了社员结构的异质性；[①] 邵科、徐旭初有关成员异质性对合作社治理结构影响的研究，以及其他对合作社内部成员分层、成员的进入和退出等相关研究，都是以合作社成员明确为基础展开讨论的，但这基本假设表现在实践中却模糊不定，成员之间的边界并不明晰，而且按照一定的规则游移在一定范围内。[②] Cook 指出由于"使用者和投资者"身份的统一导致了合作社产权不清晰，导致在剩余索取、决策控制以及主要出资成员之间的资源分配过程中产生了诸多冲突。[③] 潘劲比较早关注合作社的成员边界问题，她认为合作社的本质属性决定了其成员边界，针对我国合作社成员模糊和成员泛化问题提出成员出资是边界明确的有效途径。[④]

经典合作社理论认为合作社是"民有、民管、民受益"（user use, user control, user benefited）的组织，对所有者（owner）的界定明确而固定，强调弱者的联合，并在此基础上改变弱势地位与其他市场主体竞争，开展合作社的日常经营、民主控制、盈余返还等。而在我国合作社的发展中，很多合作社对成员边界的表达并不明确，实践中有些合作社为了市场竞争力的提升或者获得政府的扶持资源，刻意夸大合作社成员的数量，把与合作社业务相关的农民都纳入合作社成员数的统计当中。此外，实践中还衍生出如"核心社员和松散型社员"、"订单社员和临时交易社员"以及"出资社员和交易社员"等种种分类，不同的分类背后代表了不同的治理

① 林坚、黄胜忠：《成员异质性与农民专业合作社的所有权分析》，《农业经济问题》2007年第10期。

② 邵科、徐旭初：《成员异质性对农民专业合作社治理结构的影响》，《西北农林科技大学学报》（社会科学版）2008年第3期。

③ Michael L. Cook, "The Role of Management Behavior in Agricultural Cooperatives," *Journal of Ournal of Agricultural Cooperation*, 1994: 42-58; Michael L. Cook, "The Future of U. S. Agricultural Cooperatives: A Neo-Institutional Approach," *Amer. J. Agr. Econ.* 77. 1995: 1153-1159.

④ 潘劲：《中国农民专业合作社：数据背后的解读》，《中国农村观察》2011年第6期。

机制和收益分配机制，这种机制对普通成员形成了合作社内部的阻隔，使得大多数成员难以参与合作社的治理，更不用提《农民专业合作社法》（以下简称《合作社法》）第 17 条所建议的合作社分配盈余可以"按成员与本社的交易量（额）比例返还，返还总额不得低于可分配盈余的百分之六十"。因此，传统意义上合作社"所有者、惠顾者和受益者相统一"的价值，对于当前我国合作社实践中出现的成员边界的游移是否还具有普世性？伸缩的成员界限是对传统合作社理念和普世规则的挑战和冲击，还是合作社发展过程中的行为策略的变化？普通成员对成员边界游移有何影响？以及嵌入社区的合作社如何受到传统乡土社会关系的影响？下文通过描述 G 农业合作社中成员边界维度的具体表现形式，进而解释其存在的逻辑和后果。

二　合作社成员边界游移的维度

首先从抽象的角度讨论合作社成员边界可能存在的形态，再从实证的角度描述成员边界在 G 农业合作社的具体表现形式。

（一）成员边界的不同维度

第一个维度是交易。与成员交易是合作社的特性之一，因此把与合作社之间存在交易关系作为合作社成员的必需要素。但合作社的交易关系中除了包括与内部成员的交易，还包括了偶发和临时的与非成员之间交易。有些合作社在与非成员进行的交易中，并未明确区分成员与非成员的交易，把客户视同为成员，使得非成员实质上享有了合作社与成员之间独有的税收和价格优惠以及本社成员独享的其他各种服务。此外，在特定情境下，比如合作社评定示范社时，很多临时交易的村民也被合作社纳入成员统计范围内。因此，由于交易主体的模糊不清，很容易导致合作社成员的边界模糊，引出合作社成员边界的第二个维度。

第二个维度是治理。治理维度意味着合作社成员在交易的同时，是否还参与了合作社的治理。显然并非所有的成员都参与了合作社的治理，治理成员和交易成员的交集往往成为合作社的实质控制者，这部分成员的出现形成了合作社内部一种新的成员边界，边界内的成员往往是大户成员，小规模农产品生产经营的普通成员被区隔在治理维度之外。此外，交易维度和治理维度并不能涵盖所有成员，在合作社中有只提供资金并不参与生产和交易的入股成员，这部分成员甚至可能会成为合作社的核心成员并控制合作社，因此有一部分成员被交易和治理维度相分离，形成了合作社成员边界的又一维度。

第三个维度是出资。经典合作社理论认为合作社是"所有者、受益者和惠顾者"三者的统一，成员出资才能体现出成员是合作社的所有者。因此，引出"出资"作为成员边界的第三个维度。北美新一代合作社以及我国一些地区的合作社都体现了对资本的依赖，有些省份的合作社条例还对成员出资设置了相关制度。① 出资维度内除了包括参与治理的出资大户，还包括部分只出资的成员，他们既不参与交易也不参与治理，只是对合作社的分红有所期待。

在逐步明晰合作社成员边界的过程中，出现了交易成员和治理成员的交集，出资成员和治理成员的交集，出资成员和交易成员的交集，以及由三个维度的交集形成更狭隘的成员边界，即合作社成员为出资并与合作社发生交易，同时也参与合作社治理的人，或者另一种更宽泛的理解，只要与合作社之间存在联系就是合作社的成员。仅选取交易、治理和出资三个维度为基础变量，就已经能够排列组合出多种判断成员边界的标准，更不用说在实践中延伸出来的更多维度，比如合作社在工商注册时成员名册记载的成员与实际成员的不一致，或者源于合作社试图降低注册成本，或者源于注册时只记载了出资成员，或者在存续期间吸收了新的成员而没有去办理变更登记手续，这一系列原因形成了名义成员和实质成员的差别；比如在成员分层体系中出现的观念成员，指那些有成员身份认知感和认同感的成员；比如按照与合作社联系的多少划分形成的松散型社员和紧密型社员……以及已有的生产者成员、交易成员、出资成员等一系列的概念，使得判断合作社成员边界的维度越来越多，合作社基于不同的目标选择其成员维度，成员边界则游移在三个或更多个维度之间，导致了成员边界的弹性越来越大，而这种游移的成员边界对合作社而言成为可供其利用的策

---

① 参见《浙江省农民专业合作社条例》第13条规定"每个社员应当认购股金。社员之间可以自愿联合认购股金"。

略性选择。

（二）G 农业合作社成员边界的维度

G 农业专业合作社位于黑龙河流域，2006 年由 5 名 G 村村民发起并以不均等的货币出资组建合作社，合作社主要经营杂粮、蔬菜和其他果蔬产品。2009 年 G 农业合作社变更登记为 G 农业专业合作社，社员数变更为65 人。截至 2013 年初，该社共 21 名出资社员，入股 120 万元，全村 1050户村民全部入社，其中合作社理事长、副理事长等人主要参与合作社治理。到目前为止，该社的会员分为三种类型：第一类是核心社员，就是以股份形式加入合作社的村民，他们既按参股比例享受利润分红，又承担风险，包括市场风险和自然风险，此外，作为股东的他们有权参加每年召开两次的 G 社股东大会，并参与合作社的发展决策，可以对其提出建议；第二类是合同社员，就是与合作社签订供销合同的村民，他们按合作社的要求进行专业化生产，合作社以高于市场价的价格回收农产品，这类社员只承担自然风险，不参与分红，但享受合作社提供的一切服务，有选举权、被选举权和表决权；第三类是普通社员，就是没有与合作社签订供销合同的本村村民，但他们同样享受农资优惠供应、农机服务和技术培训等服务。[①]

首先，"治理"维度对于 G 合作社而言，只属于内部的成员分层界限，核心成员中的出资大户充当了合作社治理者的角色，成为合作社的实际决策者和控制者，而出资较少的成员没有参与合作社的治理。其次，合作社以"出资与否"区分出核心成员和非核心成员，实质上已经构成了成员和非成员的分界线。发展至今该社共有 21 位出资成员，也就是所提到的核心成员，通过不均等出资建立合作社，除几个出资大户参与治理外，一般出资者只是参与分红。此外，出资和未出资者所承担的风险和享受的权利也有很大差异，出资成员"既按股份比例享受分红，又承担风险"，未出资成员不享受分红、承担自然风险，虽然也对非出资成员允诺了众多服务，但大多没有实质意义。最后，从"交易与否"拓宽到只要与合作社之间存

---

① 相关资料来自 G 合作社注册登记、申请项目、获得政府支持、个人汇报材料等文件中。

在交易，都属于合作社成员，如上文提到 G 合作社成员分布已覆盖全村，甚至影响周边村镇，在项目申请、示范社评定等文件里该社把潜在可能利用合作社服务的农民都视为自己的社员，并认为非核心社员是成员的原因是，"合作社以较高于市场价的价格回收农产品"符合"一次让利"的盈余分配，事实上收购的前提却是"能保证质量的、最好的农产品"，这部分上乘农产品按照市场交易也能达到较高价，不论如何，与合作社交易过的村民也就有了"非核心社员"的成员身份。此外，在 G 合作社发展过程中，还出现了"撇开普通成员"、"订单成员变成大户和其他小合作社"的现象，原有的普通成员和订单成员由于交易成本和谈判成本被缩减，相应地在成员边界内又增加了与合作社发生交易的其他合作社和专业大户。就交易的主体而言，这是从非社员中收购产品，在 G 合作社中这种非社员主要包括其他专业大户和别的合作社，从其成员关系讲不是成员，但是实质上已经享受了合作社成员的待遇，且合作社与其交易也没有按照规定纳税而是享受了与成员之间的税收优惠。

（三）不同维度下合作社对成员边界的策略性选择

合作社依据不同的价值和目标在具体情境下选择成员的维度，形成不同的成员边界，进而成员边界成为一个可伸缩的弹性范围，体现了合作社的利益相关群体对合作社性质认识的模糊，在大多情况下表现为具有实用主义色彩的功能性模糊，"看合作社想干什么，看我的目的是什么"，并基于不同的目标按照不同的维度选择成员。

在争取项目扶持资金的时候，合作社希望成员范围扩大以达到评选的规模，或者是政府工作报告中为了表达合作社发展的阶段和程度时也会出现扩大成员范围的情况，此时成员边界扩大成为有交易关系的所有成员（图 1 中三维并集所示的大圈范围）；在合作社盈余分配环节中，成员边界会缩小到部分成员范围，可能是出资和交易大户的交集或者仅仅是出资者等合作社内占据话语权的小范围成员，甚至出现了在获得政府扶持资金时，合作社核心小组直接在其内部进行了分配；以治理维度来看成员边界会发现，有的合作社开成员大会时，为了节约治理成本，缩小成员边界范围，客观上导致了治理权集中在小范围内，而且往往限定在出资成员范围内，这就形成了治理和出资维度的成员交集。实践中，治理和出资往往紧密相连，但是也有部分出资成员并不直接参与治理，而是类似股份公司中小股东期望得到分红的出资入股。事实上，不论以何种维度选择成员边界，始终有一部分成员在边界内部（图1中阴影部分），他们主要是交易和出资大户，与其相关的还有治理权的高度集中。

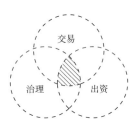

图1 成员边界的维度

注：由于实践中还存在更多维度，因此每个维度的范围都以虚线表示。

此外，在合作社登记注册时，法律规定需要提供每个成员的身份证复印件，全体出资成员签名、盖章的出资清单，因此，有的合作社为了节约成本只提供部分成员资料，使大量社员变为隐形成员，隐形成员的利益往往得不到保障，有损合作社内部的公平，而且很容易形成注册成员和隐形成员的差异，导致不同成员的冲突。

三 成员边界游移的逻辑

（一）不同成员对合作社利用以及理解的差异

我国合作社发展具有特殊性，从建立初始成员异质性的表现就很明显，合作社内部的成员分层过大，很容易形成治理权的过度集中，忽视普通成员交易所带来的贡献。毋庸置疑，对于成员边界的游移，合作社的较强势话语势力是最重要的形塑力量，这部分成员根据自身的优势资源，获得了合作社中较集中的治理权，在不同的情境下采取与自己利益相关的策略，形成了成员边界的不同维度，进而促成了成员边界的游移。而且，在成员异质性背景下，我国的合作社还出现一种对资本依赖的特殊性，出资维度往往与治理维度形成交集，这也会导致治理权集中在出资者成员范围内，形成资本的话语权大于劳动的话语权。因此，构成合作社成员边界的要素，从章程中规定的普世边界，逐渐形成了与合作社内部强势集团利益相关的不稳定边界。

从普通成员的视角出发，则能发现不同的成员对合作社利用和认同存在很大差异。普通成员参与合作社，或者邻近的村民与合作社发生交易，就他们本身而言，并没有在意"是否是合作社成员"、"是否是合作社所有者"、"是否有合作社内部的权利和义务"或者"是否被大户或出资成员所代表"等其他相较于有关治理权和剩余索取权等权利公平与否的问题，他们更关注的是所售产品的价格、所享受服务的费用、购买生产资料的价格，是否比不参加合作社更划算、是否比去年收入更高、大户能为自己带来利益多少等的对比，同时还忽视了合作社经营风险与自身的关系，当然也并未在意成员边界是否模糊不清，是否发生了游移。正是基于普通农民对成员身份的忽视或者漠视，出资成员或大户成员会在特定情境下进行策略性的成员选择，以减少所承担的风险，达到自身利益的最大化。

核心成员和普通成员之所以对合作社理解和认同有所差异，究其根源，也在于我国合作社中体现的成员异质性，在合作社内部存在着不同成员的分层。合作社一般由公司、大户、能人等较强势的农民主体发起建立，其他成员则希望借助能人的力量"搭船出海"，而且其自身又难以承担合作社经营的风险，因此普通成员主动或被动地、部分或全部地让渡其在合作社的治理权和剩余索取权等权利，形成对成员身份的忽视，也把风险转移给了实质控制合作社话语权的成员，这部分强势成员获得收益的同时也承担了风险，因此从这个角度考虑，合作社成员边界的弹性也有其依据。而相比而言，西方的经典合作社则是基于成员共同需求建立的互助性经济组织，成员的同质性较强，成员的权利和义务也比较清晰，也就很难出现成员边界不清的现象。

（二）传统乡土社会中的个体遭遇现代化经济组织

无论是空想社会主义还是合作社的具体实践，合作社最初登上历史舞台都是基于西方社会中团体组织的形态出现的。当合作社被当作一种制度引入我国的时候，就必然出现西方团体组织遇到我国传统乡土社会的结果，也就是权责明晰的团体格局被嵌入伸缩范围的差序格局①中，虽然我国传统农村社会随着现代化思想的冲击和塑造，逐渐偏向关注原子化和个体化的个人，但基础的精神价值依然是推己及人的生存哲理，并以"己"为中心和标准扩展社会、经济交往范围，并对所参加团体的成员构成进行策略性选择，因此引出对成员边界游移现象解释的另外一种分析进路，即合作社成员边界的模糊和游移，某种程度上也表现了处在差序格局中的人向团体组织中的个人的转变过程，这种成员边界的模糊或者可以被称为我国农民"现代化"过渡过程中的表现。一方面，合作社作为"人合"组织，特别强调人与人之间的信任，我国的传统社会也是基于不同范围的信任，并以信任度的强弱形成边界不同的交往范围，因此，我国合作社当前实践中出现的不稳定的成员边界，也会受到传统社会关系格局的影响。另一方面，在某些可以预知的外部利益诱导下，这种结构性社会关系会表现得更明显，比如有合作社在获得国家财政扶持资金时，所得到的利益并没有记载到全体成员账户上，而是首先限定在更为密切的关系网络内直接分配。

（三）相关制度的失衡

在我国合作社发展过程中，《合作社法》并没有完全基于其特殊性提供适时的规范和引导，因此导致了法律实施和合作社发展实践的部分错位。比如法律中并没有对合作社成员进行严格界定，也没有严格的成员身份认定的登记环节，法律的本意在于合作社经营内容对各种资源的需求不同，而且不同类型的合作社对成员的要求和约束也不尽相同，故并没有强制限定成员入社的资格以及权利和义务，而把成员界定的权利赋予合作社的章程，如《合作社法》第二条规定"农民专业合作社章程应当载明成员资格及入社、退社和除名；成员的权利和义务；成员的出资方式、出资额"。而实践中已经出现越来越多由于成员身份认定不清导致的种种问题。

① 费孝通：《乡土中国》，江苏文艺出版社，2007，第25~32页。

比如，由于交易主体的不明确而把客户纳入成员交易的范围内，使得客户享受到成员的优惠和服务，而且规避了合作社的相关税收；或者登记成员名册上的成员与实际运行成员的不统一，而引发的不同成员之间的种种矛盾和冲突。

四 成员边界游移的后果

合作社成员边界的不稳定，从后果上来讲损害了公平原则，并与我国政府扶持合作社的目标相悖。

首先，以出资或者治理维度对成员边界的策略性选择，可能导致的后果是对部分成员的不公平。比如在盈余分配环节以股东为核心，会忽视交易成员和生产成员的贡献。出资成员或参与治理的成员通过小范围讨论，重新划定成员边界把大批普通弱势成员分离出去，试图摆脱普通成员对收益的共享，只给予其名义上的成员身份，使普通成员难以利用合作社改变弱势地位。相对而言，把大户和其他合作社纳入为未注册的实质成员，享受成员的待遇，使得本来处于弱势地位的小生产者成员面临更大困境。事实上，合作社最终利润的形成是有着交易者的贡献的，但在盈余分配的环节只考虑核心成员，利益被转移给部分成员，而把部分交易者成员排除出去，将本应该是大团体的利益转为内部小团体的利益，并且，这种策略性选择往往与其话语权相结合，谁控制着合作社，谁就对自己做出最有利的策略选择，形成了合作社利益关系中的倾斜，这种不对等的利益关系会逐渐演变成强势主体借合作社的名义损害普通成员利益的局面。从本质上而言，这种不稳定的成员边界体现了合作社发展中资本和交易的关系失衡，出资成员往往成为实质的治理成员，客观上表现出资金入股成员的贡献大于普通的生产者成员或者交易者成员的贡献，与合作社团结弱势成员的公平价值相背离。

其次，与我国政府扶持合作社的目标相悖。比如在税收优惠方面，我国财政部和国家税务总局关于农民专业合作社有关税收政策的通知中规定了"销售本社成员生产的农产品视同同业生产者销售自产农产品，免征增值税；向本社社员销售的农膜、种子、化肥、农药、农机，免征增值税；与本社成员签订的农业产品和农业生产资料购销合同，免征印花税"等优惠政策，与非成员的交易中不能享有相应的税收优惠，但合作社为了逃避应缴的税收，并未区分成员与非成员的交易，与政府对合作社税收优惠的原意相背离。

五 结语

针对成员边界游移导致的一系列后果，需要对合作社的相关制度进行调试，从稳定成员边界的目标出发，调试不能在制度层面去界定成员，而是需要通过制度调试控制成员边界游移的动力，进而控制成员边界游移导致的后果，最后达到成员维度的逐渐稳定。

首先，关于以交易维度选择成员边界导致的税收规避，可以调整对合作社支持政策的一些误区，比如严肃成员登记规则，对于实践中出现的设立阶段与存续阶段导致的实有成员和注册成员不一致的现象，设立相关的年检或者变更登记制度，并且保证相关手续具有简便的可操作性。

其次，针对生产者成员或交易者成员贡献的被忽视情况，需要限制出资成员的最高出资比例，或者规定出资与其生产规模的一致，可以保证生产者的利益从而减少过于强势的资本话语权。

再次，针对合作社内部风险和贡献不统一现象，导致核心成员治理权的集中和普通成员对权利和风险的漠视，可以通过健全合作社内部风险承担制度、明确承担风险和获得收益之间的关系来解决。

最后，除了刚性的法律和政策调整，还要给合作社自身留出相应的弹性。比如以治理维度选择成员相关的后果是导致少数人的控制，制度调试并不意味着为了消除成员边界游移现象就要剥夺治理权；或者以出资维度作为成员边界导致的出资成员独享剩余索取权，这也不是意味着法律就要规定合作社成员的统一出资，而是要根据合作社自身实际对出资做出最高限额的规定，以改变合作社内部的过分异质性。

合作社作为用户所有的特殊经济组织形式，首先需要明确的就是用户和所有者之间的关系，也就是文中强调的明确的成员边界关系。在我国出现的这种合作社成员边界游移的现象，不仅是合作社自身功能性的策略选择，还折射出合作社利益相关群体对其性质、功能和价值的不同理解，如何去看待"成员问题"实质是重新回归到"合作社是什么"、"我国的合作社是什么"等对合作社质的规定等问题上来。

当然，本文对合作社成员边界游移的解释并没有结束，比如基于策略性选择的成员边界之所以能够形成，还体现了合作社内部利益博弈后的结果，利益博弈的方式包括边界内外成员之间的冲突，比如身处外部的成员是否有通过抗争或者制度干预而进入边界内部的可能；或者在处于外部的交易成员抗争后将已经内部化的、没有交易的成员，在制度工具的作用下排挤到边界之外等相关问题还需要进一步研究。

（本文原载于《东岳论坛》2014 年第 4 期）

合作社的本质规定与现实检视

——中国到底有没有真正的农民合作社?

邓衡山　王文灿[*]

一　引言

世界各国的经验表明,合作社对于促进就业、益贫增长与社会和谐具有不可替代的作用。这亦是中国大力推广合作社的原因。合作社的这些功能必须借由其不同于一般企业的治理机制来实现。现实中合作社能否实现预期功能,取决于它是否按照合作社的本质规定构建治理体系。

现实中合作社究竟有无发挥其应有作用? 合作社适宜在何种条件下产生和发展? 已有众多文献对此进行了研究。黄宗智引用官方数据分析了实现纵向一体化时合作社相对于龙头企业的优势[①];黄季焜等实证分析了影响合作社服务功能发挥的主要因素[②];邓衡山等实证分析了政策支持对合作社产生和发展的影响[③];邓衡山等实证分析了组织化潜在利润对合作社产生和发展的影响[④]。但是,这些文献都没有对一个更为基本的问题进行探讨和论证,即这些合作社符合合作社的本质规定吗? 或者它们本质上是公司或者"公司 + 农户"等其他类型的组织?

---

[*]　邓衡山,福建农林大学经济学院副教授;王文灿,福建农林大学经济学院副教授。

[①]　黄宗智:《中国新时代的小农场及其纵向一体化:龙头企业还是合作组织》,载黄宗智编《中国的隐性农业革命》,法律出版社,2010。

[②]　黄季焜、邓衡山、徐志刚:《中国农民专业合作经济组织的服务功能及其影响因素》,《管理世界》2010 年第 5 期。

[③]　黄季焜、邓衡山、徐志刚:《中国农民专业合作经济组织的服务功能及其影响因素》,《管理世界》2010 年第 5 期。

[④]　邓衡山、徐志刚、黄季焜、宋一青:《组织化潜在利润对农民专业合作经济组织形成发展的影响》,《经济学 (季刊)》2011 年第 4 期。

事实上，对于现实中合作社的本质是否与理念相符，已有不少学者表示质疑。比如，杜吟棠、潘劲发现，在他们所分析的案例中"没有一个符合传统合作社规范"。① 苑鹏也认为，农民合作经济组织出现了许多"异化现象"。② 应瑞瑶考察了江苏省与山东省莱阳市的农民专业协会和农民合作社，也得出了类似的结论：这些组织绝大多数并不是真正意义上的合作社，而是异化了的合作经济组织，因为它们背离了合作社的基本原则。③ 潘劲通过调查研究发现，伴随着各地农民专业合作社的迅猛发展，各种"假合作社"、"翻牌合作社"、"精英俘获"、"大农吃小农"等现象层出不穷，以至于她惊呼——"合作社原则，最后还能坚守什么？"④

然而，上述研究存在两个方面的不足。第一，未对合作社的本质性质进行合理性论证。他们往往依据国际合作社联盟关于合作社的界定标准做出判断，虽然这是一个很好的评判方式，但这些国际上公认的标准可能被人们以"不符合中国国情"为由而拒绝。例如，吴志雄认为，一人一票、盈利返还、限制资本报酬等合作社原则虽有其合理性，但合作社作为经济组织，其原则归根结底应由其组织结构、经营机制及成员的经济利益而不是某种政治理念所决定。⑤ 徐旭初也认为，现实中的合作社是否为合作社，不在于它们理论上是否符合某种原则，而在于实践上究竟如何。⑥ 第二，未能探讨合作社名不副实的现象究竟有多普遍。部分合作社名不副实和绝大多数甚至全部合作社名不副实是两个性质不同的问题。若是前者，则可能只关乎合作社的"做假"问题；若是后者，则关乎合作社在中国的前途。

本文的主要目的有两个：一是从原理上论证合作社的本质规定；二是对合作社本质进行现实检视。本文结构安排如下：第一部分是引言；第二

① 杜吟棠、潘劲：《我国新型农民合作社的雏形——京郊专业合作组织案例调查及理论探讨》，《管理世界》2000 年第 1 期。
② 苑鹏：《中国农村市场化进程中的农民合作组织研究》，《中国社会科学》2001 年第 6 期。
③ 应瑞瑶：《合作社的异化与异化的合作社——兼论中国农业合作社的定位》，《江海学刊》2002 年第 6 期。
④ 潘劲：《中国农民专业合作社：数据背后的解读》，《中国农村观察》2011 年第 6 期。
⑤ 吴志雄：《对农产品合作社一些问题的思考》，《中国农村经济》2004 年第 11 期。
⑥ 徐旭初：《农民专业合作：基于组织能力的产权安排——对浙江省农民专业合作社产权安排的一种解释》，《浙江学刊》2006 年第 3 期。

部分从原理上论证合作社的本质规定；第三部分用多个案例分析现实中合作社的本质；第四部分揭示现实中合作社不具有其本质规定的成因；第五部分则将带有特殊性的案例结论上升至一般；第六部分是结语。

二 合作社的本质规定与检视办法

（一）合作社的本质规定

合作社无论其本质是什么，它首先是一种组织。人们之所以成立组织，并通过组织与市场打交道，是为了将与市场打交道时的外部成本内部化，[①] 或者说是为了实现规模化经营。但是，用以实现规模化经营的组织形式有很多种，既可以是合作社，也可以是投资者所有的公司，抑或是其他组织。人们之所以选择合作社，源于合作社独特的组织方式，以及由此方式才能实现的独特功能。实际上，组织的本质和功能就是一枚硬币的正反面。因此，讨论合作社的本质规定，可以从人们希望合作社实现什么功能或者解决什么问题谈起。

小农户由于经营规模小，与外部市场打交道时交易成本高昂而难以融入大市场的问题，通常被称为"小农户—大市场"问题。解决这一问题可以从农业经营的各个环节来分析。农业经营的环节包括生产、加工和流通，相应地，规模化经营即是这些环节经营的规模化。

实现规模化经营最简单的方式是成立公司。公司通过雇工经营，既能在生产环节实现规模化，也能在加工和流通环节实现规模化。但是，农业生产的特性使得公司存在着对雇工劳动进行监督的难题。此外，采用公司形式也难以实现范围经济，这不太适合中国高人口压力的特殊国情。[②] 因此，在农业生产环节上普遍实现规模化经营既非常困难，也不太必要。

尽管在农业生产上不需要或短期内难以普遍扩大经营规模，但仍然需要以"纵向一体化"来整合农产品生产、加工和销售。比如"公司＋农

---

① Coase, R. H., "The Nature of the Firm," *Economica*, 1937, 4 (16).
② 黄宗智：《中国新时代的小农场及其纵向一体化：龙头企业还是合作组织》，载黄宗智编《中国的隐性农业革命》，法律出版社，2010。

户"模式。这种模式要求公司与农户签订合同,对农户所生产农产品的价格、数量以及质量等做出约定。这种模式既保证了农业生产的独立性与自主性,又适应了市场网络和农产品加工销售的规模性,给双方都带来了利益。

但是,在"公司 + 农户"模式中,农户在与公司打交道时仍是分散的,交易成本仍旧很高。此外,公司和农户在利益上存在对立之处,使得这种模式具有内在的不稳定性。一是公司的投资方向不受农户约束;二是存在二者间契约约束的脆弱性和协调困难的内在缺陷[①],当产品品质难以鉴别或鉴别成本很高时,契约就更难以履行了。在"公司 + 农户"模式中双方履约积极性低的根本原因在于,公司扮演的是"投资者"的角色,而农户扮演的是"惠顾者"的角色[②],双方不完全共享产权,因而存在着利益对立之处,再加上双方力量不对等,一旦违约,也难以事后制裁,因而彼此都不能对对方构成有效约束。

为了避免公司、"公司 + 农户"等组织形式的缺陷,人们需要新的组织。在这种新组织中,农户在生产环节相互独立,在流通环节则组织起来,每个成员都既是"公司"的所有者,又是"农户",他们共享公司全部产权,也即"投资者与惠顾者同一"(patron - owners)。由于公司是投资者所有的企业,投资者也即所有者,因此,它也可称为"所有者与惠顾者同一"。在这种模式中,农户既是组织的所有者和服务的提供者,又是服务的惠顾者。生产环节独立经营是为了避免公司雇工经营时的劳动监督难题和实现范围经济;每个成员都既是"公司"的所有者又是"农户",是为了解决"公司 + 农户"中各主体激励不相容的问题。由于成员既是"公司"的所有者又是"农户",公司向农户压价变相违约或者农户违约不再把产品卖给公司甚至是约定价格时的讨价还价,都变得没那么必要了。另外,由于大家完全共享产权,每个成员的收益与其他成员的经营及履约情况息息相关,因而他们有了互相监督的动力,再加上成员之间关系紧密,彼此更为熟悉,互相接触的机会多,成员互相监督的成本也相对低

① 周立群、曹利群:《农村经济组织形态的演变与创新——山东省莱阳市农业产业化调查报告》,《经济研究》2001 年第 1 期。
② 本文将公司与农户间的交易看成服务与惠顾,公司因此赚取的利润则是服务费。

廉，实施对违约者的惩罚也更容易。这正是合作社的组织模式。也即是说，相比于其他组织方式，合作社在特定条件下实现了成员总体利益更大化，也即更有效率。这种效率优势是合作社存在的必要前提。如若不然，合作社就会转向其他组织形式。首先，合作社需要比农户单干更有效率，否则，农户可以选择单干而不是加入合作社。其次，合作社要比公司和"公司＋农户"更有效率，否则，合作社就不如按公司制进行治理，而且可以找到一种分配方案，实现对合作社的帕累托改进，也即是没有效率的合作社没有实现帕累托最优，而没有实现帕累托最优的组织是不可能长久存在的。①

"所有者与惠顾者同一"既是合作社最基本的特征，也划定了合作社的边界，因而可以称为合作社的本质规定。一方面，"所有者与惠顾者同一"将合作社与其他形式的组织区别开来。比如，公司通过为他人服务赚取利润，其所有者不必是公司服务的惠顾者；"公司＋农户"中的公司和农户则不完全共享所有权。另一方面，合作社也必须坚守这一规定。这是因为，一旦合作社所有权不完全由其惠顾者所共享，也即它不是为了自我服务，将会有两种结果：第一，如果合作社出于营利的目的而开展非社员业务，以致社员业务所占比重越来越小，社员的惠顾者身份越来越不明显，而其投资者的角色越来越强烈，则合作社就转变为以营利为目的的公司；第二，如果合作社的非社员业务不以营利为目的，其服务对社员与非社员一视同仁，则合作社的服务就不再是俱乐部产品，而成为公共物品，合作社也就转变为公益组织了。② 因此，"所有者与惠顾者同一"即是合作社区别于其他组织的本质规定。

国内很多学者（例如应瑞瑶、黄祖辉、邵科、徐旭初、潘劲）通过总

---

① 本文隐含地假定，相对于公司，合作社是一种收入分配更为公平的组织（这也是学术界的共识），如若合作社的效率更为低下，那么，只要公司中的获利较大者进行适当的让利，便可实现对合作社的帕累托改进；但若合作社更有效率，则它并不必然取代公司，这是因为在公司制的情况下，尽管其效率更低，但公司的股东们却能获得相对更高的收益，若它转变成合作社，尽管它和与之交易的农户的总收益会增加，但由于分给农户们的收益大大增多，股东们的收益反而会下降，因此，这谈不上是帕累托改进，一如垄断的情形。在案例部分，本文将提供一个实例。

② 国鲁来：《合作社制度及专业协会实践的制度经济学分析》，《中国农村观察》2001年第4期。

结合合作社原则的演进趋势来归纳和论证合作社的本质规定，认为合作社必须坚持资本报酬有限、按惠顾额分配盈余和成员民主控制等原则。[①] 上述原则与"所有者与惠顾者同一"有内在的一致性，因为一旦合作社不能坚持上述原则，"所有者与惠顾者同一"就会被破坏。比如，若资本报酬不限，即资本不是获得固定利息而是获得红利，那么，怎么向社员收取服务费就成了难题：作为惠顾者的社员希望收取的服务费越低越好，而作为投资者的社员希望收取的服务费越高越好，一旦社员的惠顾比例和股金比例不相等，就会产生不可调和的矛盾。若不按惠顾额分配盈余，而是按股金分配盈余，合作社就变成了投资者所有的公司，社员与合作社的关系也就变成了公司与农户的关系。如果合作社不坚持民主控制原则，那么，惠顾者的利益就无法得到保障，因为如果合作社的服务内容以及服务价格由少数人决定，则这些决策者必然使得制度安排有利于自己而不是每一个惠顾者，那么，惠顾者也就谈不上是真正的所有者了，合作社同样会演变成"公司＋农户"。

但是，上述学者未能说明为什么合作社必须坚持上述原则，他们仅仅基于合作社演化过程中上述原则未被突破这一事实来判定上述原则即是合作社的本质规定，而未能从学理上说明为何上述原则是突破不了的，也即一旦突破，合作社就会演化成别的组织。鉴于"所有者与惠顾者同一"这一术语更加简洁，并且能推演出资本报酬有限、按惠顾额分配盈余和成员民主控制等原则，因而本文采用"所有者与惠顾者同一"这一术语作为合作社的本质规定。

（二）合作社本质规定的检视办法

要判定一个组织是否具有合作社的本质规定，就需要判断其所有者与惠顾者是否同一。所有者即是拥有所有权的人。所有权一般包括资源的排他性使用权、通过使用资源获取租金的收益权以及通过出售或其他办法将

[①] 应瑞瑶：《合作社的异化与异化的合作社——兼论中国农业合作社的定位》，《江海学刊》2002 年第 6 期；黄祖辉、邵科：《合作社的本质规定性及其漂移》，《浙江大学学报》（人文社会科学版）2009 年第 7 期；徐旭初：《中国农民专业合作经济组织的制度分析》，经济科学出版社，2005；潘劲：《中国农民专业合作社：数据背后的解读》，《中国农村观察》2011 年第 6 期。

资源转让给他人的转让权。① 其中，使用权和收益权是最基础的权利，因为界定清楚的转让权一定包含着界定清楚的使用权和收益权，但是反过来，使用权或收益权界定清楚的资源（或财产）并不一定可以自由转让。② 在合作社中，决策权则是使用权和收益权的保障，因为合作社作为旨在为成员提供服务的组织，它能够为成员带来的服务和收益的多少依赖于成员的决策。因此，在考察某个社员是否拥有合作社的所有权时，主要从使用权、收益权和决策权来进行。而惠顾者即是享受合作社服务的人。

"所有者与惠顾者同一"的含义既可以是严苛的，也可以是相对宽泛的。所有者与惠顾者完全同一时，全体所有者都必须是惠顾者，这排除了纯粹的投资者成为社员的可能；全体惠顾者也都必须是所有者，这就排除了合作社向非社员提供服务的可能。因此，这一规定仍是很严苛的。所有的所有者都是惠顾者，而所有的惠顾者都必须是所有者，只是合作社的"理想类型"③，只有当二者出现错位，并且错位达到一定程度时，合作社才会演变成其他组织。④ 不过，错位到何种程度，合作社才会演变成别的组织？或者说所有者与惠顾者同一到什么程度的组织才算合作社？在经验研究中，应用何种标准可能会有所争议，但笔者认为，至少超过一半的社员应是"所有者与惠顾者同一"的。因此，在本文的案例分析部分，笔者将采用这一相对宽泛的标准。

三 合作社的本质规定：现实检视

本文案例是笔者于 2012 年 8 月率 10 人调查队历经 15 天调查所得，案例来自 F 省 5 个县。由每个所调查县的农业局等部门有关工作人员选取该县 4 个最有影响力的合作社，对于每一个合作社，笔者分别访谈了一个合作社负责人及数名社员。笔者主要通过询问合作社负责人及社员"合作社

---

① Cheung, S., "The Contractual Nature of the Firm," *Journal of Law & Economics*, 1983, 26 (1): 1 - 21.

② 周其仁：《农地产权与征地制度——中国城市化面临的重大选择》，《经济学（季刊）》2004 年第 4 期。

③ 徐旭初：《农民专业合作：基于组织能力的产权安排——对浙江省农民专业合作社产权安排的一种解释》，《浙江学刊》2006 年第 3 期。

④ 国鲁来：《合作社制度及专业协会实践的制度经济学分析》，《中国农村观察》2001 年第 4 期。

的股份构成"、"理事会如何产生"、"盈余分配机制由谁决定"、"合作社的重大事务由谁决策"、"合作社如何为社员服务"等问题来判断合作社的本质，此外还通过询问社员"合作社是属于谁的"来进行佐证。现将部分典型案例介绍如下。

（一）"公司"型合作社

在"公司"型合作社中，合作社雇工进行统一生产，并无稳定的惠顾者，也即惠顾者与合作社并无契约关系甚至没有稳定的交易关系。"公司"型合作社的治理结构与公司无异，合作社社员要么是合作社的股东而非惠顾者，要么是不享有合作社产权且与合作社无契约关系的惠顾者。

典型案例一：某中药材合作社。该合作社在县供销社的提议下，由乡供销社主任牵头成立，在乡供销社办公。合作社经营中药材，实行雇工经营，共筹集股金 260 万元，但股东无须是中药材种植者。此外，合作社也收购当地农户种植的中药材，并称这些农户亦是自己的社员。但是，这些农户无权参与组织决策，跟合作社无固定的交易关系。这些农户亦认为自己并不是合作社的社员。

在该合作社中，股东才是合作社的所有者，但股东不是惠顾者。此外，合作社与农户也不存在固定的交易关系，因而该合作社实际上是个资本公司，本文称之为"公司"型合作社。

典型案例二：某林业合作社。该合作社于 2007 年在镇政府的提议下由某村的股份合作林场改名而来，实际操作并无改变。社员以林地入股，生产所需资金由社员按土地面积分摊，由合作社统一雇佣人手进行生产经营，种植品种由全体社员协商决定。产品统一销售后收益全部按股分红。合作社的管理人员由全体社员协商投票选出。合作社每年定期召开 3 次全体社员大会，主要商议生产事宜，会议留有记录，参会人员需签名。

对于这个合作社来说，所有的社员都享有使用权、收益权及决策权，因而都是所有者，但由于合作社实行统一生产，社员并不是惠顾者，因而该合作社不具备"所有者与惠顾者同一"的本质。虽然社员们都认为合作社是属于全体社员的且很民主，但公司亦为全体股东所有，在股东不多、股份份额差异不大时亦可实现民主管理，因此，民主并没有将该合作社与公司在本质上区别开来，本文仍将其归入"公司"型合作社。

（二）"公司＋农户"、"经纪人＋农户"、"大户＋农户"、"村委会＋农户"型合作社

在"公司＋农户"、"经纪人＋农户"、"大户＋农户"、"村委会＋农户"等类型合作社中，合作社所有者是公司、经纪人、大户或者村委会，惠顾者是农户，二者不完全共享产权。

典型案例三：某蔬果合作社。该合作社于 2006 年 10 月由某村的 8 个农产品经纪人发起成立，合作社拥有股金 126 万元，主要来自这 8 个大户，其所占股份比例总计达 59.5%，股东数不详。① 理事会成员由 8 个发起人内部推举产生。社员共有 238 户。合作社经营蔬菜，蔬菜由社员独立生产，合作社最重要的服务是收购社员产品。具体办法是：合作社建立蔬菜交易市场，所有社员提前一天告诉合作社他们第二天将要出售的蔬菜品种及大致数量，合作社则把这些信息汇总并联系各位经纪人，经纪人之间实行自由竞价，出价高者先得，若出高价者购买完所需数量后有剩余，剩余的产品再卖给出价次高者②，合作社向农户和经纪人各收取每公斤蔬菜 2 分钱的手续费。合作社盈余按股分红，分红方案由理事会决定。

在该合作社中，不同的社员所享有的权益很不相同。对于非股东社员来说，他们享有合作社服务的使用权，但没有收益权，也没有决策权。对于小股东来说，他们既拥有使用权，也拥有收益权，但不拥有重大事务的决策权，重大事项例如谁能参与竞标购买合作社产品、是否提供资金互助服务等均由理事会决定，而理事会成员则由大股东们决定。因此，表面上

---

① 该合作社理事长称全体社员都入了股，但被调查的 18 个社员中有 17 个称自己没有入股，社员们都称只有少数人入了股，有的称只有几户，有的称有三四十户；还有社员称以前的股东更多，但现在有很多已退出，目前合作社被一个大老板收购了，其个人所占股份即超过 50%。

② 有社员反映，该合作社不允许外来商贩前来竞标，也就是说，本地的经纪人即合作社 8 个发起人才能参与竞标，在这种情况下，串标是一件很容易的事。当然，经纪人之间如何分配收购量、如何控制不让本村其他村民加入经纪人行列，则是他们串标时面临的难题。

看所有股东都拥有合作社的所有权，但实际上，合作社的所有权被牢牢控制在几个大股东的手里。由于合作社向农户和经纪人收取的费用很低，普通股东分到的红利很少，大股东主要通过经纪业务获利，因此，本文称之为"经纪人＋农户"型合作社。

典型案例四：某山药合作社。该合作社由某村村委会于 2007 年发起成立。合作社有股金 1.9 万元，股东 16 户，理事会成员共 5 人，均由股东内部推举产生，理事长由村书记担任。社员共 69 户，入社需缴纳 50 元会费。合作社经营山药，社员独立生产，合作社为社员提供技术指导、农资并牵线销售。合作社建有交易市场（资金主要来自政府），用于合作社产品交易。合作社有专门的营销人员，他们联系好买家后，合作社再按市场价收购社员产品并转卖给买家，合作社从中赚取差价，营销人员则获得每公斤 0.2 元的提成。合作社盈余按股分红。2008 年，该社被评为"国家级示范社"。

这是个合作社吗？由于绝大多数社员都是惠顾者，因此，关键是分析占社员总数多数的一般社员是否拥有所有权。对于一般社员来说，由于没有股份，他们仅仅是通过与合作社交易而享受合作社提供的服务，而不享有合作社的收益权。事实上，由于合作社的收益来自牵线销售所产生的差价以及政府补贴①，但无论是牵线销售所需的资金还是人力资本、申请政府补贴所需的人力资本和社会资源，都是由占社员总数少数的股东尤其是村干部提供的，因此，一般社员不享受合作社的盈余分配在很大程度上被股东们视为理所当然。也即是说，股东才是合作社真正的所有者。鉴于合作社为社员提供的服务在很大程度上依赖于政府资助，而政府资助在很大程度上又是通过村委这一渠道获得的，因此，本文称之为"村委会＋农户"型合作社。

典型案例五：某稻种合作社。该合作社由某村村支书和大户于 2008 年 12 月发起成立，共有 36 个股东，总股金 250 万元，前五大股东占股共计

---

① 通过申请政府补贴，是否产生了直接可分配的盈余是未知的，但存在这种可能性。该合作社申请到的补贴按照规定只能用于建设交易市场，根据合作社提供的建设交易市场的预算，政府只提供了部分资金，其余部分则需由社员自筹，但所有受访社员，无论是一般社员（无股金）还是小股东社员都表示，合作社没有向他们筹集过资金。

100万元，股金最少的只有0.5万元。合作社有理事会成员5人，全部由大股东推举产生。合作社租借农户的土地统一种植稻种，原来采取雇工经营的方式，但效果不好，后将稻田反包给农户（多来自外地），合作社与农户签订合同，合作社提供化肥、农药、种子、技术培训以及农机服务，承包户则将稻种按预先商定的价格卖给合作社，承包户的销售收入扣除包干成本即为盈余。盈余的70%归农户，30%归合作社。归合作社的盈余扣除管理费用后再按股分红。2012年，该社被评为"国家级示范社"。

对于这个合作社来说，普通社员即承包户是惠顾者，但只有股东享有收益权，大部分承包户并不是股东，只有少数农户既是股东又是承包户。也即是说，大部分社员只是惠顾者而不是所有者，因此，该合作社不具有"所有者与惠顾者同一"的本质。绝大多数社员以及所有的非股东社员亦认为，该合作社是属于少数几个股东而非社员共有。因此，本文称之为"公司＋农户"型合作社。

典型案例六：某豆制品合作社。该合作社由一个豆制品作坊主联合其他5个作坊主于2006年发起成立，共有股东12人，理事会成员由股东内部推举产生，有社员200多户。合作社经营豆制品，成员独立生产，由合作社统一技术、统一原料、统一销售，销售由理事会成员负责。到销售旺季时，合作社也会收购非社员的产品，全年销量中非社员产品占1/3左右。合作社盈余的30%按股分配，70%按交易量返还，但非社员不能获得返利。

2012年，该合作社申请了绿色食品认证，并建立了6000亩的绿色大豆生产基地。基地共划分为11个片区，由11位理事亲自负责，同时，11位理事也拥有优先生产绿色豆制品并使用绿色食品标签的权利。理事长透露，1公斤普通豆制品的生产成本为14.6元，收益为25元，利润为10.4元；1公斤绿色豆制品的生产成本为24.4元，收益为56.6元，利润为32.2元，即绿色豆制品的利润要远高于普通豆制品。2012年，该社被评为"国家级示范社"。

这是个合作社吗？所有的社员都是惠顾者，因此，关键是分析谁拥有所有权。所有的社员都拥有使用权，同时因为合作社盈余的70%按交易量返还，因此，所有的社员都拥有收益权，但是，一般社员并不拥有决策权，决策权掌握在 12 个大股东手里。这是因为，理事会及理事长是由 12 个大股东内部推举产生的，一般社员并无参与，而合作社重大决策都由理事会做出，比如，谁负责销售、合作社销售员得到合作社供货的价格、谁负责绿色大豆的生产以及谁能优先生产绿色豆制品等。这些决策权全部掌握在理事会成员手中。而这些决策权能给其掌控者带来很多一般社员所不能享受的好处。因此，该合作社真正的所有者是 12 个股东。一般社员的角色是惠顾者。鉴于大股东亦是大户，本文将此合作社称为"大户 + 农户"型合作社。

（三）案例总结

在笔者所调查的 21 个案例中，"公司"型、"大户"型合作社有 9 个，"公司 + 农户"、"大户 + 农户"、"村委会 + 农户"、"经纪人 + 农户"型合作社有 12 个，具有"所有者与惠顾者同一"本质的合作社则一个也没有。同时，上述合作社还具有以下共同特性：合作社由少数人发起，发起人同时是大股东，发起时即由发起者推举出了理事长及理事会成员，合作社重大事务由理事会决策。然后，社员次第加入合作社，部分社员入股，部分社员不入股。普通社员如果对合作社的制度安排不满，可以选择退出，也可以向合作社管理者反映，但其意见是否得到采纳，则由合作社的管理者决定。也即是说，普通社员只拥有"用脚投票"的权利，而没有用手投票的权利。很多合作社理事长声称，理事会成员是经由大家选举产生的，但经详细询问，才知"大家"大多指的是少数几个创始人或大股东。几个所谓"有较多社员参与选举"的合作社，其实选举也是走走形式，社员们声称，他们只是在大会上被告知谁是理事会成员。

由于笔者仅在一个省调查，且选样是非随机的，因此，样本合作社的代表性会受到质疑。为了检验上述现象是否具有普遍性，笔者分析了一本由农业部编著的合作社案例集中的合作社。[①] 该案例集共收集了 50 个来自全国各地的合作社案例。由于这些案例没有提供完备的组织内部治理尤其是股份构成、管理人员产生机制、盈余分配的决策机制及具体方案等信息，这给笔者的分析带来了不小的难度，但仍能根据其所提供的信息大致

---

① 农业部农村经济体制与经营管理司：《农民专业合作组织案例评析》，中国农业出版社，2009。

判断它们是否具有"所有者与惠顾者同一"的本质。在该案例集中，原来按"公司（或大户）＋农户"模式运作，后来改名为合作社，仍由公司（或大户）担任理事长的，就至少有 31 家①；实行雇工经营、统一生产的"公司"型合作社至少有 2 家②；其余 17 家则因案例中相关信息缺失，笔者难以判断其本质，但这 17 家合作社只有部分社员入股，少数股东占大部分股份，发展早期只有少数社员、社员次第加入的特征则十分普遍。③

事实上，笔者注意到的这一现象也为其他众多学者所佐证。张晓山指出，大户领办和控制的合作社在一些地区已成为合作社的主要形式，原有的农业产业化经营中的"公司＋农户"或是内部化于合作社之中，或是公司越来越多地利用合作社来与农民交易。④ 潘劲指出，中国的合作社中，大股东控股较为普遍，在成员边界问题上，合作社往往采用双重标准：在寻求政府资助、争取项目以及应付各种考核时，合作社会尽可能扩展自己的成员边界，以获得"带动农户数"的最高评分，这样，但凡与其交易的农户都成了合作社成员；而在涉及成员权益方面，例如在分享盈余以及量化政府补助时，合作社又尽可能缩小其成员边界，往往以持股成员或核心成员甚至少数发起人为基数，以减少利益外溢。⑤ 孙亚范、余海鹏认为，立法后中国农民专业合作社的制度安排和运行机制具有以下突出特点：合作社通常由具有生产技术、经营才能、营销渠道的农村能人、企业家或技

---

① 比如，某公司原来与农户签订订单，由于投入品不统一、产品品质无保障，不利于品牌和市场培育，与农户沟通后发起成立合作社，由公司决定理事长；某奶业合作社的主要服务实体——挤奶站是合作社发起人一人所有的；某合作社有正式社员 6 名，准社员 1401 名，股金全部来自正式社员；某农机服务公司联合农机大户发起成立合作社，与种田户签订协议，给予服务价格优惠，种田户亦可将土地全部转包给合作社由合作社经营；某西瓜合作社拥有社员 352 人，在全国各地拥有生产基地 19 个，面积总计 20070 亩，联结农户 9200 户，但农户并不持股，也不参与合作社的决策，他们实际上与合作社是"公司＋农户"的关系。

② 比如，某养殖合作社集资建立养殖场，雇工进行统一生产，完全按股分红等。

③ 社员次第加入这一点并不能说明合作社不具有"所有者与惠顾者同一"的本质，但在前面分析的典型案例中，后加入的合作社成员只能接受已经制定的规章制度，如果对合作社的制度安排不满，他们可以选择不加入，而难以改变既有制度安排，即便在加入后，制度安排进行调整时，普通社员也只拥有"用脚投票"的权利，而没有用手投票的权利。因此，以此类推，这本案例集中的合作社很可能也不具备"所有者与惠顾者同一"的本质。

④ 张晓山：《农民专业合作社的发展趋势探析》，《管理世界》2009 年第 5 期。

⑤ 潘劲：《中国农民专业合作社：数据背后的解读》，《中国农村观察》2011 年第 6 期。

术人员领办，他们在合作社中兼具经营管理者和大股东的双重角色，在合作社的决策中一般占据主导地位甚至是决定地位；合作社的剩余索取权和剩余控制权主要由具有经营管理才能的合作社企业家或经营者掌握，而大多数农户在合作社中处于弱势地位。[①] 结合笔者前面的分析可知，上述学者所指的合作社同样不具有"所有者与惠顾者同一"的本质。

四 现实中合作社不具有"所有者与惠顾者同一"本质的成因

笔者认为，现实中合作社不具有"所有者与惠顾者同一"本质的原因有两个：一是农户间存在着明显的异质性，在无外部干预的情况下，异质性将使得具有本质规定的合作社难以自发生成。二是国家目前的政策干预不能有效地促使具有本质规定的合作社产生。

一方面，在中国，农户之间存在着明显的异质性，农户在经营规模、人力资本及资金实力等方面都有着明显的差异，而农户与公司之间的差异就更明显了。异质性的存在使得人们对组建及加入合作社的收益预期不同，通常是公司、种养大户、村委会、经纪人、农资商等对组建合作社期望较高，他们更可能出面创建合作社[②]，而小户则选择"搭便车"。因此，合作社常常首先是大户之间联合，然后是大户与小户之间联合。[③]

大户之间的联合和大户与小户之间的联合具有本质的不同。[④] 大户联合的原因在于，只有联合起来才能实现规模化经营，而大户之间同质性较强，因此，他们之间的联合更多的是平等的联合，没有谁一股独大，也没有谁在组织的创建过程中做出绝对性的贡献，因此，没有谁拥有绝对的话语权，合作社的重大事务必须由大家说了算。因此，社员都是所有者。再加上大户本身也是惠顾者，因此，仅就大户联合来说，他们所组建的合作

---

① 孙亚范、余海鹏：《立法后农民专业合作社的发展状况和运行机制分析——基于江苏省的调研数据》，《农业经济问题》2012 年第 2 期。

② 潘劲：《中国农民专业合作社：数据背后的解读》，《中国农村观察》2011 年第 6 期。

③ 张晓山：《促进以农产品生产专业户为主体的合作社的发展——以浙江省农民专业合作社的发展为例》，《中国农村经济》2004 年第 11 期。

④ 在现实中，与农户联合的还有公司、经纪人等，本文仅以"大户 + 农户"为例进行说明，公司、经纪人等与农户联合的动机与大户类似，不再一一说明。

社一般具有"所有者与惠顾者同一"的本质，即使可能由于大户数量不多而合作社规模不大。

而大户与小户之间的联合则不同。在不考虑政策因素的情况下，大户之所以选择与小户联合，可能基于三个方面的需要。一是需要小户的惠顾，以进一步实现产品销售和农资采购的规模经济；二是需要小户的资金，以满足农产品加工等纵向一体化对资金的需求；三是需要小户彼此之间的监督，以提升和保障产品质量。

对于第一种需要，采用"大户+农户"的模式也可以部分做到。尽管"大户+农户"中双方的契约关系不如合作社那样稳定，但现实中很多合作社没有什么专用性投资，稳定货源的动机不强，而少数涉及加工或固定销售渠道的合作社，由于所销售的产品大多是大路货，随时可以找到替代品，稳定货源的动机同样不强，大户因而无须以让小户分享决策权为代价来换取农户的稳定惠顾。即便是需要农户的稳定惠顾，大户只要给予农户的收益稍微高于农户单独跟市场打交道时所获收益即可，而无须与他们共享决策权。

对于第二种需要，大户可以选择以资金互助等名义吸纳社员的存款或者延迟支付货款等方法吸纳社员的资金，而无须让小户分享合作社的决策权。当然，如果大户资金紧缺而小户又不愿意以别的方式交出资金，那么，大户就只能选择以让小户入股的方式吸引小户加入并给予小户相应的决策权。这样，小户就成了合作社的所有者，如此便实现了"所有者与惠顾者同一"。而在现实中，一来通常大户已筹够了当时所需的资金；二来即便资金不足，大户也总是优先以其他方式筹资，而不是吸引小户入股并给予其决策权，这是因为小户的资金实力有限，再加上承担风险的能力也低，他们无力或不愿缴纳大额股金，因此，能从小户筹集到的资金数量有限，单位股金的筹集成本也较高；三来小户未必信任大户，尤其在组织的初创阶段，他们更多持观望态度，而等到合作社发展壮大、股金的分红率较高时，合作社就更不愿意开放其股东资格了。基于上述三个方面的原因，大户也很少选择吸纳小户入股并让其分享决策权，而是牢牢地将合作社的决策权控制在自己手中。

对于第三种需要，大户要让小户相信，他们所能获得的收益不仅取决于自己的生产经营，还取决于其他社员的生产经营，因而就必须给予社员以合作社的剩余索取权，并且要让这种剩余索取权有保障而不是被架空从而真正激励社员去监督其他社员，此外必须给予社员以监督合作社管理者的权利以及参与合作社重大事务的决策权，也即合作社必须按照"所有者与惠顾者同一"的方式治理。而在现实中，由于合作社大多力量弱小，无力涉足有机食品等高品质产品的生产，尽管很多合作社申请了绿色食品和无公害农产品认证，但由于外部监管不严，合作社并无动力和压力来真正提升产品的品质。因此，大户对于社员彼此监督的需求并不强烈，因而也无须让小户分享合作社的所有权。

综上所述，异质性使得合作社的控制权通常掌握在大户手中，从而演变成"大户 + 小户"的合作模式，而小户的"搭便车"心理则对此起到了推波助澜的作用。当大户被替换成公司、经纪人时，"大户 + 农户"就变成"公司 + 农户"、"经纪人 + 农户"。

另一方面，目前的政策法规不利于具有本质规定的合作社产生。《农民专业合作社法》（以下简称《合作社法》）虽然规定了合作社应具有"所有者与惠顾者同一"的本质①，但不具有法律约束力。现实中，法律的约束力取决于人们如果遵守法律将会获得多少好处，以及如果不遵守将有多大的概率被惩处以及惩处的力度。

在现实中，不遵守《合作社法》不存在被惩处的危险，事实上，并没有政策法规对于不遵守《合作社法》会怎样这一点做出任何相应的规定。《合作社法》出台的根本目的是通过对合作社进行扶持而引导人们组建合作社，并按照《合作社法》及相关规定治理合作社，因此，《合作社法》中的有关条文应理解成合作社组建和经营的指南以及获取政策优惠的条件，而不是具有普遍的强制意义的法律条文。也即是说，人们遵守《合作社法》是因为遵守有益，而不是因为不遵守会被惩处。

---

① 比如"总则"第 3 条规定，合作社应遵循下列原则：①成员以农民为主体；②以服务成员为宗旨，谋求全体成员的共同利益；③入社自愿、退社自由；④成员地位平等，实行民主管理；⑤盈余主要按照成员与农民专业合作社的交易量（额）比例返还。上述各条，"①"规定了大部分社员是惠顾者，"⑤"规定了收益权主要由惠顾者分享，"④"规定了社员都拥有决策权，这三条合起来就是大部分社员既是所有者又是惠顾者，即"所有者与惠顾者同一"。

而遵守《合作社法》也不存在什么好处，或者说不遵守也同样可以获取好处。首先，对于具有普惠意义的政策支持来说，由于国家并没有设置相应的机构来对合作社进行监管，因此，只要在工商部门注册，从而拥有合作社的名义即可享受普惠型政策支持。其次，对于具有特惠意义的奖励而言，虽然合作社表面上要符合《合作社法》以及达到奖励标准才能获得，但现实中相关部门并没有真正执行这些标准。笔者所调查的合作社中，绝大多数都是市级以上示范合作社，有些甚至是全国示范合作社，但这些合作社都不具有"所有者与惠顾者同一"的本质。

目前的政策环境之所以没有导致具有本质规定的合作社产生，很大一部分原因在于合作社的发展与地方政府、供销社以及银行等部门的利益激励不完全相容。[①] 合作社的发展在三个方面与上述部门激励相容：第一，合作社的发展符合政府部门的公益性目标；第二，合作社将部分市场环节转化为内部管理环节，通过承担管理成本的方式使市场上的外部交易成本内部化，如果由此产生的管理成本小于其减少的外部交易成本，其中的节约可为合作社以及与合作社交易的部门所分享；第三，合作社通过组织内部分工，提高了成员的专业化水平，在一定程度上可以扩大对农用生产资料和涉农服务的需求。但是，合作社的发展也有与上述部门激励不相容的地方：供销社、银行等部门也从事与合作社有竞争关系的营利性服务，比如，供销社从事农资销售及农产品贩卖，而合作社一旦发展起来，将直接与农资生产厂家和消费者交易，这就会危及供销社的利益；银行部门也不乐意见到真正的合作社，因为合作社的资金互助业务将减少银行的农户存款。[②]

政府部门会如何选择？首先，对政府部门的公益性目标来讲，虽然它乐于见到真正的合作社，但由于扶持资金有限，扶持大户建立"假合作社"比建立普惠制的扶持机制或建立一套更严密的遴选机制，行政成本要

---

① 仝志辉、温铁军：《资本和部门下乡与小农户经济的组织化道路——兼对专业合作社道路提出质疑》，《开放时代》2009 年第 4 期。

② 进行资金互助正是合作社的优势：由于社员间关系更为紧密，合作社更加了解社员的借贷资格，实施对违约者的惩罚也更容易。目前在中国，这个优势业务不能开展，使得合作社的效率优势更难以显现，也削弱了农户对合作社的需求。当然，允许合作社开展资金互助会增强农户对合作社的需求，但并不必然有利于合作社的产生，因为在农户之间存在异质性和缺乏相应配套政策的情况下，反而会诱使大户借用合作社的名义发展私人银行。

低很多,而奖励措施的出台还可能使得地方政府部门为了拿回扣而扶持"假合作社"。因此,这些优惠政策不但没有促使合作社具有"所有者与惠顾者同一"的本质,反而使得很多原本以别的名义存在的组织变成了名义上的合作社。比如,"公司+农户"模式在《合作社法》出台之前就早已普遍存在,但注册成合作社能享受更多政策上的好处,于是,这类组织纷纷摇身一变成了合作社。甚至很多投资者所有的公司也直接注册成合作社,由于开展外部业务的需要,它们又同时注册公司,所谓"一套班子,两块牌子"。潘劲认为,这在一定程度上解释了所谓"空壳社"及"假合作社"的存在。① 其次,对于将农民组织起来从而分享所节省的交易成本而言,建立"大户+小户"的组织也同样能办到。因此,虽然有激励相容的地方,但是,地方政府并没有多少积极性去促进合作社的产生和发展。此外,合作社的发展会危及与政府关系良好的部门的利益,甚至使得政府有可能打压合作社的发展。张晓山等提供的案例有力地证明了部门垄断是提高农民组织化程度、发育新组织资源的桎梏。② 地方上供销社积极领办合作社亦是这一逻辑的直接证据。③ 此外,政府未明确给予合作社开展资金互助的合法地位,亦可能是为了照顾银行的利益。

五 中国到底有没有真正的农民合作社?

综上所述,由于异质性和政策环境的缘故,现实中不容易产生真正意义上的合作社。④ 鉴于农户间的异质性是个普遍现象,而全国各地的政策

---

① 潘劲:《中国农民专业合作社:数据背后的解读》,《中国农村观察》2011 年第 6 期。
② 张晓山:《促进以农产品生产专业户为主体的合作社的发展——以浙江省农民专业合作社的发展为例》,《中国农村经济》2004 年第 11 期。
③ 见案例一。
④ 张晓山等、党国英认为,农民没有获得有保障的土地产权是合作社发展不起来的根本原因。笔者认为,这可以解释张晓山等提到的中国农村的产业组织链以"公司+乡镇政府(有时甚至是县政府)"为主,而"公司+农户"模式远未成为联结农户与市场的主导形式,因为追求稳定利润的公司是不会愿意与那些并不真正掌握土地资源的"农民"打交道的;但这不能解释本文提到的农户间合作采取"大户+农户"模式而不采取具有本质规定的合作社模式的现象。退一步说,即便农户的土地产权不完整是合作社发展不起来的原因之一,本文的结论依然成立——农民的土地产权不完整这一点对全国农户来说都是一样的。张晓山、苑鹏、马忠富、国鲁来、杜吟棠、潘劲:《联结农户与市场——中国农民中介组织探究》,中国社会科学出版社,2002;党国英:《通过组织创新帮助农民走向市场——读张晓山等著〈联结农户与市场〉》,《经济研究》2004 年第 3 期。

环境亦是类似的，因此，上述逻辑很容易推广至全国：虽然本文在第三部分所举案例并非通过随机抽样的方式获得，且只来自局部地区，但所得出的结论却适合全国，即全国其他地区的合作社同样不易具有合作社的本质规定。至此，笔者甚至可以质疑：中国大部分甚至绝大部分合作社都不具有"所有者与惠顾者同一"的本质规定。

笔者之所以只是质疑，而不是下结论，源于本文的案例不是随机选取的，要推断全国的情况，还需要进行进一步的讨论。对于全国合作社中"所有者与惠顾者同一"的合作社所占比例，有两种可能，一是与本文案例所显示的相近；二是明显高于本文案例所显示的。

支持第一种可能性的理由如下：本文所选取之案例，是地方政府官员眼中的"明星合作社"。从地方政府评比示范合作社的办法来看①，要成为明星合作社，既要服务功能强大，又要大部分社员是合作社的主人，也即合作社的本质与《合作社法》的规定相符。既然明星合作社尚且不具备"所有者与惠顾者同一"的本质，更何况那些普通合作社？这也正是笔者在人力物力不允许进行随机大样本调查的情况下以案例研究来推断全国情况的理由。

支持第二种可能性的理由如下：本文所调查的合作社大多获得了国家政策奖励，但这些合作社之所以获得了政策奖励，所依赖的是人际关系而不是合作社的表现。这些合作社即便不具备"所有者与惠顾者同一"的本质，也可以获得政策支持，而那些具备"所有者与惠顾者同一"本质的合作社反而未必能够获得政策支持。从个案而论，不具备"所有者与惠顾者同一"的本质的合作社获得了政策支持，而那些具备"所有者与惠顾者同一"本质的合作社反而未获得政策支持，这是有可能的。但是，以此作为支持第二种可能性的理由却不成立。这是因为本文所调查的合作社只有少

---

① 比如，某地区规定，对符合"六有"的示范合作社将给予重点扶持。"六有"包括：①有独立的法人资格；②有规范的组织规章；③有紧密的合作关系；④有较强的服务功能；⑤有较大的经营规模；⑥有明显的增收效果。其中"③"还进一步规定，社员以货币、实物、经营权入股，合作社实行股份制经营；社员成为合作社的主人，享受生产在家、服务在社的合作成果；成员80%以上的农产品（与合作社经营相关的）通过合作社组织生产、加工、销售。"⑤"则进一步要求合作社有较广泛的社员、较大规模的经营和较多层次的合作。

数是不怎么运转的"空合作社",大多数都是由职业意义上的农民创办的。倘若其他农民创办具备本质规定的合作社符合自己的利益,那么,本文所调查的合作社的负责人,只要他们也是职业意义上的农民,创办具备本质规定的合作社也就同样符合他们的利益。这一点不会因为他们与政府官员关系的好坏而改变。况且,本文所调查的合作社并非都获得了政策支持。另外,换个角度,笔者也没有理由相信地方政府官员对那些具备"所有者与惠顾者同一"本质的合作社不知情或者刻意隐瞒,而有意介绍那些不具备"所有者与惠顾者同一"本质的合作社。

因此,就目前的分析来看,第一种可能性成立,而第二种可能性则尚未有相应的依据。至此,本文大抵可以得出结论:中国大部分甚至绝大部分合作社都不具有"所有者与惠顾者同一"的本质规定。[①]

六 结语

运用大量的案例分析和逻辑上的外延推广,本文证实了由于农户间异质性和现行的政策环境,中国绝大部分合作社都不具备"所有者与惠顾者同一"的本质。要使现实中的合作社具备本质规定,进行外部支持就是必要的。事实上,从世界各国(地区)合作社的发展实践来看,合作社很少完全自发形成。[②] 日本以及中国台湾等国家和地区农户间异质性的情况与中国大陆极为相近,这些地方都对合作社进行了外部支持。而欧美国家尽管农场主间异质性的情况比中国要轻得多,但是,由于合作社固有的"搭便车"等问题,外部支持在合作社产生和发展过程中同样起到了极其重要

---

① 必须指出,相对于大样本随机调查,这一结论既不精确亦不严谨。但是,这一结论也不同于以往同样基于案例研究的结论。一是本文从原理上论证了合作社的本质规定,并据此基于产权理论进行了详尽的案例分析,这使得对单个合作社性质的判定更可信;二是本文案例无论是数量还是范围都远超过一般的案例研究,这使得对总体的推断更有说服力;三是本文指出现实中合作社不具有本质规定的根本原因在于农户间的异质性和政策环境,而这一点在全国都具有普遍性,本文借由逻辑推断完成了由特殊性的案例至一般性结论的"惊险一跳"。当然,这一"跳"的效果如何,还有待学术界的批判及现实的检验。

② Fulton, M., "Producer Associations: International Experience," in Sonntag, B. H.; Huang, J.; Rozelle, S. and Skerritt, J. H., eds., *China's Agricultural and Rural Development in the Early 21st Century*, (Australian Government, Australian Centre for International Agricultural Research, 2005).

的作用。① 因此，外部支持是否值得进行以及能否成功，将关乎合作社在中国的前途。正如徐旭初所评论的——目前，"中国农民合作社又走到了一个新的十字路口"。②

参考文献

[1] Fulton, M., "Producer Associations: International Experience," in Sonntag, B. H; Huang, J.; Rozelle, S. and Skerritt, J. H. eds., *China's Agricultural and Rural Development in the Early 21st Century* (Australian Government, Australian Centre for International Agricultural Research, 2005).

[2] Harris, A.; Fulton, M; Stefanson, B. and Lysyshyn, D.: *Working Together: The Role of External Agents in the Development of Agriculture-based Industries* (Centre for the Study of Co-operatives, University of Saskatchewan, Canada, 1998).

[3] Stefanson, B. G.: *Adult Educators in Co-operative Development: Agents of Change* (Centre for the Study of Co-operatives, University of Saskatchewan, Canada, 2002).

（本文原载于《中国农村经济》2014 年第 7 期）

---

① 这种外部支持通常采取外部代理人（external agents）的方式。外部代理人在合作社组建及经营过程中提供帮助，但不干预合作社的内部决策，因此必须是与合作社没有直接利益关系的机构或个人。比如：外部代理人通过了解社员（或潜在社员）的共同特点，帮助他们认识到彼此间存在的互相依赖的关系，从而有助于社员就组建合作社、确定合作社可能采取的行动等问题取得一致意见。此外，外部代理人还可以帮助合作社选择和确定合适的领导人、识别潜在的社员、分配业务计划和开展产业分析所需的资源以及协助开展非常有前景的活动。外部代理人通常通过改进参与者之间的沟通、搜集和传播信息、评估合作社现有资源、提供关于其他体制安排和建立治理结构方面的技能和经验来实现上述目标。此外，外部代理人还可以帮助和鼓励合作社建立适合当地条件的规章制度、修正这些规章，并对规章在应用过程中可能出现的模棱两可之处的问题进行澄清，帮助监督规章和惩罚措施的实施（Fulton, 2005）。谁是担当外部代理人的合适人选？需不需要对外部代理人提供激励以及怎样提供激励？这些问题需要另文专门讨论。有关外部代理人的详细论述及实例可参见 Harris et al.（1998）。

② 徐旭初：《农民专业合作社发展辨析：一个基于国内文献的讨论》，《中国农村观察》2012年第 5 期。

合作社集体社员权论

张德峰[*]

一 问题的提出

在与自然和其他竞争者的生存竞争中处于弱势地位的个体只有通过互助合作才能存活或过得更好，合作社就是个体为改变生存竞争弱势地位和实现自身发展而联合起来进行互助合作的组织。显然，社员集体的弱者互助合作本质决定了其必然具有同其他社团社员集体（如公司股东）所不同的利益诉求。但是，在民商立法中，社员集体的独特诉求却不能得到回应。这是因为，以平等保护为宗旨的民商法只能将合作社视为无差异市场（民商事）主体的一员，从而各市场（民商事）主体内部成员的独特利益诉求也就不可能获得法律的认可。对此，我们从已有的民商法相关研究中也可以看到，合作社社员权被寓于普通社团的"大社员权"之中，合作社社员的利益诉求与其他社团成员的诉求并无二致。同时，根据法人制度理论，社团成员集体的利益诉求已被法人本身的诉求所取代，合作社也不例外，因而进入民商法视域的"大社员权"也只有个体性的"大社员权"，是个体成员对社团的权利[①]，或个体成员对其

---

* 张德峰，法学博士，湖南师范大学法学院副教授、经济法研究所所长。

① 社员权为"个体成员对社团的权利"：如，谢怀栻先生认为"民法中的社团的成员（社员）基于其成员的地位与社团发生一定的法律关系，在这个关系中，社员对社团享有的各种权利的总体，称为社员权。"参见谢怀栻《论民事权利体系》《法学研究》1996 年第 2 期。又如，史尚宽先生认为："社员权者，社团法人之社员对法人所有之权利也。"参见史尚宽《民法总论》，中国政法大学出版社，2000，第 25 页。再如，刘得宽先生认办"社员权者，构成社团社员，基于社员资格，对社团所具有之一种概括性的权利。"参见刘得宽《民法总则》，中国政法大学出版社，2005，第 36 页。

他成员的权利，成员集体（包括合作社社员集体）的权利从未受到关注。

上述民商法的社员权视社员权为无差异的、个体性的权利在我国当前合作社立法中得到了充分反映，[①] 而作为弱者集合的社员集体的独特利益诉求则基本被立法者所忽视，显然，如果我们的合作社立法继续秉承这种社员权观，一方面，合作社固然将与其他市场（民商事）主体一样，"在民法慈母般的眼神中（孟德斯鸠语）"受到同等对待——民商法的眼中没有弱者，只有平等保护！但另一方面，缺乏法律应有特殊关怀的合作社社员在激烈的市场竞争中将继续处于生存竞争弱势地位。基于此，本文拟对合作社集体社员权进行探讨，由于"权利都是以一定的利益为内容的"，因而本文从分析社员集体的独特利益诉求入手，进而分析这种利益诉求相对于合作社的独立存在性，最后讨论这种利益诉求向集体社员权的转化，以期引起立法者对这种权利的重视。

二　社员集体的独特利益诉求

社员集体针对不同的对象可能产生不同的利益诉求，在合作社内部如对合作社理事的忠实、勤勉诉求，实现合作社利益最大化的诉求；在合作社外部如对政府、对合作社交易相对人的各种诉求。前者诉求是直接的，后者诉求是间接的（因为合作社的存在）；前者同其他任何社团社员集体（如公司股东）的诉求无甚差异，后者则根据不同的对象可能存在不同的诉求，这里要探讨的就是社员集体基于弱者互助合作本质而产生的独特利益诉求。

（一）作为自助社员集体的利益诉求

自助是社员开展互助合作活动的根本立足点，即社员的生存竞争弱势地位能否发生改变，社员能否实现自身的发展，依靠的不是外力，而是他们自己。1844 年在英格兰纺织工业中心曼彻斯特市郊的小镇罗虚代尔由 28 名失业纺织工人创立了世界第一个成功的购销合作社——罗虚代尔公平先

---

① 谢怀栻：《论民事权利体系》，《法学研究》1996 年第 2 期；史尚宽：《民法总论》，中国政法大学出版社，2000，第 25 页；刘得宽：《民法总则》，中国政法大学出版社，2005，第 36 页。

锋社，其主要经营目的是获得"资金上的利益和改善社员的社会及国内地位"，罗社最初确立的原则之一便是"政治和宗教中立"（Political and Religious Neutrality）。[1] 接着，1850 年合作金融思想首创者舒尔茨（也译许尔志）在德国撒格逊小镇上组织成立了世界上第一个城市信用合作社，贷款给手工业者以购买原料，舒尔茨认识到合作社应以自助互助的精神去经营，因此毅然拒绝国家援助，并将信用合作社的原则之一定为"实行自助主义，严拒政府补助"。[2] 1854 年，德国人莱弗艾森（也译雷发翼）在德国农村开办的农村信用社也遵循了自助原则。[3] 正是基于自助的重要性，1995 年 9 月"国际合作社联盟 100 周年代表大会"通过的《关于合作社界定的声明》将"自助"（self-help）确定为合作社的首要价值。无疑，合作社的"自助"价值源于其内部社员的"自助"，并且，这种内部社员的"自助"不是指个体社员的"自助"，而是社员集体"'相互的自助'（mutual self-help）……就是自愿联合起来的人们互助支持下的自助，也是自助基础上的互助"。[4] 社员集体互助合作活动的自助属性必然导致社员集体"自治与独立"诉求的产生，因为依靠自己力量改变生存竞争弱势地位和实现人的发展的社员集体必然要求对合作事业进行自我控制与管理，唯此才能通过自助实现合作目的。在现代社会，自助社员的"自治与独立"诉求主要是指不受公权力专横干涉的诉求和不受外部资本控制的诉求（在合

---

[1] 《农村信用合作社管理规定》第 2 条第 2 款、《农村资金互助社管理暂行规定》第 4 条分别将农信社和资金互助社界定为"企业法人"，享有民事权利和承担民事义务，同时，两个立法所规定的社员权均指个体性社员的权利，没有体现社员集体的独特利益诉求《农民专业合作社法》较前两法有进步，该法第 7 章专章规定了"扶持政策"，显然，获得外部帮助（如政府扶持）是弱势社员集体所需要的，但其利益诉求并不止于此，其他利益诉求在该法中基本上没有得到反映。

[2] Morris Altman *History and Theory of Cooperatives*, *International Encyclopedia of Civil Society*, edited by Helmut Anheier & Stefan Toepler（New York：Springer, 2010），p. 568.

[3] 莱弗艾森的合作思想主要基于自助，自我管理和自我负责原则。随着时间的流逝，莱弗艾森合作社开始发展壮大，它们又增加了 4 项原则，即目标一致性原则、自愿原则、开放入社原则和地方化原则。参见汉斯·梅里契克（前联合国粮农组织总部机构与农业改革部人力资源处顾问）：《农业合作社——立法原则与新动向》，冯兴元译，载汉斯·梅里契克、李惠安主编《合作社法国际研讨会论文集（北京）》，中国农业出版社，1996，第 125~126 页。

[4] 《关于合作社界定的声明》指出：合作社是建立在自助、自担责任、民主、平等、公平与团结的价值基础上的。合作社社员继承合作创始人的传统，信奉诚信、开放、社会责任与关怀他人的伦理价值。

作社早期还有不受宗教等因素干涉和控制的诉求）。这是一种消极的利益诉求，即要求他人不为特定行为的诉求。

1. 不受公权力专横干涉的诉求

公权力对社员互助合作活动的专横干涉有多种表现，但除了诸如强迫入社、禁止退社、将合作社变为政府工具（如将金融合作社变为政府的银行）这样显而易见的专横干涉外，对公权力的其他影响是否构成"专横干涉"并不容易判断。实际上，公权力（主要是政府权威）对合作社的影响，在不同国家、不同时期以及同一国家不同时期都有不同的表现。在欧美合作社发源地，多数国家真正将合作社视为自助、自治的组织，认为政府过多的影响就是一种"专横干涉"，政府权威对合作社的影响很有限。但亚洲和很多发展中国家则不同，以前"在提及政府在合作社中的作用时，往往被错误定位：即政府承担合作社缔造者和终结者的角色；政府认为自己是主人，合作社是仆人；政府对'它们的'合作社的行为负有监督的责任"。可以想象，这些国家的政府在当时绝不会认为他们存在对合作社的"专横干涉"，反而认为这是一种必需的帮助。因此，很有必要对何为"专横干涉"予以界定。

本文认为，评判政府影响是否构成"专横干涉"时应当将政府权威对合作社的影响置于市场经济背景下。这是因为，市场经济已成为大多数国家正在实行或追求的资源配置方式，并且其事实上改变了政府与合作社的关系。① 在市场经济背景下，政府的角色定位是清晰的：米尔恩认为，市场经济条件下的政府权威是监管性而非行动性的，这意味着政府对受辖于它的人们的影响应"限制在为履行特定的监管责任所必需的范围内"，更不应当"计划、组织和指挥"他们"协调一致地行事"，——如组建合作社，包办合作社。因此，社员集体不受"专横干涉"诉求就是要求政府权

---

① 一个显而易见的例证就是，随着市场经济的普及，亚洲和很多发展中国家的政府对待合作社的态度逐渐趋同于欧美国家。例如，进入 20 世纪 70 年代后，韩国政府不再干涉农协内部事务，仅是充分利用农协这条管道，发挥农协在政府和农民间的桥梁和纽带作用。到 20 世纪 90 年代，合作社与政府的关系甚至被定位为合作伙伴关系，如 1984 年在新加坡举行的"亚洲合作社立法研讨会"便提出"政府和合作社作为发展的伙伴"的关系。参见管爱国、符纯华著：《现代世界合作社经济》，中国农业出版社，2000，第 63～64 页、第 26 页。

威对合作社的影响主要是监管性的，并且这种权威是有限的，即为"履行特定的监管责任所必需"，超出这个范围即为"专横干涉"。

2. 不受外部资本控制的诉求

外部资本是可能冲击和破坏合作社自治与独立的另一个主要因素。原因在于资本需要话语权，正如唐宗焜先生指出的，"必须看到，外部投资者不仅要索取投资回报，而且不能不考虑他的投资风险，因而难免会以种种形式干预合作社的经营决策，如果他的投资达到较大的份额，他就更会情不自禁地产生要求控制权的冲动，这样很可能把以人为中心的合作社蜕变为以资本为中心的一般企业"。例如，当合作社从外部引入资金时，资本提供者为了资金安全和投资回报可能要求接管或控制合作社的经营决策，或者要求将资金转为合作社的股权，从而使得合作社制变性，并通过股权控制合作社。这与合作社的自治与独立原则是相冲突的，社员集体的不受外部资本控制诉求由此而生。实际上《关于合作社界定的声明》在阐释合作社"自治与独立"原则的基本点时也确认了社员集体的这一诉求"如果合作社要同其他组织（包括政府）达成协议，或者要从外部来源筹资，则必须以确保其社员的民主控制和坚持他们的合作社自治为条件"。

（二）作为生存弱势社员集体的利益诉求

为改变生存竞争弱势地位，社员除了依靠合作社内部的互助，他们也必然希望从外部获得帮助并产生相应的利益诉求，包括与同类弱势群体进行互助合作的诉求和获得政府帮助的诉求。

1. 与同类弱势群体进行互助合作的诉求

如果一个合作社之内的社员通过互助合作仍然不能改变他们群体在与自然和其他竞争者的生存竞争中的弱势地位，他们便需要扩大互助合作的范围，与其他同为弱者集合的合作社社员进行互助合作。这种互助合作通常以增强各自合作社的能力为目的，是一种增进共同利益的交换。如，合作社各自让渡部分权利组建行业自律管理组织，并通过这种组织指导、教育合作社改善经营管理，协调外部关系和改善政策环境，游说立法机关制定有利于合作社的立法，维护合作社的合法权益等。又如，通过协议安排进行联合，增强与其他市场主体进行竞争的能力，这在农业合作社中尤为常见。但是，合作社之间的互助合作也不排除直接的利益交换，这在我国的"专业合作＋信用合作"模式中很典型，信用合作社给专业合作社提供便捷的贷款服务，专业合作社给信用合作社提供人员、设备办公条件，降低后者的运营成本。不论哪种形式合作，合作社（社员）之间的互助合作最终结果是所有合作社都可以发展得更好。这也表明，与其他合作社社员的互助合作并不限于"同一种"合作社之间。

值得指出的是，社员集体与同类弱势群体进行互助合作的诉求对象并非仅指向其他合作社的社员集体，在当今社会，企业或组织之间的联合或协同行为普遍要受到《反垄断法》的规制，因此，弱势社员集体必然还有指向公权力的不受《反垄断法》规制的诉求，这是由与同类弱势群体进行互助合作诉求所派生的诉求。

2. 获得政府帮助的诉求

在现代社会，政府给弱者和弱势群体（含合作社社员）提供帮助不再是一个需要加以论证的问题。但是，正如前文所述，社员集体的互助合作活动具有自助属性，一些合作社甚至主动排斥政府帮助，如舒尔茨创立的城市信用合作社的原则之一为"实行自助主义，严拒政府补助"。那么，社员集体获得政府帮助的利益诉求与其自助属性之间是否存在冲突？

诚然，我们应当看到，自助与接受帮助存在冲突的一面。实际上，早期合作社这种排斥政府帮助的做法也正是出于对社员自助精神被改变的担心，而外部帮助客观上有损这种精神，因为外部帮助会导致社员依赖心态的产生。在 20 世纪，这种因政府不恰当帮助而损害社员自助精神并限制合作社发展的事例不乏存在，尤其在非洲、亚洲国家非常普遍。[①] 21 世纪以来，因政府不恰当帮助而损害社员自助精神并限制合作社发展的现象在亚

---

① "在 20 世纪初，非洲和多数亚洲国家的合作社在殖民统治下或在国民革命政府的领导下经历了它们最大的扩张期……在当时，'有引导的民主'和'父权主义'被视作为美德……它在总体上增加了合作社对政府的依赖性并削弱了合作社的独立自主性。其结果是，合作社经理和初级社员之间的直接联系的可预见性受到了削弱，对社员的服务质量下降，服务范围缩小。这导致了社员的参与程度低、合作社管理效率低下、腐败现象严重、合作社无力筹集足够的投资资本、经营绩效较差。"参见约翰·G. 劳斯（前联合国粮农组织总部合作社与农村组织组高级官员）：《联合国粮农组织在发展独立自主的农民合作社方面的最新经验》，冯兴元译，载汉斯·梅里契克、李惠安主编《合作社法国际研讨会论文集（北京）》，中国农业出版社，1996，第 135～136 页。

洲国家依然引起广泛关注，2004 年在印度新德里举行的国际合作社联盟亚太地区第 7 届合作社部长会议通过的《新德里宣言》便提到"注意到亚太地区的政府在促进合作社发展中发挥了非常重要的作用。但是在此过程中经常出现合作社对政府过度依赖的问题，特别是在发展中国家，并由此限制了合作社完全发挥自身的潜力。显然，社员一旦对外部（政府）产生依赖，就会丧失自助性，合作事业反而发展得不好"。

但是，社员集体的自助属性与社员接受帮助之间的冲突并非不可兼得。如果能够把握好政府帮助的方式和程度，即政府帮助不至于损害社员的自助精神，那么，便不应该以政府帮助存在损害社员自助精神的可能性而否定社员获得政府帮助的利益诉求。对此，一生致力于乡村建设的梁漱溟先生曾有过生动的分析："我听人家谈办赈务的利弊得失，可以作个映证：赈务化钱最多而最容易办不好的，就是替灾民包办一切——吃的、烧的、住的，都由赈灾人一手承揽，结果必要落到事倍功半；如一切让灾民自己找办法，你再从旁帮助他，他倒会弄得很好。因他本来是活人，自己原可为自己找办法，你再一帮他就行了。如果你要包办，他自己便不想办法，而一心依靠你，这样无论如何是包不下来的。"① 梁漱溟先生的论述实际上指出了政府帮助合作社的程度和方式应当恰当，而非否定政府帮助。

从合作社实践来看，社员自助与接受帮助也并非不相容。首先，几乎所有亚洲国家和很多发展中国家，其合作社一开始便是由政府组建或支持建立的，并不断接受政府的帮助，如韩国、日本、菲律宾、中国、越南、缅甸、尼泊尔、朝鲜、斐济、肯尼亚、纳米比亚、斯威士兰、坦桑尼亚和乌干达等，其中有一些国家的合作社也办得很成功，如韩国、日本。其次，社员需要从政府获得帮助逐渐成为国际社会的共识。例如，1991 年 12 月在斯里兰卡首都科伦坡举行的第六届南亚区域合作联盟首脑会议通过的《科伦坡宣言》便指出："政府应当对合作社继续提供帮助，特别是对社员财力很有限的合作社……承认合作社需要政府支持，以建立一个有利于其发展的环境。并建议政府改革经济和财政政策，对合作社实行优惠税

---

① 梁漱溟：《乡村建设理论》，上海人民出版社，2011，第 262 页。

收……" 又如，2002 年 6 月，第 90 届国际劳工大会通过的《国际劳工组织大会合作社促进建议书》第二章专设 "政策框架和政府作用"，要求政府提供有关合作社的支持性政策与法律框架（第 6 条），合作社应该享有依据国家的法律惯例规定的待遇，政府对合作社采取支持措施可以尽可能包括税收优惠、贷款、赠款、获得公共工程项目的机会，以及特殊采购条款（第 7.2 条）；第三章设 "合作社促进的公共政策实施"，要求政府为合作社获得支持性服务的机会提供便利（第 11.1 条），政府应该在适当情况下采取便于合作社筹集投资和获得贷款的措施（第 12 条），等等。可见，社员集体获得政府帮助的利益诉求与其自助属性并不矛盾。

三 集体社员权产生的前提：社员集体的独特利益诉求独立于合作社

上文分析的独特利益诉求只是社员集体产生的要求他人为或不为特定行为的 "希望"，要使希望变为现实就必须让利益诉求转化为权利，因为权利是一种要求他人为或不为特定行为的资格—— "将 '资格' 称作 '权利'是恰如其分的。如果你有资格享有某物，那么，对你来讲，享有它就是正当的"。因此，只有当社员集体的利益诉求转化为权利之后，这种利益诉求才具有现实的保障。但是，合作社是具有独立人格的法人主体，是社员集体的代表者，社员集体为什么可以跨越他们所属的合作社向其之外的对象（如政府、外部资本、其他合作社社员）单独提出利益诉求？显然，如果社员集体的利益诉求可以完全被合作社所取代而不能独立存在，该利益诉求也只能转化为合作社的权利而没有向社员权转化的可能。因此，社员集体的独特利益诉求要能向社员权转化，其前提是：（1）社员集体的独特利益诉求可以独立于合作社而存在；（2）社员集体的独特利益诉求不能被合作社的诉求所取代。

（一）社员集体的所有诉求在本质上均可独立于合作社而存在

合作社只是法律拟制的主体，它的利益诉求也由法律规定所决定，而社员集体则是事实上的主体，不论法律有无规定，他们的利益诉求都客观存在，且决定合作社的利益诉求。

1. 合作社只是法律拟制的主体

根据国际合作社联盟《关于合作社界定的声明》的定义，"合作社是自愿联合起来的人们通过联合所有与民主控制的企业来满足他们共同的经济、社会与文化的需求与抱负的自治联合体"。可见，合作社的组织形态是企业（enterprise），是一种经营组织或经营体，这是国际合作社联盟在综合考虑各国（含不同法系）的实际情况以及对"企业"的通常理解的基础上对合作社所做出的国际性定义。对于合作社的法律属性，大陆法系很多国家的民商立法均将其界定为法人，德、法、意等国的民法则明确为合作社法人；英美法系没有法人的法律定义，但作为企业的合作社同样被视为法人。"英美法国家所称的法人主要是指与自然人相对应的实体或组织，而实体或组织之中，已经完全包含了大陆法所区分的公法人、社团、财团以及其他法人的种类。"在我国，合作社也被立法界定为"一种特殊类型的法人"。

2. 作为事实主体的社员集体的诉求决定合作社的诉求

作为法人，合作社与其下属社员之间的关系为：一方面，合作社独立于它的个体社员，个体社员的入社、退社、死亡（自然人社员）、解散（法人社员）均不影响合作社的存续，个体社员只是合作社这个组织体中具有可替代性的组成部分，他没有独立意志和利益诉求，对外也不具有独立的主体资格。因此，对个体社员而言，他对合作社之外主体的利益诉求不能独立于合作社存在。另一方面，合作社又不能独立于它的社员集体，它与社员集体共存亡，它因社员集体组建合作社而生，也可因社员集体的解散而消亡。就此而言，合作社不过是社员集体的形式代表和"外壳"，它的主体资格源于法律的拟制，而合作社背后的社员集体则不论法律有无规定都是事实存在的主体，在两者的关系上，社员集体的意志和利益诉求决定（不是等同于）合作社的意志和利益诉求。因此，社员集体的所有利益诉求在本质上均可独立于合作社而存在。

（二）社员集体的独特诉求不能被合作社的诉求所取代

上文分析了社员集体的所有利益诉求在本质上均可以独立于合作社而存在，不过，这并不意味着社员集体的任何利益诉求都需要独立于合作社存在。例如，作为独立的企业法人，合作社必定会基于自身业务的需要，对外部的平等主体产生一系列特定的民事性利益诉求（如对与合作社进行交易的市场主体的利益诉求）。显然，这些利益诉求也是社员集体的利益诉求，两者出现了重合。此时，一方面，社员集体的此种利益诉求已没有对外部主体提出的必要，因为社员集体的利益诉求在合作社利益诉求的范围之内，前者可以被后者吸收和替代；另一方面，社员集体的利益诉求又必须被合作社的利益诉求所吸收和替代，因为当社员集体与合作社的利益诉求同一的时候，不可能一种利益诉求由两个主体同时提出，对外部主体而言，只能由具有完全民事权利能力和行为能力、能够独立享有民事权利和承担民事义务的合作社提出，即社员集体的利益诉求也无独立存在的必要。因此，当社员集体与合作社的利益诉求同一的时候，社员集体的利益诉求由合作社的诉求所取代，没有独立存在的必要。但是，当社员集体产生的利益诉求同一个作为企业法人的合作社应当具有的利益诉求不一致时，社员集体的利益诉求便不能为合作社的诉求所取代，上文所讨论的社员集体基于互助合作本质所产生的不受公权力专横干涉、不受外部资本控制、与同类弱势群体互助合作以及获得政府帮助的独特利益诉求就属此类，现将这种"不一致"分述如下。

1. 作为企业法人的合作社不可能产生"不受外部资本控制诉求"

社员集体基于他们的自助价值、自治与独立原则会产生不受外部资本控制的诉求，但作为企业法人的合作社却不会产生类似的诉求。只要能实现自身利益的最大化，合作社不在乎被外部资本控制，甚至也可以用自己的资本去控制其他人。他们没有不受外部资本控制的诉求，只有对利益（利润）最大化的追求。

2. 作为企业法人的合作社不可能产生"与同类弱势群体互助合作诉求"

社员集体基于自身弱势地位的改变和人的发展会产生与同类弱势群体进行互助合作的诉求，但作为企业法人的合作社却不会产生此类诉求。在市场竞争中，作为企业法人的合作社与其他任何民商事主体（如公司企业、个体工商户）一样在生存能力上没有差异，民商事主体之间没有强弱之分，任何民商事主体自己不是弱者，它眼中也没有弱者。尽管民商事主体之间确实也会有联合与合作现象，但他们的合作对象不局限于他们的同类，他们选择合作对象的标准和目的就是能否实现自身利益的最大化，而非改变自身生存竞争弱势地位和实现人的发展。

3. 作为企业法人的合作社不可能产生同于社员集体的"不受公权力'专横干涉'诉求"

作为企业法人的合作社也会产生类似于社员集体的要求公权力在任何时候都不要"专横干涉"的诉求，但是，这种利益诉求不同于社员集体的诉求：作为企业法人，合作社不受公权力"专横干涉"利益诉求的根据在于政府的"专横干涉"会影响合作社自身利益（利润）的最大化，而社员集体不受公权力干涉与控制利益诉求是基于社员的自助属性、自治与独立原则，这样，两种利益诉求对何为"专横干涉"的理解就会有区别，如，政府入股合作社对作为企业法人的合作社来说可能不算"专横干涉"，甚至有助于合作社利益（利润）的最大化，但对社员集体而言则相反，政府入股损害了社员的自助、自治与独立，合作社制将变性，此时政府的行为便属于"专横干涉"。

4. 作为企业法人的合作社不可能产生同于社员集体的"获得政府帮助诉求"

合作社也会有希望政府提供更多更好经济扶持（包括财税优惠、金融扶持等）的诉求，但作为企业法人的合作社对政府提供帮助的利益诉求是基于自身利益（利润）的最大化，此种利益诉求同于其他任何民商事主体（如公司企业、个体工商户）的诉求。但是，在市场经济条件下，这种利益诉求的实现要受到很大的限制，如政府通常只有在为摆脱经济衰退或支持特定产业发展时才有可能给予企业法人以帮助；而社员集体对政府提供帮助的利益诉求是基于自身生存竞争弱势地位的改变和人的发展，只要社员的弱势地位未发生改变，各国政府都会或多或少给予持续的帮助，即这种利益诉求在产生原因和实现方式上均不同于作为企业法人的合作社的利益诉求。

综上所述，被法律赋予独立法人主体资格的合作社不会产生社员集体那样的独特利益诉求——自助、自治与独立的利益诉求以及改变自身弱势地位和实现人的发展的利益诉求。当合作社的利益诉求与社员集体的利益诉求出现上述不一致时，社员集体的利益诉求不能被合作社的利益诉求所吸收和替代，社员集体的诉求便独立于合作社存在。当然，这种"独立存在"并非意味着由社员集体直接向外部主体提出，其仍然要通过社员集体的形式代表和"外壳"——合作社——提出。只是，对外部主体（如政府、外部资本、其他合作社）而言，此时的利益诉求本质上不是作为企业法人的合作社本身的利益诉求，而是作为自助、弱势社员集体的利益诉求，合作社只是代表社员集体提出来。由此我们也可以看出，这种现象不是在任何企业法人中都会存在的，例如，对于公司、合伙企业等主体而言，利益（利润）最大化是这类企业法人与其所属成员共同的追求，除此之外几乎没有别的追求，这便决定了两者的利益诉求无论在诉求对象、诉求内容还是诉求目的上均具有一致性，成员无须跨越他们的外壳提出利益诉求。

四 社员集体独特利益诉求向集体社员权的转化

社员集体独特利益诉求的独立存在使得社员集体利益诉求向集体社员权的转化成为可能。但是，一种要求他人为或不为特定行为的诉求要成为一种资格，其本身还必须符合特定的条件：一是正当性，二是现实性。对于社员集体利益诉求的正当性，根据上文的分析，合作社社员集体的特殊利益诉求根源于社员自身生存竞争弱势地位的改变和人的发展需要。可见，其利益诉求的正当性是显而易见的，对人类而言，还有什么比弱者基于生存和发展的需要而产生的利益诉求更具有道德上的正当性呢？当然，利益诉求要转化为权利还必须具备现实性，正如米尔恩所言，"不是所有向往之物都能成为法定权利"，不过，合作社社员集体的独特利益诉求同样具有现实性。

（一）社员集体独特利益诉求的现实性

1. 自助社员集体诉求的现实性

首先，对于不受公权力"专横干涉"的诉求。诚然，在当今社会，没有一个合作社可以完全游离于政治权威之外，但这完全不影响社员集体不受公权力"专横干涉"诉求的现实性。正如前文所分析的，在市场经济条件下，政府权威的影响应"限制在为履行特定的监管责任所必需"的范围内，超出这个范围即为"专横干涉"。那么，只要社员集体对公权力的诉求仅仅是要求公权力只能在为"履行特定的监管责任所必需"时才可以采取行动或施加影响的诉求，就是具有现实性的诉求。

当然，对于何为"履行特定的监管责任所必需"此处有必要给予进一步的解释。米尔恩指出："正如我们所见，政治权威并不是非有不可的。没有它，也会有社会生活。只有当社会生活变得如此复杂，以致社会成员不可能作为个人自行决定怎样才能维持和增进社会利益的时候，政治权威才是必需的。"由此可见，就政府与合作社的关系而言，"履行特定的监管责任所必需"是指政府对合作社的监管应限定在合作社的行为可能危及或损害社会公共利益的场合，并且，这里的"可能"应当限定为现实的可能而不是抽象（非现实）的可能，现实的可能是指在现实中有充分根据，因而是目前就可以实现的可能性。以金融合作社为例，其业务活动本属于合作社及其社员自治的范围，但政府在特定情况下却需要对合作社的业务进行监管，比如其变相集资的行为就可能成为一种危及或损害社会公共利益的行为，这种现象在我国不乏例子。此时，政府的监管就为"履行特定的监管责任所必需"。

其次，对于不受外部资本控制的诉求。社员并非在任何情况下都会产生不受外部资本控制的诉求，如果合作社不寻求从外部筹集资金，外部资本对合作社而言是消极的，也根本不存在控制合作社的可能。但是，当合作社需要从外部寻求资金的时候，一些资金提供者可能就会提出取得对合作社的控制权为换取条件，外部资本的控制本性由消极变为积极，此时，如同不受公权力"专横干涉"的诉求，社员当然会产生不受外部资本控制的诉求。但是，人们可能会质疑这种利益诉求的现实性，因为如果合作社提出不受外部资本控制的诉求，那么它的后果很可能就是得不到外部资金，即该项诉求最终没有意义。笔者认为，这种质疑忽视了资本提供者提出的控制权要求的可变通性，因为逐利是资本的本性，合作社可以以其他对价满足资本提供者的逐利需求而不是以控制权换取外部资金，比如更高的利息回报，或者其他更可靠的担保方式，即，社员不受外部资本控制的诉求并不必然导致合作社不能获得外部资金。因此，社员不受外部资本控制的诉求具有现实性，条件是其以控制权之外的对价换取外部资本。

2. 生存弱势社员集体诉求的现实性

首先，对于与同类弱势群体进行互助合作的诉求。社员集体与同类弱势群体之间的互助合作属于平等主体之间的关系，而平等主体相互之间的帮助诉求只能基于互惠原则产生。① 因此，只要存在互惠（包括增进共同利益的交换如组建行业自律组织，和其他利益交换如专业合作社与信用合作社之间的利益交换），社员集体的这种诉求便不存在现实性问题。当然，社员集体与同类弱势群体互助合作的诉求还要派生出不受《反垄断法》规制的诉求，这种诉求对普通市场主体（如企业）而言当然是不具有现实性的，因为若《反垄断法》不予规制普通企业之间的联合和协同行为就会损害其他主体（竞争者和消费者）的利益，但对于社员集体而言，与同类弱者的联合是其改变生存竞争弱势地位的必由之路，公权力没有正当理由拒绝豁免，因而这种利益诉求也不存在现实性问题。

其次，对于获得政府帮助的诉求。对社员获得政府帮助的诉求而言，各国政府对合作社的扶持实践足以表明其现实性不存在问题。当然，这也并非表明社员对政府帮助的诉求可以无限放大，其至少要受到两方面的限制：一是受政府提供帮助能力的限制。政府掌握的资源不是无限的，且支出会受到本国诸多因素（如法律、政党政治等）的约束，因而社员获取政府帮助的利益诉求必然会受到限制。二是受社员弱势地位改变的限制。由于社员获取政府帮助的利益诉求是以社员弱势地位为前提的，当社员的弱势地位发生转变时，他们利益诉求的根据便不复存在。这是完全可以理解的，就如小孩在成年之前需要也可以获得各种无条件的照顾和帮助，但成年之后很多无条件的照顾和帮助就不再有人给予了。许多国家的合作社实践也表明了这一点，仅以德国的合作社银行为例：1938 年以前，国家对合作社银行基本上免征企业所得税；1939 年，对其课征所得税的税率也只相当于正常税率的 1/3；第二次世界大战后，对其所得税的课税率提高到只相当于普通银行的 40%；这一比例 1968 年升至 60% 左右，1976 年又升

---

① 正如斯密所说："人总是需要有其他同胞的帮助，单凭他们的善意，他是无法得到这种帮助的。他如果诉诸他们的自利之心（self-love），向他们表明，他要求他们所做的事情是于他们自己有好处的，那他就更有可能如愿以偿。任何想要同他人做买卖的人，都是这样提议的。给我那个我想要的东西，就能得到这个想要的东西，这就是每项交易的意义：正是用这种方式，我们彼此得到自己所需要的帮助的绝大部分。"参见〔英〕亚当·斯密《国富论》，杨敬年译，陕西人民出版社，2001，第 18 页。富勒也指出"每当一项对义务的诉求需要为自己需找正当化理据的时候，它总是会求助于某种类似于互惠原则的东西"。参见〔美〕富勒《法律的道德性》，郑戈译，商务印书馆，2005，第 25 页。

至80%左右，1981年与其他银行一样都适用统一的所得税率。因此，只要不超出政府能力的限制和社员弱势地位改变的影响，社员获得政府帮助的诉求便具有现实性。

（二）集体社员权的内容

上述具备正当性和现实性的社员集体独特利益诉求，只要经过某种立法确认或认可，就可以转化为权利，即集体社员权，包括自助社员权（含不受公权力"专横干涉"权、不受外部资本控制权）和生存弱势社员权（含与同类弱势群体互助合作权、获得政府帮助权）。

1. 自助社员权

与自助社员集体"自治与独立"诉求相对应的自助社员权，是指社员集体享有自治与独立地对自己的合作事业进行自我管理与控制，并排除外部干涉和控制的权利。这种权利的内容体现为对义务主体不为特定行为的要求，即公权力不"专横干涉"、外部资本不控制，因而自助社员权又包括不受公权力"专横干涉"权和不受外部资本控制权。

不受公权力"专横干涉"权是指社员集体享有要求公权力对合作社的监管，除为"履行特定的监管责任所必需"外，不得干涉社员进出、设立和管理合作社的权利。该权利的内涵包括：其一，被允许的公权力对社员集体的影响只能是监管性的，因为市场经济背景下政府的角色是"监管性"而非"行动性"的。其二，实施监管必须具有为"履行特定的监管责任所必需"的正当性，即仅在合作社的行为可能危及或损害社会公共利益的场合才可以监管，且这里的"可能"限定为现实的可能而不是抽象（非现实）的可能。其三，社员入社自愿、退社自由，公权力不得强迫入社和禁止退社，不得一厢情愿地包办合作社。其四，社员民主控制合作社，公权力不得干涉社员对合作社本身的管理（如政府安排公职人员在合作社中担任管理人员、要求合作社的经营决策经政府批准），也不得要求社员负责合作社之外的事情（如承担社区义务）。

不受外部资本控制权是指在合作社与外部主体的融资关系中，社员有权拒绝外部主体对合作社的控制要求。该权利的内涵包括：其一，外部主体是合作社之外的任何非政府主体（若政府要求控制合作社则属于前面所说的"专横干涉"），可以是合作社资金的提供者也可以是非资金提供者（如与合作社进行产品交易的主体、给合作社提供帮助的主体）。其二，外部主体所索取的"控制权"是指足以影响社员民主控制和社员自治的"控制权"。市场经济条件下，合作社内部的股权结构正在发生变化（如引入社员投资股），也有引入外部股权的现象，但是，外部主体所索要的"控制权"并非一定表现为通常所理解的对合作社"持多数股"，很多情况下，一个不持有合作社大量股份的外部主体也可以影响社员民主控制和社员自治，甚至在不持有任何股份的情况下依靠协议的约定也可以影响社员民主控制和社员自治。其三，这种权利的行使除了表现在社员对外部主体控制权要求的拒绝，更通常地表现在合作社被控制后（如因合作社由内部人控制或管理人员滥用职权接受外部资本的控制要求）请求有权机关对控制的无效确认。

2. 生存弱势社员权

与生存弱势社员集体获得外部帮助诉求相对应的社员权，是指社员集体享有与同类弱势群体进行互助合作的权利和从政府获得帮助的权利。与前述"自助社员权"内容不同的是，生存弱势社员权对应的义务主体既可能是"为"特定行为（如政府给合作社提供帮助），也可以是"不为"特定行为（如《反垄断法》执法机构对合作社联合行为予以反垄断豁免）。此外，由于这项权利源于社员的生存竞争弱势地位，当社员的弱势地位发生改变后，这项权利就不复存在。

与同类弱势群体互助合作权是指社员集体享有与其他合作社社员根据互惠原则进行互助合作的权利。该权利的内涵包括：其一，社员互助合作的对象只能是"其他合作社社员"。弱势群体有很多，但只有合作社制社员群体才是以互助合作方式改变生存弱势地位为目的的，为改变生存弱势地位，此合作社社员需要与彼合作社社员进行互助合作。这也表明，互助合作并不限于同一类合作社的社员之间，社员集体进行互助合作的对象是任何"合作社制"的社员集体。其二，社员之间的互助合作以互惠原则为基础。这种互惠通常属于增进共同利益的交换（互惠），如松散型联合或协同一致行为、合并、组建联合社、组建行业自律组织，这有助于改变所有社员在其与自然和其他竞争者竞争中的弱势地位。少数情况下也可能出现直接的利益交换（互惠），如在"专业合作内置金融合作"模式下，专业合作社与金融合作社之间就存在直接的利益的交换。最后，这种权利所指向的义务主体除基于互惠原则而进行互助合作的其他合作社社员，同时还包括公权力，如要求反垄断立法、执法机关对合作社社员之间的互助合作行为（联合、协同一致、合并等）予以反垄断豁免。

获得政府帮助权是指社员集体享有要求政府帮助合作社发展的权利。该权利的内涵包括：其一，政府的帮助要符合合作社本质和发展规律，这种帮助不一定是政府一厢情愿设想的有助于合作社发展的"帮助"（如包办合作社、入股合作社），当然更不应当是名为帮助实为控制的"专横干涉"。其二，帮助的方式多样，可以是直接的，如财税扶持，也可以是间接的，如提供合作社教育。最后，政府提供帮助应当有度，即使是符合合作社本质的帮助也应当注意方式，否则就会损害社员的自助属性，导致社员对政府的依赖和道德风险的发生。

值得注意的是，由于集体社员权均为对合作社以外主体的权利，而社员集体对外并不具备法定的独立主体资格，因此，上述集体社员权依然需要由社员集体的代表者——合作社——来对外行使。从域外合作社立法实践看，集体社员权的名义享有者均为合作社。[①] 但上文的分析已经表明，合作社本身并无享有此类权利的基础。

---

① 当前许多国家和地区已经通过立法确认了集体社员权，形式上的权利主体为合作社，但正如正文部分已经论述的，实际上的权利主体为社员集体。这些代表性立法及其条款可参见：（1）关于不受公权力"专横干涉"权、不受外部资本控制权的立法。如巴西《宪法》（1988年）第5条"平等"第18项（ⅩⅤⅢ），《越南社会主义共和国合作社法》第5条；韩国现行《宪法》（1987年）第123条第1款第5项；《菲律宾合作社法典》第2条"政策宣言"。（2）关于与同类弱势群体互助合作权的立法。如《越南社会主义共和国合作社法》第48条"合作社联合体"部分；日本《农业协同组合法》第65条"合并的必要条件"部分；芬兰《合作社法》第152条；美国1914年《克莱顿法》第6节，1922年《帕尔·沃尔斯太德法（Capper-Volstead Act）》第1节；日本《农业协同组合法》第9条；德国《反限制竞争法》第28条"农业"部分。（3）关于获得政府帮助权的立法。如1986年《菲律宾共和国宪法》第12章"国民经济和国家资源"第15条；巴西《宪法》第174条"国家和经济"第2项、第3项、第4项；《越南社会主义共和国合作社法》第5条"合作社的国家政策"；《菲律宾合作社法典》第2条"政策宣言"；日本《农业协同组合法》第6条"课税特例"、第73条–8"经费的补助"；美国1986年修订的《联邦信用社法案》第122条。

五　结语

在当代，合作社只是普通市场主体的一员。^① 在激烈的市场竞争中，合作社与其他任何民商事主体一样，要平等地参与市场竞争，同样地优胜劣汰。但是，透过合作社这个被法律拟制的具有独立人格的外壳，我们很容易发现被合作社所代表的社员集体是生存弱势者的集合，他们为改变生存竞争弱势地位和实现自身的发展而组织起来进行互助合作：如分散的农户相对于连接农产品与市场的商贩而言是弱势的，才有水果、蔬菜、苗木等各种农业合作社；消费者相对于商品生产者和经营者而言是弱势的，才有各种消费合作社；出租车司机相对于其所属的、收取管理费（或份子钱）、享有出租车经营权的公司而言是弱势的，才有城市出租车运输合作社；从商业银行等机构难以获得贷款的低收入者是弱势的，才有各种信用合作社；被商业保险公司拒之门外的农民是弱势的，才有农业保险合作社；没有能力从房地产开发商处购买住房的低收入者是弱势的，才有住宅合作社；支付不起私人诊所高昂费用的低收入者是弱势的，才有医疗合作社；支付不起殡葬公司高昂收费的低收入者是弱势的，才有殡葬合作社；支付不起私立幼儿园高昂费用的上班父母是弱势的，才有幼儿园合作社，等等。显然，这些弱势群体的独特利益诉求是他们的外壳——被民商法定位为无差异市场主体一员的合作社——所不具有的。如果立法继续忽视这些为改变生存竞争弱势地位和实现自身发展而进行互助合作的社员集体的独特利益诉求，他们的生存弱势地位就难有改变的希望，至少难有通过加入合作社以互助合作方式发生改变的希望。

参考文献

[1] 王利明：《民法总则研究》，中国人民大学出版社，2003。

---

① 国外如《俄罗斯联邦民法典》第 107 条第 1 款规定"生产合作社是商业组织"；《芬兰合作社法》第 1 条第 1 款规定"合作社是其社员设立的企业"；《德国工商业与经济合作社法》第 17 条第 2 款规定"合作社适用商法典意义上的商人，只要本法不存在与之相抵触的规定"。

［2］曾赛红、郭福春主编《合作金融概论》，中国金融出版社，2007。

［3］唐宗焜：《合作社真谛》，知识产权出版社，2012。

［4］〔英〕A. J. M. 米尔恩：《人的权利与人的多样性——人权哲学》，夏勇、张志铭译，中国大百科全书出版社，1995。

［5］中华全国供销合作社总社国际合作部编写《国际合作社联盟》，中国社会出版社，2009。

［6］梁漱溟：《乡村建设理论》，上海人民出版社，2011。

［7］G. K. 沙莫：《亚洲的合作社法》，苑鹏译，载汉斯·梅里契克、李惠安主编《合作社法国际研讨会论文集（北京）》，中国农业出版社，1996。

［8］马俊驹：《法人制度的基本理论和立法问题之探讨（上）》，《法学评论》2004 年第 4 期。

［9］张仲福：《联邦德国企业制度》，中国法制出版社，1990。

（本文原载于《政法论坛》2014 年第 5 期）

附录 中华人民共和国农民专业合作社法

（2006 年 10 月 31 日第十届全国人民代表

大会常务委员会第二十四次会议通过）

第一章 总 则

第一条 为了支持、引导农民专业合作社的发展，规范农民专业合作社的组织和行为，保护农民专业合作社及其成员的合法权益，促进农业和农村经济的发展，制定本法。

第二条 农民专业合作社是在农村家庭承包经营基础上，同类农产品的生产经营者或者同类农业生产经营服务的提供者、利用者，自愿联合、民主管理的互助性经济组织。

农民专业合作社以其成员为主要服务对象，提供农业生产资料的购买，农产品的销售、加工、运输、贮藏以及与农业生产经营有关的技术、信息等服务。

第三条 农民专业合作社应当遵循下列原则：

（一）成员以农民为主体；

（二）以服务成员为宗旨，谋求全体成员的共同利益；

（三）入社自愿、退社自由；

（四）成员地位平等，实行民主管理；

（五）盈余主要按照成员与农民专业合作社的交易量（额）比例返还。

第四条 农民专业合作社依照本法登记，取得法人资格。

农民专业合作社对由成员出资、公积金、国家财政直接补助、他人捐赠以及合法取得的其他资产所形成的财产，享有占有、使用和处分的权利，并以上述财产对债务承担责任。

第五条　农民专业合作社成员以其账户内记载的出资额和公积金份额为限对农民专业合作社承担责任。

第六条　国家保护农民专业合作社及其成员的合法权益，任何单位和个人不得侵犯。

第七条　农民专业合作社从事生产经营活动，应当遵守法律、行政法规，遵守社会公德、商业道德，诚实守信。

第八条　国家通过财政支持、税收优惠和金融、科技、人才的扶持以及产业政策引导等措施，促进农民专业合作社的发展。

国家鼓励和支持社会各方面力量为农民专业合作社提供服务。

第九条　县级以上各级人民政府应当组织农业行政主管部门和其他有关部门及有关组织，依照本法规定，依据各自职责，对农民专业合作社的建设和发展给予指导、扶持和服务。

第二章　设立和登记

第十条　设立农民专业合作社，应当具备下列条件：

（一）有五名以上符合本法第十四条、第十五条规定的成员；

（二）有符合本法规定的章程；

（三）有符合本法规定的组织机构；

（四）有符合法律、行政法规规定的名称和章程确定的住所；

（五）有符合章程规定的成员出资。

第十一条　设立农民专业合作社应当召开由全体设立人参加的设立大会。设立时自愿成为该社成员的人为设立人。

设立大会行使下列职权：

（一）通过本社章程，章程应当由全体设立人一致通过；

（二）选举产生理事长、理事、执行监事或者监事会成员；

（三）审议其他重大事项。

第十二条　农民专业合作社章程应当载明下列事项：

（一）名称和住所；

（二）业务范围；

（三）成员资格及入社、退社和除名；

（四）成员的权利和义务；

（五）组织机构及其产生办法、职权、任期、议事规则；

（六）成员的出资方式、出资额；

（七）财务管理和盈余分配、亏损处理；

（八）章程修改程序；

（九）解散事由和清算办法；

（十）公告事项及发布方式；

（十一）需要规定的其他事项。

第十三条　设立农民专业合作社，应当向工商行政管理部门提交下列文件，申请设立登记：

（一）登记申请书；

（二）全体设立人签名、盖章的设立大会纪要；

（三）全体设立人签名、盖章的章程；

（四）法定代表人、理事的任职文件及身份证明；

（五）出资成员签名、盖章的出资清单；

（六）住所使用证明；

（七）法律、行政法规规定的其他文件。

登记机关应当自受理登记申请之日起二十日内办理完毕，向符合登记条件的申请者颁发营业执照。

农民专业合作社法定登记事项变更的，应当申请变更登记。

农民专业合作社登记办法由国务院规定。办理登记不得收取费用。

第三章　成员

第十四条　具有民事行为能力的公民，以及从事与农民专业合作社业务直接有关的生产经营活动的企业、事业单位或者社会团体，能够利用农民专业合作社提供的服务，承认并遵守农民专业合作社章程，履行章程规定的入社手续的，可以成为农民专业合作社的成员。但是，具有管理公共事务职能的单位不得加入农民专业合作社。

农民专业合作社应当置备成员名册，并报登记机关。

第十五条　农民专业合作社的成员中，农民至少应当占成员总数的百分之八十。

成员总数二十人以下的,可以有一个企业、事业单位或者社会团体成员;成员总数超过二十人的,企业、事业单位和社会团体成员不得超过成员总数的百分之五。

第十六条 农民专业合作社成员享有下列权利:

(一)参加成员大会,并享有表决权、选举权和被选举权,按照章程规定对本社实行民主管理;

(二)利用本社提供的服务和生产经营设施;

(三)按照章程规定或者成员大会决议分享盈余;

(四)查阅本社的章程、成员名册、成员大会或者成员代表大会记录、理事会会议决议、监事会会议决议、财务会计报告和会计账簿;

(五)章程规定的其他权利。

第十七条 农民专业合作社成员大会选举和表决,实行一人一票制,成员各享有一票的基本表决权。

出资额或者与本社交易量(额)较大的成员按照章程规定,可以享有附加表决权。本社的附加表决权总票数,不得超过本社成员基本表决权总票数的百分之二十。享有附加表决权的成员及其享有的附加表决权数,应当在每次成员大会召开时告知出席会议的成员。

章程可以限制附加表决权行使的范围。

第十八条 农民专业合作社成员承担下列义务:

(一)执行成员大会、成员代表大会和理事会的决议;

(二)按照章程规定向本社出资;

(三)按照章程规定与本社进行交易;

(四)按照章程规定承担亏损;

(五)章程规定的其他义务。

第十九条 农民专业合作社成员要求退社的,应当在财务年度终了的三个月前向理事长或者理事会提出;其中,企业、事业单位或者社会团体成员退社,应当在财务年度终了的六个月前提出;章程另有规定的,从其规定。退社成员的成员资格自财务年度终了时终止。

第二十条 成员在其资格终止前与农民专业合作社已订立的合同,应当继续履行；章程另有规定或者与本社另有约定的除外。

第二十一条 成员资格终止的，农民专业合作社应当按照章程规定的方式和期限，退还记载在该成员账户内的出资额和公积金份额；对成员资格终止前的可分配盈余，依照本法第三十七条第二款的规定向其返还。

资格终止的成员应当按照章程规定分摊资格终止前本社的亏损及债务。

第四章　组织机构

第二十二条 农民专业合作社成员大会由全体成员组成，是本社的权力机构，行使下列职权：

（一）修改章程；

（二）选举和罢免理事长、理事、执行监事或者监事会成员；

（三）决定重大财产处置、对外投资、对外担保和生产经营活动中的其他重大事项；

（四）批准年度业务报告、盈余分配方案、亏损处理方案；

（五）对合并、分立、解散、清算作出决议；

（六）决定聘用经营管理人员和专业技术人员的数量、资格和任期；

（七）听取理事长或者理事会关于成员变动情况的报告；

（八）章程规定的其他职权。

第二十三条 农民专业合作社召开成员大会，出席人数应当达到成员总数三分之二以上。

成员大会选举或者作出决议，应当由本社成员表决权总数过半数通过；作出修改章程或者合并、分立、解散的决议应当由本社成员表决权总数的三分之二以上通过。章程对表决权数有较高规定的，从其规定。

第二十四条 农民专业合作社成员大会每年至少召开一次，会议的召集由章程规定。有下列情形之一的，应当在二十日内召开临时成员大会：

（一）百分之三十以上的成员提议；

（二）执行监事或者监事会提议；

（三）章程规定的其他情形。

第二十五条 农民专业合作社成员超过一百五十人的，可以按照章程规定设立成员代表大会。成员代表大会按照章程规定可以行使成员大会的部分或者全部职权。

第二十六条 农民专业合作社设理事长一名，可以设理事会。理事长为本社的法定代表人。

农民专业合作社可以设执行监事或者监事会。理事长、理事、经理和财务会计人员不得兼任监事。

理事长、理事、执行监事或者监事会成员，由成员大会从本社成员中选举产生，依照本法和章程的规定行使职权，对成员大会负责。

理事会会议、监事会会议的表决，实行一人一票。

第二十七条 农民专业合作社的成员大会、理事会、监事会，应当将所议事项的决定作成会议记录，出席会议的成员、理事、监事应当在会议记录上签名。

第二十八条 农民专业合作社的理事长或者理事会可以按照成员大会的决定聘任经理和财务会计人员，理事长或者理事可以兼任经理。经理按照章程规定或者理事会的决定，可以聘任其他人员。

经理按照章程规定和理事长或者理事会授权，负责具体生产经营活动。

第二十九条 农民专业合作社理事长、理事和管理人员不得有下列行为：

（一）侵占、挪用或者私分本社资产；

（二）违反章程规定或者未经成员大会同意，将本社资金借贷给他人或者以本社资产为他人提供担保；

（三）接受他人与本社交易的佣金归为己有；

（四）从事损害本社经济利益的其他活动。

理事长、理事和管理人员违反前款规定所得的收入，应当归本社所有；给本社造成损失的，应当承担赔偿责任。

第三十条 农民专业合作社的理事长、理事、经理不得兼任业务性质相同的其他农民专业合作社的理事长、理事、监事、经理。

第三十一条 执行与农民专业合作社业务有关公务的人员，不得担任农民专业合作社的理事长、理事、监事、经理或者财务会计人员。

第五章　财务管理

第三十二条　国务院财政部门依照国家有关法律、行政法规，制定农民专业合作社财务会计制度。农民专业合作社应当按照国务院财政部门制定的财务会计制度进行会计核算。

第三十三条　农民专业合作社的理事长或者理事会应当按照章程规定，组织编制年度业务报告、盈余分配方案、亏损处理方案以及财务会计报告，于成员大会召开的十五日前，置备于办公地点，供成员查阅。

第三十四条　农民专业合作社与其成员的交易、与利用其提供的服务的非成员的交易，应当分别核算。

第三十五条　农民专业合作社可以按照章程规定或者成员大会决议从当年盈余中提取公积金。公积金用于弥补亏损、扩大生产经营或者转为成员出资。

每年提取的公积金按照章程规定量化为每个成员的份额。

第三十六条　农民专业合作社应当为每个成员设立成员账户，主要记载下列内容：

（一）该成员的出资额；

（二）量化为该成员的公积金份额；

（三）该成员与本社的交易量（额）。

第三十七条　在弥补亏损、提取公积金后的当年盈余，为农民专业合作社的可分配盈余。

可分配盈余按照下列规定返还或者分配给成员，具体分配办法按照章程规定或者经成员大会决议确定：

（一）按成员与本社的交易量（额）比例返还，返还总额不得低于可分配盈余的百分之六十；

（二）按前项规定返还后的剩余部分，以成员账户中记载的出资额和公积金份额，以及本社接受国家财政直接补助和他人捐赠形成的财产平均量化到成员的份额，按比例分配给本社成员。

第三十八条　设立执行监事或者监事会的农民专业合作社，由执行监事或者监事会负责对本社的财务进行内部审计，审计结果应当向成员大会报告。

成员大会也可以委托审计机构对本社的财务进行审计。

第六章 合并、分立、解散和清算

第三十九条 农民专业合作社合并，应当自合并决议作出之日起十日内通知债权人。合并各方的债权、债务应当由合并后存续或者新设的组织承继。

第四十条 农民专业合作社分立，其财产作相应的分割，并应当自分立决议作出之日起十日内通知债权人。分立前的债务由分立后的组织承担连带责任。但是，在分立前与债权人就债务清偿达成的书面协议另有约定的除外。

第四十一条 农民专业合作社因下列原因解散：

（一）章程规定的解散事由出现；

（二）成员大会决议解散；

（三）因合并或者分立需要解散；

（四）依法被吊销营业执照或者被撤销。

因前款第一项、第二项、第四项原因解散的，应当在解散事由出现之日起十五日内由成员大会推举成员组成清算组，开始解散清算。逾期不能组成清算组的，成员、债权人可以向人民法院申请指定成员组成清算组进行清算，人民法院应当受理该申请，并及时指定成员组成清算组进行清算。

第四十二条 清算组自成立之日起接管农民专业合作社，负责处理与清算有关未了结业务，清理财产和债权、债务，分配清偿债务后的剩余财产，代表农民专业合作社参与诉讼、仲裁或者其他法律程序，并在清算结束时办理注销登记。

第四十三条 清算组应当自成立之日起十日内通知农民专业合作社成员和债权人，并于六十日内在报纸上公告。债权人应当自接到通知之日起三十日内，未接到通知的自公告之日起四十五日内，向清算组申报债权。如果在规定期间内全部成员、债权人均已收到通知，免除清算组的公告义务。

债权人申报债权，应当说明债权的有关事项，并提供证明材料。清算组应当对债权进行登记。

在申报债权期间，清算组不得对债权人进行清偿。

第四十四条　农民专业合作社因本法第四十一条第一款的原因解散，或者人民法院受理破产申请时，不能办理成员退社手续。

第四十五条　清算组负责制定包括清偿农民专业合作社员工的工资及社会保险费用，清偿所欠税款和其他各项债务，以及分配剩余财产在内的清算方案，经成员大会通过或者申请人民法院确认后实施。

清算组发现农民专业合作社的财产不足以清偿债务的，应当依法向人民法院申请破产。

第四十六条　农民专业合作社接受国家财政直接补助形成的财产，在解散、破产清算时，不得作为可分配剩余资产分配给成员，处置办法由国务院规定。

第四十七条　清算组成员应当忠于职守，依法履行清算义务，因故意或者重大过失给农民专业合作社成员及债权人造成损失的，应当承担赔偿责任。

第四十八条　农民专业合作社破产适用企业破产法的有关规定。但是，破产财产在清偿破产费用和共益债务后，应当优先清偿破产前与农民成员已发生交易但尚未结清的款项。

第七章　扶持政策

第四十九条　国家支持发展农业和农村经济的建设项目，可以委托和安排有条件的有关农民专业合作社实施。

第五十条　中央和地方财政应当分别安排资金，支持农民专业合作社开展信息、培训、农产品质量标准与认证、农业生产基础设施建设、市场营销和技术推广等服务。对民族地区、边远地区和贫困地区的农民专业合作社和生产国家与社会急需的重要农产品的农民专业合作社给予优先扶持。

第五十一条　国家政策性金融机构应当采取多种形式，为农民专业合作社提供多渠道的资金支持。具体支持政策由国务院规定。

国家鼓励商业性金融机构采取多种形式，为农民专业合作社提供金融服务。

第五十二条　农民专业合作社享受国家规定的对农业生产、加工、流通、服务和其他涉农经济活动相应的税收优惠。

支持农民专业合作社发展的其他税收优惠政策，由国务院规定。

第八章　法律责任

第五十三条　侵占、挪用、截留、私分或者以其他方式侵犯农民专业合作社及其成员的合法财产，非法干预农民专业合作社及其成员的生产经营活动，向农民专业合作社及其成员摊派，强迫农民专业合作社及其成员接受有偿服务，造成农民专业合作社经济损失的，依法追究法律责任。

第五十四条　农民专业合作社向登记机关提供虚假登记材料或者采取其他欺诈手段取得登记的，由登记机关责令改正；情节严重的，撤销登记。

第五十五条　农民专业合作社在依法向有关主管部门提供的财务报告等材料中，作虚假记载或者隐瞒重要事实的，依法追究法律责任。

第九章　附则

第五十六条　本法自 2007 年 7 月 1 日起施行。

图书在版编目（CIP）数据

农民合作社本质论争 / 仝志辉主编. —— 北京：社
会科学文献出版社，2016.12
　（农村合作制研究. 法律规制）
　ISBN 978 - 7 - 5097 - 9567 - 5

　Ⅰ.①农… 　Ⅱ.①仝… 　Ⅲ.①农业合作社 - 研究 - 中
国 　Ⅳ.①F321.42

中国版本图书馆 CIP 数据核字（2016）第 193299 号

农村合作制研究 · 法律规制
农民合作社本质论争

主　　编 / 仝志辉

出 版 人 / 谢寿光
项目统筹 / 芮素平
责任编辑 / 李　晨　芮素平　尹雪燕

出　　版 / 社会科学文献出版社 · 社会政法分社（010）59367156
　　　　　地址：北京市北三环中路甲 29 号院华龙大厦　邮编：100029
　　　　　网址：www.ssap.com.cn
发　　行 / 市场营销中心（010）59367081　59367018
印　　装 / 三河市尚艺印装有限公司

规　　格 / 开　本：787mm × 1092mm　1/16
　　　　　印　张：17.25　字　数：268 千字
版　　次 / 2016 年 12 月第 1 版　2016 年 12 月第 1 次印刷
书　　号 / ISBN 978 - 7 - 5097 - 9567 - 5
定　　价 / 69.00 元